高职高专经济管理创新实践系列教材

成本会计

严金凤 主编

清华大学出版社
北京

内容简介

本书是应用型本科会计学专业核心课程教材。本书根据最新的成本核算制度要求，主要以生产过程中最为典型的制造业为例，从成本计算方法的通用性出发，按学习目标、培养计划整合成本会计内容，系统介绍了成本会计的理论知识与实务操作。本书具有全球视角，内容实践性较强、案例丰富，对培养学生的职业能力有很大的帮助。

本书可作为高职专科院校和应用型本科院校的会计专业的教材或参考书，也可作为从事会计岗位的在职人员的岗位培训教材。

图书在版编目(CIP)数据

成本会计/严金凤主编. —北京：清华大学出版社，2020.3(2023.9 重印)
高职高专经济管理创新实践系列教材
ISBN 978-7-302-52229-4

Ⅰ. ①成… Ⅱ. ①严… Ⅲ. ①成本会计－高等职业教育－教材 Ⅳ. ①F234.2

中国版本图书馆 CIP 数据核字(2019)第 015206 号

责任编辑：刘士平
封面设计：常雪影
责任校对：李　梅
责任印制：刘海龙

出版发行：清华大学出版社
网　　址：http://www.tup.com.cn，http://www.wqbook.com
地　　址：北京清华大学学研大厦 A 座　　**邮　　编**：100084
社 总 机：010-83470000　　**邮　　购**：010-62786544
投稿与读者服务：010-62776969，c-service@tup.tsinghua.edu.cn
质量反馈：010-62772015，zhiliang@tup.tsinghua.edu.cn
课件下载：http://www.tup.com.cn，010-83470410
印 装 者：三河市君旺印务有限公司
经　　销：全国新华书店
开　　本：185mm×260mm　　**印　　张**：20.5　　**字　　数**：416 千字
版　　次：2020 年 3 月第 1 版　　**印　　次**：2023 年 9 月第 2 次印刷
定　　价：49.00 元

产品编号：080501-01

丛书序

从20世纪70年代后期至今的40余年，中国的经济发展取得了令世界惊叹的巨大成就。在这40多年里，中国高等职业教育经历了曲曲折折、起起伏伏的不平凡的发展历程。从高等教育的辅助和配角地位逐渐成为高等教育的重要组成部分，成为实现中国高等教育大众化的生力军，成为培养中国经济发展、产业升级换代迫切需要的高素质技能型人才的主力军，成为中国高等教育发展不可替代的半壁江山，在中国高等教育和经济社会发展中扮演着越来越重要的角色，发挥着越来越重要的作用。

高职人才培养体系的基本特征是以培养高等技术应用型专门人才为根本任务，以适应社会需要为目标，以培养技术应用能力为主线来设计学生的知识、能力、素质结构三位一体的人才培养体系。对于如何以"应用"为主旨和特征构建人才培养体系，大部分高职院校都是通过拓展校内外实训基地、开展工学结合的方式来提升学生的职业技能。但是，高职院校的校内实践基地一般以"实训室"为主要形式。"实训室"包括两种：场景模拟和计算机模拟。由于受到场地、资金等限制，往往场景模拟缺乏可行性，计算机模拟缺乏技术性，很多专业课程的职业能力并未得到很好的训练。而在校外实训方面，很多高职院校在与企业签订好合作协议后，就把协议束之高阁，或者仅仅是开展一些诸如安排学生参观、短期实习、就业等浅层次的合作，校企合作还停留在表面，没有形成长期稳定、双向互动、运转良好的校外实践基地网，没有真正建设成可以满足实践需要的校外实践基地。

根据经管专业的课程特点，很多课程的职业技能训练不一定要局限于校内外实训基地，完全可以通过实践课业体系设计，直接把课堂作为技能训练、素质培养的场所，在课堂上布置工作环境，营造职业气氛，以每门课程相对应的岗位能力设计课程实训模块和项目，通过实践课业训练，促使学生把专业知识转化为应用技能，把学生的职业能力培养真正落到实处。

在组织本套丛书的过程中，我们主要遵循了以下指导思想和编写思路。

首先，我们确定了丛书的读者对象为高等职业院校经济与管理专业的专科生以及非管理专业但选修管理作为第二专业的专科生，还有与他们有相似经历的工科出身的企业管理者。

"定位"对于一切工作都很重要，它是取得成功的重要因素。作为高等职业院校的教师，应懂得因材施教的道理，知道不同的对象要采用不同的方法来开展教学活动。但是，以往编写的教材往往把读者笼统地看成一个无差异的群体，结果教学常是事倍功半，难以取得预期效果。本套丛书把读者定位作为一个很重要的写作前提，力求在因材施教上作一番努力。

其次，本套丛书突出实践课业，取消应试型作业，采用了有利于专业技能训练的实践载体——课业。我们根据企业岗位技能要求，设置大小不同的实践课业。在整个课程中，教师为课业指导而设计、编排课业，组织课业活动；学生为完成课业而学习专业知识、动手操作课业；课程考核是对学生所完成的所有课业及其表现进行评估。实践课业是专业知识通向岗位技能的“桥梁”，课业训练使学生能够把所掌握的专业知识运用到实践中，迫使他们走出学校、走向市场、走近企业，从而完成课业任务。通过课业训练，学生对现实的“企业运营”有了直观的认知和体验，强化了学生的知识运用能力，掌握了岗位所需的基本技能。

最后，本套丛书强化综合职业能力，促使高职人才培养体系从“应试型”向“应用型”转变。目前，虽然很多高职院校都声称以培养“应用型”人才为主，但在实际人才培养过程中，很大程度上还是“应试型”人才的培养。在培养学生的三年时间里，教师为考试而设计课堂教学，组织教学活动；学生为考试而学习，所做的课程作业是应付考试的概念题、选择题、判断题、简答题、论述题、案例分析题。考试是对学生的学习成果的唯一评价标准，考试成为课程教学的目标。

实践课业体系通过各类课业的设计和训练，以“课业”作为实践载体，采用课业训练作为岗位技能培养的手段，把学生所做的课业成果作为评估、考核的依据，促使高职人才培养从“应试型”向“应用型”转变，为职业能力培养提供有效途径。而且，在课业训练过程中，学生需要面对各种困难，要求自主解决各种问题；需要根据不同的市场、企业情况独立判断分析；需要团队合作一起完成课业任务。学生的综合职业能力得到了强化。实践课业体系的价值持续在学生的毕业实习、就业应聘、岗位工作中得以发挥。

本套丛书的编写由上海市民办教育发展基金会的“上海市重大内涵建设项目”提供经费支持，由上海震旦职业学院校长陈力华教授担任主编，由上海震旦职业学院经济管理学院院长胡守忠教授、经济管理学院系主任陆洲艳副教授和院长助理皮骏讲师担任副主编，参与丛书编写的还有长期从事经济与管理专业教育的教师。我们希望这套丛书能受到相关学校教师与同学的重视，为经济与管理专业高等职业教育的发展做出应有的贡献。

本套丛书的编写与出版得到了所有参编教师的鼎力相助，得到了清华大学出版社的高度重视和帮助，在此一并表示感谢。

陈力华

2017年7月于上海震旦职业学院

前　言

成本会计是一门以制造业为主，兼顾其他行业，与企业单位会计岗位紧密联系的课程，也是一门实践性、技术操作性较强的课程。为了使成本会计教学更能满足专业培养目标的要求，进一步体现以就业为导向的办学方针，加大成本会计教学的职业性、实践性，突出对学生的职业能力的培养，编者吸取了成本会计工作和教学的实践经验，以及同类教材的优点，编写了本书。其主要特点如下。

(1) 本书根据最新的成本核算制度要求，主要以生产过程最为典型的制造业为例，从成本计算方法的通用性出发，按学习目标、培养计划整合成本会计内容，克服了教学内容面面俱到、重难点讲解不透的弊端，有利于培养实用型人才。

(2) 本书在章节末尾设置了实践课业，这部分内容将“Excel 电子工作表”各种功能的应用融合在解决成本计算问题的过程中，使读者在分析和解决成本计算实际问题时，逐步熟悉和掌握利用 Excel 电子工作表解决成本计算问题的步骤和方法，帮助会计人员迈出“由自己设计符合实际需要的成本计算电算化模型”的第一步。实践课业部分操作性较强，符合职业教育的特点，有利于“教、学、做”一体化教学模式的推广应用。

(3) 本书在阐述上力求深入浅出，层次清晰，配有案例和创建模型主要操作步骤的示意图表，大大方便了读者的阅读需要。每章附有课后练习，题型包括判断题、单项选择题、多项选择题、思考题等，便于授课和读者自学。

本书可作为高职专科院校和应用型本科院校的会计专业的教材或参考书，也可作为从事会计岗位的在职人员的岗位培训教材。

由于编者水平有限，加之编写时间仓促，所以书中难免存在不足之处，真诚希望各位同仁和广大读者朋友批评指正。

编　者

2019 年 11 月

目　　录

第一章　总　论

学习目标

1. 理解成本的含义。
2. 正确区分成本与费用。
3. 熟悉成本会计的职能及成本核算原则。
4. 正确划分五个费用。
5. 掌握成本核算的一般程序。

基本概念

成本　　成本会计　　成本核算

第一节 成本及成本会计

一、成本

成本是会计理论中一个非常重要的经济概念，掌握成本的概念是学习成本会计的基础。鉴于此，本节从成本会计最基本的概念入手。

（一）成本的含义

美国会计学会（AAA）所属的成本与标准委员会对成本的定义是为了达到特定目的而发生或未发生的价值牺牲，它可用货币单位加以衡量。

中国成本协会（CCA）发布的 CCA2101：2005《成本管理体系术语》标准中第 2.1.2 条对成本术语的定义是成本是为过程增值和结果有效已付出或应付出的资源代价。

在财政部于 2013 年 8 月 6 日发布的《企业产品成本核算制度（试行）》（2014 年 1 月 1 日起在除金融保险业以外的大中型企业范围内施行）中对产品成本下的定义是产品成本是指企业在生产产品过程中所发生的材料费用、职工薪酬等，以及不能直接计入而按一定标准分配计入的各种间接费用。产品是指企业日常生产经营活动中持有以备出售的产成品、商品、提供的劳务或服务。

综上所述，在不同的经济环境下，针对不同的行业特点，人们对成本的内涵有不同的理解。本书所要研究的成本主要是指具有典型意义的物质生产部门为制造产品而发生的成本，即产品生产成本，而不是一般广义的成本。

（二）成本与费用的关系

我国《企业会计准则》中对费用的定义表述为费用是企业生产经营过程中发生的各项耗费，是企业在日常活动中发生的、会导致所有者权益减少的、与向所有者分配利润无关的经济利益的总流出。费用和成本是两个独立的概念，但两者又有一定的关系。

两者的联系在于：成本是按一定对象归集的费用，是对象化了的费用。也就是说，成本是针对一定的成本计算对象（如某产品、某类产品、某批产品、某生产步骤等）对当期发生的费用进行归集而形成的；期末当期已销产品的成本结转计入当期的费用中。

两者的区别在于：费用是资产的耗费，它是针对一定的期间而言的，与生产哪一种产品无关；成本与一定种类和数量的产品或商品相联系，不论它发生在哪一个会计期间。

（三）生产成本与期间费用

生产成本（或制造成本）是企业为生产商品和提供劳务所发生的各种耗费与支出，包括各项直接支出和制造费用。直接支出包括直接材料（原材料、辅助材料、备品备件、燃料及动力等），直接人工（生产人员的工资和补贴等），其他直接支出；制造费用是指企业内的分厂、车间为组织和管理生产所发生的各项费用，包括分厂、车间管理人员工资，折旧费及其他制造费用（办公费、差旅费、劳保费等）。

期间费用是指企业本期发生的、不能归入营业成本，而是直接计入当期损益的各项费用。它是随着时间推移而发生的、与当期产品的管理和产品销售直接相关，而与产品的产量、产品的制造过程无直接关系，即容易确定其发生的期间、而难以判别其所应归属的产品，因而不能计入产品制造成本，而在发生的当期从损益中扣除。期间费用包括直接从企业的当期产品销售收入中扣除的销售费用、管理费用和财务费用。

二、成本会计

（一）成本会计的含义

成本会计是随着社会经济的发展而逐渐形成和发展起来的，是特定经济环境下的产物，成本会计既受当时经济条件的影响和制约，又服务于当时的经济社会。所以，成本会计的含义也随着经济的发展而变化。

在早期成本会计阶段，研究成本会计的专家劳伦斯（W. B. Lawrence）对成本会计的定义是：成本会计就是应用普通会计的原理、原则，系统地记录某一工厂在生产和销售产品时所发生的一切费用，并确认各种产品或服务的单位成本和总成本，以供工厂管理当局在决定经济的、有效的和有利的产销政策时参考。

到了近代成本会计阶段，成本会计又被英国会计学家杰·贝蒂(J. Batty)定义为：成本会计是用来详细描述企业在预算和控制它的资源（指资产、设备、人员及所耗的各种材料和劳动）利用情况方面的原理、惯例、技术和制度的一种综合术语。

在现代会计阶段，成本会计的含义又有了新的发展，一般认为，现代成本会计是成本会计与管理会计的直接结合，它根据成本核算和其他资料，采用现代数学和数理统计的原理与方法，针对不同业务，建立起数量化的管理技术，用来帮助人们按照成本最优化的要求，对企业的生产经营活动进行预测、决策、控制、分析、考核，促使企业的生产经营实现最优运转，从而大大提高企业的竞争能力和适应能力。

在战略成本管理阶段，为了满足新经济环境的需要，成本管理应具有更加开阔的视野和超前意识，更加注重普遍联系的特点，才能从根本上抓住企业经营过程中的主要矛盾。成本管理的目标不再由利润最大化这一直接动因决定，而应定位在更具广度和深度的“用户满意”层面上。因此，从本质上说，新经济环境下的成本管理应该是“市场型导向”的成本管理，是一种以用户满意为目标而进行的价值控制和实体控制并重的管理。

综上所述，成本会计是以提供成本信息为主要内容的会计分支，是运用会计基本原理和一般原则，采用一定的技术方法，对企业生产经营过程中发生的各项成本、费用进行连续、系统、全面、综合核算和监督的一种管理活动。

（二）成本会计的对象

成本会计的对象也就是成本核算的对象，它是确定归集和分配生产费用的具体对象，即生产费用承担的客体。企业应当根据生产经营特点和管理要求来确定成本核算对象。一般情况下，对制造企业而言，大批大量单步骤生产产品或管理上不要求提供有关生产步骤成本信息的，以产品成本品种为成本核算对象；小批单件生产产品的，以每批或每件产品为成本核算对象；多步骤连续加工产品且管理上要求提供有关生产步骤成本信息的，以每种产品及各生产步骤为成本核算对象；产品规格繁多的，可将产品结构、耗用原材料和工艺过程基本相同的各种产品，适当合并作为成本核算对象。成本核算对象确定后，各种会计、技术资料的归集应当与此一致，一般不应中途变更，以免造成成本核算不实、结算漏账和经济责任不清的弊端。

企业内部管理有相关要求的，还可以按照现代企业多维度、多层次的管理要求，确定多元化的产品成本核算对象。多维度是指以产品的最小生产步骤或作业为基础，按照企业有关部门的生产流程及其相应的成本管理要求，利用现代信息技术，组合出产品维度、工序维度、车间班组维度、生产设备维度、客户订单维度、变动成本维度和固定成本维度等不同的成本核算对象。多层次是指根据企业成本管理需要，划分为企业管理部门、工厂、车间和班组等成本管理层次。

（三）成本项目的内容

设置成本项目可以反映成本的构成情况，满足成本管理的目的和要求，有利于了解企业生产费用的经济用途，便于企业分析和考核产品成本计划的执行情况。

企业应当根据生产经营特点和管理要求，按照成本的经济用途和生产要素内容相结合的原则或者成本形态等设置成本项目。如对于制造企业而言，一般可设置“直接材料”“燃料及动力”“直接人工”和“制造费用”等项目。

(1) 直接材料。直接材料是指构成产品实体的原材料以及有助于产品形成的主要材料和辅助材料。包括原材料、辅助材料、备品配件、外购半成品、包装物、低值易耗品等费用。

(2) 燃料及动力。燃料及动力是指直接用于产品生产的外购和自制的燃料与动力。

(3) 直接人工。直接人工是指直接从事产品生产的工人的职工薪酬。

上述直接费用根据实际发生数进行核算，并按照成本核算对象进行归集，根据原始凭证或原始凭证汇总表直接计入成本。

(4) 制造费用。制造费用是指企业为生产产品和提供劳务而发生的各项间接费用，如企业生产部门（如生产车间）发生的水电费、固定资产折旧、无形资产摊销、管理人员的职工薪酬、劳动保护费、国家规定的有关环保费用、季节性和修理期间的停工损失等不能根据原始凭证或原始凭证汇总表直接计入成本的费用，需要按一定标准分配计入成本核算对象。

由于生产的特点、各种生产费用支出的比重及成本管理和核算的要求不同，企业可根据具体情况，适当增加一些项目，如“废品损失”等成本项目；企业内部管理有相关要求的，还可以按照现代企业多维度、多层次的成本管理要求，利用现代信息技术对有关成本项目进行组合，输出有关成本信息。

（四）成本会计的核算原则

企业所发生的生产费用，能确定由某一成本核算对象负担的，应当按照所对应的产品成本项目类别，直接计入产品成本核算对象的生产成本；由几个成本核算对象共同负担的，应当选择合理的分配标准分配计入。企业应当根据生产经营特点，以正常生产能力水平为基础，按照资源耗费方式确定合理的分配标准。具体可以体现为以下原则：

（1）受益性原则，即谁受益、谁负担，负担多少视受益程度而定；

（2）及时性原则，即要及时将各项成本费用分配给受益对象，不应将本应在上期或下期分配的成本费用分配给本期；

（3）成本效益性原则，即成本分配所带来的效益要远大于分配成本；

（4）基础性原则，即成本分配要以完整、准确的原始记录为依据；

（5）管理性原则，即成本分配要有助于企业加强成本管理。

企业应当按照权责发生制的原则，根据产品的生产特点和管理要求结转成本。企业不得以计划成本、标准成本、定额成本等代替实际成本。企业采用计划成本、标准成本、定额成本等类似成本进行直接材料日核算的，期末应将耗用直接材料的计划成本或定额成本等类似成本调整成实际成本。

第二节 成本会计的职能、任务和工作组织

一、成本会计的职能

成本会计的职能是指成本会计在企业经济管理中所能发挥的功能。成本会计的职能会随着经济环境的变化和管理要求的提高不断发展丰富，目前成本会计的职能已经发展为成本预测、成本决策、成本计划、成本控制、成本核算、成本分析和成本考核 7 项职能。

（一）成本预测

成本预测是在认真分析企业现有的经济技术条件和发展前景的基础上，考虑当前市场状况和可能影响成本的各项因素，运用一定的技术方法，对企业未来的成本水平及其变动趋势所进行的科学的估计和推断。通过成本预测，可以寻求降低产品成本，提高经济效益的途径，可以减少成本管理的主观性、盲目性，为进行成本决策、编制成本计划提供依据。

（二）成本决策

成本决策是在成本预测的基础上，结合其他有关资料，运用决策的理论和方法，选择最优的行动方案，确定应达到的目标成本。通过成本决策，可以保证成本计划目标的先进可行，促使企业以最少的人力、物力消耗，取得最大的经济效益。

（三）成本计划

成本计划是在成本预测和成本决策的基础上，根据目标成本，具体规定企业计划期内为完成生产经营任务所应发生的生产耗费和各种产品的成本水平，以及为保证成本计

划实现所应采取的主要措施和方案。通过编制成本计划，可以促使企业加强成本管理责任制，增强企业职工的成本意识，进一步挖掘降低成本的潜力，同时为成本控制、成本分析和成本考核提供依据。

（四）成本控制

成本控制是指对生产经营活动中各项费用的发生进行引导和限制，使之能按预定的计划进行的一种管理行为。成本控制有广义、狭义之分。广义的成本控制包括产品投产前的事前控制、生产过程中的事中控制和费用发生后的事后控制；狭义的成本控制仅指事中控制，即以成本计划为依据，采取各种有效的措施，将各项费用的发生限制在计划控制的范围之内，以保证成本计划的顺利执行。通过成本控制，可以及时发现生产经营中存在的问题，减少损失，避免浪费，以保证目标成本的实现。

（五）成本核算

成本核算是根据各产品成本计算对象，采用专门的成本计算方法，按照规定的成本项目，通过一系列费用的归集与分配，从而计算出各种产品成本的实际总成本和单位成本。成本核算是成本会计工作的核心，通过成本核算，既可以如实地反映生产经营过程中发生的各种耗费，又可以对各种生产费用的实际支出进行控制。通过成本核算提供的资料，还可以反映成本计划的完成情况，并为以后编制成本计划，进行成本预测、成本决策提供依据。

（六）成本分析

成本分析是根据成本核算提供的资料及其他有关资料，运用一定的方法，揭示产品成本水平的变动，确定成本差异，分析形成的原因，明确应负责的单位和个人。通过成本分析，可以总结出生产经营中取得的成绩，找出成本管理中存在的问题，以便采取行之有效的措施，有针对性地改进经营管理。

（七）成本考核

成本考核是在成本分析的基础上，定期对成本计划及有关指标的实际完成情况进行的总结和评价。成本考核意在鼓舞先进，鞭策后进，将成本管理的责、权、利紧密结合起来，充分调动各部门及职工个人履行经济责任，加强成本管理的积极性。

成本会计的各项职能是相互联系、互为条件、相互补充的，从而构成了一个有机整体。在这一体系中，成本预测是成本决策的前提，成本决策是成本预测的结果；成本计划是为实现成本决策目标而制订的具体实施方案，成本控制是对成本计划的执行所进行的监督；成本核算是对成本决策目标和成本计划的检验；最后通过成本分析查找影响成本变动的因素和原因，对成本决策的正确性做出判断，并通过考核，将工作业绩与精神鼓励和物质奖励结合起来，充分调动全体职工实现目标成本的主动性、积极性和创造性。应当指出，在成本会计的 7 项职能中，成本核算是最基本、最主要的职能，没有成本核算，就没有了成本会计，也就不存在成本会计的其他职能。本书重点介绍成本核算的方法，同时兼顾成本计划、成本控制和成本分析等相关内容。

同步思考 1-1

问题：指出下列各项活动分别是成本会计的哪项职能。

(1) 为通用汽车公司的产品设计者分析一下采用新型灯头对产品成本的影响。

(2) 为联合利华公司的不同分支机构记录其成本费用开支。

(3) 解释克莱斯勒一家分公司的生产经理的业绩报告。

(4) 为福特公司了解原油价格的变动对汽车需求量的影响提供相关资料。

(5) 帮助三菱公司下属的一个制造部门决定是从韩国购买部件还是从中国购买部件。

(6) 为丰田公司下属的一个分厂编制一份预算。

二、成本会计的任务

根据企业成本管理的要求,成本会计不可能全面地实现企业经营管理各个方面的要求,而只能在成本会计对象和职能的范围内,为企业经营管理提供所需的信息资料,以达到降低成本和费用的目的。因此,成本会计的任务总结如下。

(一) 正确计算产品成本,及时提供成本信息

计算产品成本是成本管理的最基本的任务,它是完成成本管理其他任务的前提条件。没有产品成本资料,就无法进行成本管理的其他方面的工作。所以,成本管理的首要任务就是要计算出产品的成本,向有关方面提供有关成本的信息。在进行成本计算工作中,应根据国家的有关规定、制度进行,按照规定的方法计算,使成本资料真实、可靠。

(二) 加强成本预测,优化成本决策

成本预测和成本决策是成本管理的重要职能。成本决策应建立在可靠的成本预测的基础之上。只有成本预测准确,成本决策才能实现优化。所以,成本预测与优化成本决策是密切联系的,它们相互联系地在成本管理中发挥着作用。把两者有机地结合起来,可以为企业挖掘降低成本的潜力、提高经济效益服务。

(三) 制定目标成本,加强成本控制

目标成本是指企业在一定时期内为保证目标利润的实现而制定的成本控制指标。目标成本一般包括计划成本、定额成本和标准成本三类。制定目标成本的目的是为了进行有效的成本控制。因此,目标成本制定的准确与否,直接关系到成本控制能否达到目的。所以,制定目标成本应根据其特点,采用科学的方法、可靠的数据计算,使制定的目标成本先进合理,切实可行,经过努力能够达到。

(四) 建立成本责任制,加强成本控制

成本责任制是对企业内部各部门和人员在成本方面的责、权、利所作的规定。成本责任制的建立,可以提高企业内部各部门以及全体职工努力降低成本的责任心和积极性。在建立成本责任制时,应在划清各部门、各位职工职责的前提下,将成本责任指标按

一定的方式进行分解，并具体落实到相关的部门和每名职工。建立成本责任制的核心是要将责、权、利结合起来，以增强各单位、人员降低成本的责任心和积极性，从而增强企业的活力。

以上任务的核心就是降低成本，提高经济效益。

同步思考 1-2

资料：联想集团一直以来都在利用贴近市场的优势，采取低价格来占领市场。联想前总裁说过："降低成本这四个字是我们竞争的诀窍。"联想集团一贯坚持在企业内部培养成本管理意识和能力，并建立了一种成本管理模式，力求使企业每个职员都知道多花一分钱就减少一分竞争力和一分利润。因此每个职工每花一分钱，都要考虑究竟能给企业或一种产品带来多少价值。联想集团认为，不仅仅是控制成本，充分利用成本的运作才是取得竞争优势的利器。每个公司都要做好两件事：一是提高产品对用户的价值；二是降低产品的成本。公司的规模、流程、人员、岗位职责以及制定各种制度的出发点就是这两点。应该说，每做一件事都要映射到、折射到增加价值和降低成本。

问题：降低成本是企业提高经济效益的必经之路吗？

三、成本会计的工作组织

（一）设置成本会计机构

成本会计机构是处理成本会计工作的职能单位。它是根据企业规模和成本管理要求考虑的，如在专设的会计机构中单独设置成本会计科、室或组，或者只配备成本核算人员来专门处理成本会计工作。

（二）配备必需的成本会计人员

成本会计人员是指在会计机构或专设成本会计机构中所配备的对企业日常的成本工作进行处理的工作人员。成本核算是企业核算工作的核心，成本指标是企业一切工作质量的综合表现，为了保证成本信息质量，企业对成本会计人员业务素质要求比较高，包括以下一些条件：

(1) 会计知识面广，对成本理论和实践有较好的基础；

(2) 熟悉企业生产经营的流程（工艺过程）；

(3) 刻苦学习，任劳任怨；

(4) 具备良好的职业道德。

（三）确定成本会计工作的组织原则和组织形式

1. 成本会计工作的组织原则

(1) 成本核算必须与成本管理相结合。

(2) 成本会计工作必须与技术相结合。

(3) 成本会计工作必须与经济责任制相结合。

2. 成本会计工作的组织形式

从方便成本工作的开展和及时准确地提供成本信息的需要出发，按成本要素划分为材料成本组、人工成本组和间接费用组组织核算。

(1) 材料成本组。一般由企业厂部成本会计人员与仓库材料管理人员共同负责，主管材料物资和低值易耗品的采购、入库、领用、结存的明细分类核算，定期盘点清查，计算材料成本费用，并对全过程进行控制和监督。

(2) 人工成本组。主管应付职工的工资、奖金的计算与分配的核算，并对全过程进行严格的控制和监督。

(3) 间接费用组。间接费用的核算一般是由厂部成本会计人员负责，这部分费用可按成本习性分为变动费用和固定费用，而变动费用以弹性预算进行控制，固定费用则用固定预算进行控制。

(四) 制定成本会计制度

成本会计制度是指对进行成本会计工作所做的规定。它的内涵与外延随着经济环境的变化在不断发展变化。在商品经济条件下，现代企业的成本会计制度内容包括成本预测、决策、规划、控制、计算、分析和考核等所做出的有关规定，指导着成本会计工作的全过程，这也称作广义的成本会计制度。

具体的成本会计制度有成本预测、决策制度，计划(或标准成本)成本编制的制度，成本核算制度，成本控制制度，成本分析、考核制度等。

同步思考 1-3

资料：金鑫大饭店是一家四星级酒店，为加强财务管理，要对会计各岗位人员的任职条件进行规范。

问题：请撰写金鑫大饭店成本会计负责人任职条件。

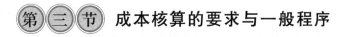

第三节 成本核算的要求与一般程序

一、成本核算的要求

成本核算是一项比较复杂的工作。不管是哪一种类型的企业，也不论核算什么成本，成本核算的基本原理、一般原则和基本程序都是共同的。总体来看，成本核算都要遵循以下要求。

（一）严格执行企业会计准则规定的成本计量要求

企业进行成本核算，首先要根据《企业财务通则》《企业会计准则》等有关的法规和制度，以及企业的成本计划和相应的消耗定额，对企业的各项费用进行审核，看应不应该开支；已经开支的，应不应该计入产品成本。例如，企业为生产产品所发生的各项费用应列入产品成本，企业进行基本建设、购建固定资产及与企业正常生产经营活动无关的营业外支出等费用不能列入产品成本。

（二）正确划分各种费用界限

为了正确进行成本计算，必须正确划分以下5个方面的费用界限。

1. 正确划分生产经营费用和非生产经营费用的界限

工业企业的生产经营活动是多方面的，其费用支出的用途也不尽相同，因而在进行成本核算时，必须按是否用于企业的生产经营活动，将费用支出进行正确划分。对于企业用于产品生产和销售，用于组织和管理生产经营活动以及用于筹集生产经营资金的各种费用，即企业日常的生产经营费用，应该计入企业的生产成本或期间费用。不属于企业生产经营费用的支出，如企业购建固定资产、无形资产和其他资产的支出，对外投资的支出等资本性支出，应计入有关资产的价值。固定资产盘亏和报废清理净损失，非正常原因的停工损失，自然灾害造成的损失，因各种原因支付的滞纳金、罚款、违约金、赔偿金、各种捐赠、赞助支出以及被没收的财物等与企业正常生产经营活动没有直接关系的各种支出，应列入企业营业外支出或在企业缴纳所得税后的利润开支。既要防止多计成本，把企业非生产经营费用列入成本、费用，减少企业利润和国家财政收入的错误做法，又要防止少计成本，把企业的生产经营费用不计或少计入成本、费用，虚增企业利润的错误做法。

2. 正确划分产品生产费用和期间费用的界限

企业日常生产经营中发生的各项耗费，其用途和计入损益的时间是不同的。产品的生产费用形成产品成本，并在产品销售后作为产品销售成本计入企业损益。但当期投产的产品不一定当期完工并销售，而当期完工并销售的产品也不一定是当期投产的，因而当期的生产费用往往不是当期的产品销售成本。而当期发生的期间费用直接计入当期损益。所以计入产品成本的费用与计入期间费用的费用对一定时间内利润的影响是不同的。为了正确计算企业各个会计期间的损益，必须正确划分产品生产费用和期间费用。对于用于产品生产的各项费用，包括产品生产的原材料费用、生产工人的工资费用和制造费用应该计入生产费用，并据以计算产品成本；本期发生的销售费用、管理费用、财务费用应作为期间费用，直接计入当期损益。要防止混淆生产费用和期间费用的界限，借以调节各期产品成本和损益的错误做法。

3. 正确划分本期费用和非本期费用的界限

根据企业会计准则的规定，企业应按月反映其财务状况和经营成果。因此，会计核算时必须正确划分本期费用和非本期费用的界限。凡是在本期发生的费用，不论是否付出款项，都应作为本期的费用入账；凡是不属于本期费用，即使付出款项，也不应作为本期费用入账。根据这一原则，在成本核算中，企业本月发生的费用都应在本月入账，不得将其提前或延后。正确划分各期的费用界限，对于正确进行成本核算有重要意义。要防止人为调节各期费用和产品成本，虚增或虚减企业利润的错误做法。

4．正确划分各种产品费用的界限

对于生产两种及两种以上产品的企业，要正确计算各种产品的成本，必须将计入当月产品成本的生产费用在各有关产品之间进行划分。凡属于某种产品单独发生，能够直接计入该种产品的费用，则应直接计入该种产品成本；凡属于某几种产品共同发生，不能直接计入该种产品的费用，则应采取合理的分配方法，分配计入这几种产品的成本。要防止人为地随意分配生产费用，调节各产品成本以掩盖成本超支、以盈补亏的错误做法。

5．正确划分完工产品和期末在产品费用的界限

企业在生产过程中发生各种费用经上述划分已经确定了每种产品当月的生产费用。月末计算产品成本时，如果某种产品全部完工，则这种产品的各项生产费用之和就构成了该产品的完工产品成本；如果某种产品均未完工，则这种产品的各项生产费用之和就构成了该产品的月末在产品成本。但是企业生产中往往会发生有些产品月末没有全部完工入库，既有完工产品又有月末在产品的情况，这时要正确计算完工产品和在产品的成本，就要将该产品的各项生产费用，采用适当的分配方法在完工产品和在产品之间进行分配，分别计算完工产品成本和月末在产品成本。分配方法要合理，方法不同，分配的结果也不相同。要防止任意提高或降低月末在产品成本，人为调节完工产品成本的错误做法。

上述5个方面费用界限的划分过程也就是产品成本、费用的核算过程。在这一过程中，应贯彻受益原则，即何者受益何者负担费用；何时受益何时负担费用；负担费用的多少与受益程度的大小成正比。

（三）做好成本核算的基础工作

为了进行成本审核、控制，正确计算产品成本和经营管理费用，必须做好以下各项基础工作。

1．定额的制定和修订

产品的各项消耗定额既是编制成本计划、分析和考核成本水平的依据，也是审核和控制成本的标准。因此，为了加强生产管理和成本管理，企业必须建立和健全定额管理制度。凡是能够制定定额的各种消耗，都应该制定先进、合理、切实可行的消耗定额，并随着生产的发展、技术的进步、劳动生产率的提高，不断修订消耗定额，以充分发挥其应有的作用。

2．材料物资的计量、收发、领退和盘点

为了进行成本管理和成本核算，还必须对材料物资的收发、领退和结存进行计量，建立和健全材料物资的计量、收发、领退和盘点制度。凡是发生材料物资的收发、领退，在

产品、半成品的内部转移和产成品的入库等，均应填制相应的凭证，经过一定的审批手续，并经过计量、验收或交接，防止任意领发和转移。库存的材料、半成品和产成品，以及车间的在产品和半成品，均应按照规定进行盘点、清查。只有这样，才能保证账实相符，保证成本计算的正确性。

3. 原始记录

原始记录是反映生产经营活动的原始资料，是进行成本预测、编制成本计划、进行成本核算及分析的依据。为了进行成本的核算和管理，对于生产过程中工时和动力的耗费，在产品和半成品的内部转移，以及产品质量的检验结果等，均应做出真实的原始记录。原始记录对于劳动工资、设备动力、生产技术等方面管理，以及有关的计划统计工作，也有重要意义。

4. 内部结算价格的制定和修订

企业的生产过程，是企业内部各个车间、部门共同协作的过程，如机器修理部门、运输部门、供水供电部门向生产车间、管理部门等提供劳务以及各部门之间相互提供劳务等。为了分清企业内部各单位的经济责任，便于分析和考核内部各单位成本计划的完成情况，还应对材料、半成品和厂内各车间相互提供的劳务(如运输、修理等)制定内部结算价格，作为内部结算和考核的依据。采用内部结算价格，可以明确经济责任，简化和减少核算工作，并便于考核厂内各单位成本计划的完成情况。内部结算价格应该尽可能接近实际并相对稳定，并由企业统一颁布，各部门、车间应遵照执行，年度内一般不做变更。

5. 采用适当的成本计算方法

成本计算，在满足国家有关规定的基础上，同时要满足企业生产经营管理的需要。因此，企业在进行成本计算时，应根据本企业的具体情况，选择适合于企业特点的成本计算方法。成本计算方法应根据企业的生产特点和管理要求来选择。产品成本是在生产过程中形成的，生产组织和工艺过程不同的产品，应该采用不同的成本计算方法。产品成本计算是为了加强成本管理，对管理要求不同的产品，也应该采用不同的成本计算方法。在同一个企业里，可以采用一种成本计算方法，也可以采用多种成本计算方法，即多种成本计算方法同时使用或多种成本计算方法结合使用。

二、成本核算的一般程序

成本核算的一般程序是指对企业在生产经营过程中发生的各项费用，按照成本核算的要求，逐步进行归集和分配，最后计算出各种产品的成本和各项期间费用的基本过程。产品的成本核算是一项比较复杂的工作，不同的成本核算方法的计算程序并非完全相同，但都包含着一个一般程序。现将成本核算的一般程序归纳如下。

(一) 生产费用支出的审核

对发生的各项生产费用支出，应根据国家、上级主管部门和本企业的有关制度、规定进行严格审核，以便对不符合制度和规定的费用，以及各种浪费、损失等加以制止或追究经济责任。

（二） 确定成本计算对象和成本项目，开设产品成本明细账

企业的生产类型不同，对成本管理的要求不同，成本计算对象和成本项目也就有所不同，应根据企业生产类型的特点和对成本管理的要求，确定成本计算对象和成本项目，并根据确定的成本计算对象开设产品成本明细账。

（三） 进行要素费用分配

对发生的各项要素费用进行汇总，编制各种要素费用分配表，按其用途分配计入有关的生产成本明细账。对能确认某一成本计算对象耗用的直接计入费用，如直接材料、直接工资，应直接记入"基本生产成本"账户及其有关的产品成本明细账；对于不能确认某一成本计算对象的费用，则应按其发生的地点或用途进行归集分配，分别记入"制造费用""辅助生产成本"和"废品损失"等账户。

（四） 进行综合费用分配

对记入"制造费用""辅助生产成本"和"废品损失"等账户的综合费用，月终采用一定的分配方法进行分配，并记入"基本生产成本"账户以及有关的产品成本明细账。

（五） 进行完工产品成本与在产品成本的划分

通过要素费用和综合费用的分配，所发生的各项生产费用均已归集在"基本生产成本"账户及有关的产品成本明细账中。在没有在产品的情况下，产品成本明细账所归集的生产费用即为完工产品总成本；在有在产品的情况下，就需将产品成本明细账所归集的生产费用按一定的划分方法在完工产品和月末在产品之间进行划分，从而计算出完工产品成本和月末在产品成本。

（六） 计算产品的总成本和单位成本

在品种法、分批法下，产品成本明细账中计算出的完工产品成本即为产品的总成本；在分步法下，则需根据各生产步骤成本明细账进行顺序逐步结转或平行汇总，才能计算出产品的总成本。

以产品的总成本除以产品的数量，就可以计算出产品的单位成本。

三、成本核算主要账户的设置

一般情况下，设置"生产成本"账户，用来核算企业进行工业性生产发生的各项生产成本，并按产品品种等成本核算对象设置"基本生产成本"和"辅助生产成本"二级明细账。

辅助生产费用发生较多的企业，也可将"基本生产成本"和"辅助生产成本"作为总账账户。

（一） "基本生产成本" 账户

"基本生产成本"账户借方登记企业为进行基本生产而发生的各种生产费用；贷方登记结转的完工入库的产品成本；余额在借方，表示基本生产的在产品成本。该账户应当分别按照基本生产车间和成本核算对象(产品的品种、类别、订单、批别、生产阶段等)设置明细账(或称产品成本计算单),并按规定的成本项目设置专栏。

(二)“辅助生产成本”账户

工业企业的辅助生产是指主要为基本生产车间、企业行政管理部门等单位提供服务而进行的产品生产和劳务供应。

辅助生产车间为生产产品或提供劳务而发生的原材料费用、动力费用、工资及福利费用以及辅助生产车间的制造费用,被称为辅助生产费用。为生产和提供一定种类与一定数量的产品或劳务所耗费的辅助生产费用之和,构成该种产品或劳务的辅助生产成本。“辅助生产成本”账户的借方登记为进行辅助生产而发生的各种耗费;贷方登记完工入库产品的成本或分配转出的劳务成本;余额在借方,表示辅助生产在产品的成本。

该账户应按辅助生产车间和生产的产品、劳务分设明细分类账,账户按辅助生产的成本项目或费用项目分设专栏或专行,进行明细登记。

期末,应当对共同负担的辅助生产费用按照一定的分配标准分配给对应的受益对象。

(三)“制造费用”账户

制造费用是工业企业为生产产品(或提供劳务)而发生的,应计入产品成本,但没有专设成本项目的各项生产费用。为了核算企业为生产产品和提供劳务而发生的各项制造费用,应设置“制造费用”账户。该账户的借方登记实际发生的制造费用;贷方登记分配转出的制造费用;除季节性生产企业外,该账户月末应无余额。该账户,应按车间、部门设置明细分类账,账内按费用项目设立专栏进行明细登记。期末,将共同负担的制造费用按照一定的分配标准分配记入各成本核算对象。

四、成本核算的账务处理

为了在具体讲述工业企业成本核算以前,能够对其账务处理有一个概括的了解,先用图式列示其账务处理的基本程序,如图 1-1 所示。通过图 1-1,还可以从账务处理的角度进一步了解工业企业成本核算的一般程序。

实务案例

资料:大学生小吴 201×年 8 月毕业应聘到东方机械公司当成本会计员。财务部成本科刘科长向小吴介绍了公司的有关情况。东方机械公司的基本情况如下。

1. 产品情况

该公司主要生产大型重型机械,用于矿山等企业,是国内矿山机械的龙头企业。

2. 车间设置情况

东方机械公司设有 7 个基本生产车间,分别生产矿山机械的各种零部件以及零部件

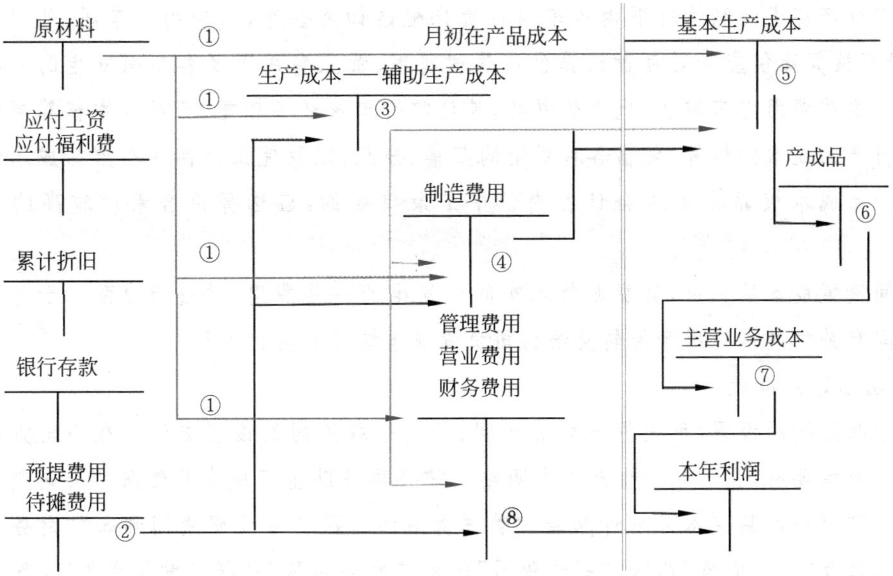

图 1-1 工业企业产品成本核算账务处理程序图

说明：①要素费用的分配；②提取预提费用、摊销待摊费用；③分配辅助生产费用；④分配制造费用；⑤结转完工产品成本；⑥结转主营业务成本；⑦将主营业务成本转入"本年利润"；⑧结转期间费用。

的组装；另外，还设有 4 个辅助生产车间，为基本生产车间及其他部门提供劳务。

3. 成本核算的现状

该公司现有会计人员 36 人，其中成本会计人员 8 人(不包括各个生产车间的成本会计人员)。由于该公司规模较大，现在实行二级成本核算体制，厂部和车间分别设置有关的成本费用明细账进行核算。

刘科长让小吴再了解几天企业成本核算及其他方面的情况后书面回答以下几个问题。

(1) 车间和厂部应设置哪些成本会计核算的岗位？

(2) 车间和厂部应设置哪些成本总账和明细账？

(3) 成本费用应按什么程序进行归集和分配？

(4) 对企业现在成本核算模式提出进一步改进的意见。

小吴对企业的情况进行了调查后，向刘科长提出了自己的一些意见。

1. 成本核算岗位设置

根据小吴的调查，他认为，公司应设置的成本核算岗位包括材料成本核算、工资成本核算、费用核算、产品成本核算等岗位。其中，材料成本核算岗位承担由公司负责的一些材料费用的归集和分配，通过将各仓库交来的各车间领用材料的凭证进行审核，然后，将其分配给各车间、部门负担。同时，应与材料供应部门密切合作，做好材料的采购、发放等工作；工资成本核算岗位主要负责计算每位职工的应付工资金额，并按工资费用的发生地点和用途，分配于不同的车间和部门。这些工资费用主要是由公司计算并支付的。

而对于实行经济责任制情况下由各车间负责分配诸如奖金等,则应由各车间、部门自行核算;费用核算岗位应主要负责核算公司管理费用、营业费用以及各车间发生的一些管理费用。这些费用内容较多,也比较复杂,其日常的审核任务较重;产品成本核算岗位主要是进行产品成本的核算,包括各种费用的归集、分配,以及完工产品和在产品成本的核算等。产品成本核算在成本会计各岗位中是最重要的,应选择综合素质较高的人员担任。

车间设置成本核算员,负责归集本车间所发生的一些费用,并进行分配。于月末时将本车间有关的成本费用账簿转交给公司负责成本核算的会计人员。

2. 明细账的设置

对于明细账的设置,可根据不同的车间、部门采取不同的设置方法。在公司方面应设置的账簿主要有"公司基本生产成本明细账""公司辅助生产成本明细账""公司制造费用明细账""公司产品成本汇总计算表""管理费用明细账""营业费用明细账""财务费用明细账",以及"生产成本"总账、"制造费用"总账、"库存商品"总账、"管理费用"总账、"营业费用"总账和"财务费用"明细账等;在基本生产车间应设置的账簿主要有"车间基本生产成本明细账"、分产品设置的"产品成本明细账(产品成本计算单)""制造费用明细账"等。辅助生产车间应根据具体情况,若该车间只提供一种产品或劳务,则只需设置"公司辅助生产成本明细账"来归集该车间发生的全部费用。如果该车间提供多种产品或劳务,则应设置"车间辅助生产成本明细账"、分产品或劳务设置的"产品(劳务)明细账""制造费用明细账"等。

3. 成本核算的程序

成本核算的程序根据小吴的调查认为,第一,应进行各种要素费用的汇集和分配;第二,分配辅助生产车间的制造费用;第三,分配辅助生产费用;第四,分配基本生产车间的制造费用;第五,将生产费用在完工产品和在产品之间进行分配,计算出完工产品和在产品的成本。由于本公司的基本生产车间和辅助生产车间较多,所以车间和公司都要进行成本核算。

4. 对成本核算工作的建议

通过几天的调查,小吴对本公司的成本核算工作提出了以下建议。

(1) 企业成本核算的核算方法没有随着企业产品的调整进行相应的改变,因此,有许多不相适应的地方,制造费用的分配只采用简单的工时比例,没有考虑其他的因素。因此应加以改变,以提供更加准确的成本信息。如可考虑采用作业成本制度、制造费用的分配标准,还可考虑其他的因素如折合工时等。

(2) 由于采用实际成本核算体制,因此,提供的成本信息相对拖后,同时,在进行成本计算的同时,不能将成本核算与成本控制、成本考核和成本分析有机地结合起来。因此应考试采用标准成本制度,以期达到最佳的成本管理效果。

(3) 成本管理人员没有深入了解企业的生产情况,这从我多次询问有关企业的生产情况而许多成本会计人员不能很好地回答可以看出来。如果成本会计人员不能很好地了解企业的生产情况，就不能很好地进行成本管理，效果也不能达到最佳。因此，建议公司组织会计人员特别是成本会计人员实地考察企业产品的生产过程，由企业的技术人员向会计人员介绍产品的生产过程等。

小吴对刘科长说，由于自己刚到企业，对企业的情况不是十分了解。同时自己的知识水平有限，上述介绍的内容不一定正确，仅供参考。

第四节 实践课业

一、课业任务

学生通过理解成本核算的对象、要求和一般程序，以小组为单位，联系实际企业成本核算案例，了解该企业产品成本核算的管理要求、部门设置和核算流程，完成一篇约1 500字数的认知体会。

二、课业目标

(1) 了解成本核算的对象和职能以及成本会计组织的构成。

(2) 熟悉成本核算的要求，能根据业务资料进行成本费用的分类与归属。

(3) 掌握成本核算的一般程序和账务处理，能设置、登记与成本核算相关的账户。

三、理论指导

(一) 成本及成本会计的定义

在不同的经济环境下，针对不同的行业特点，人们对成本的内涵有不同的理解。本书所要研究的成本主要是指具有典型意义的物质生产部门为制造产品而发生的成本，即产品生产成本。产品生产成本是指企业在生产产品过程中所发生的材料费用、职工薪酬等，以及不能直接计入而按一定标准分配计入的各种间接费用。

成本会计是随着社会经济的发展而逐渐形成和发展起来的，是特定经济环境下的产物，成本会计既受当时经济条件的影响和制约，又服务于当时的经济社会。在现代会计阶段，一般认为，现代成本会计是成本会计与管理会计的直接结合，它根据成本核算和其他资料，采用现代数学和数理统计的原理与方法，针对不同业务，建立起数量化的管理技术，用来帮助人们按照成本最优化的要求，对企业的生产经营活动进行预测、决策、控制、分析、考核，促使企业的生产经营实现最优运转，从而大大提高企业的竞争能力和适应能力。

（二）成本核算的对象

制造企业成本会计的对象就是产品的生产成本、期间费用和管理成本。

（三）成本核算的要求

(1) 严格执行企业会计准则规定的成本计量要求。

(2) 正确划分各种费用界限。

(3) 做好成本核算的基础工作。

（四）成本核算的一般程序

(1) 生产费用支出的审核。

(2) 确定成本计算对象和成本项目，开设产品成本明细账。

(3) 进行要素费用分配。

(4) 进行综合费用分配。

(5) 进行完工产品成本与在产品成本的划分。

(6) 计算产品的总成本和单位成本。

四、课业组织安排

学生分小组利用信息技术或到当地收集企业案例材料，经过分析汇总后，撰写认知体会。

五、课业范例

关于广州简姿服装有限公司成本管理情况的调研报告

广州简姿服装有限公司（以下简称简姿公司）属于小型民营服装企业，是广州地区该行业中比较典型的一家小型民营服装企业，目前简姿公司在成本管理方面，仍然局限于传统成本管理观念。公司目前采用标准成本法进行核算，计算各产品制造成本，并以此为基础进行产品盈利能力分析。

简姿公司2015年的主营业务收入为20 124 950元，是2005年4 456 788元的4.52倍，年均增长率为16.28%；2015年的主营业务成本为16 976 411元，是2005年3 196 542元的5.31倍，年均增长率为18.17%；2015年的销售费用为945 286元，是2005年428 123元的2.21倍，年均增长率为8.25%；2015年的财务费用为654 254元，是2005年171 580元的3.81倍，年均增长率为14.31%；2015年的管理费用为957 523元，是2005年285 801元的3.35倍，年均增长率为12.85%。从中可以看出，主营业务成本增长最快，超过了主营业务收入的增长速度。这说明简姿公司在成本管理方面比较落后，成本控制较差。

简姿公司在成本管理上面临的主要问题有以下几点。

1. 机构设置不合理、人员配备不齐

简姿公司没有设立董事会、监事会，财务、生产、物流等机构设置不科学，权责分配不合理，导致职能交叉或缺失，不利于成本核算、成本控制。企业的多个车间只设置一名统计员，统计员只为了统计每位生产员工的产量，车间领用的原材料、辅助材料的数量没有记录或记录不准确，机器工时、消耗定额、车间耗用的水电费等信息无法取得。房屋、机器设备原值、折旧年限随意估计。财务部就只招有两名财务人员，根本没有配备专职成本核算的会计，会计人员文化水平低，业务素质差，只能粗略归集成本项目的“料、工、费”，粗略算出总成本、无法清楚地细分出每一个产品单位成本。

2. 成本核算方法不科学、成本信息失真

(1) 没有准确区分经营性支出和非经营性支出，导致生产成本由一些不能计入成本的非经营性支出构成，如资本支出、营业外支出等。

(2) 没有准确区分会计期间，乱计成本。公司没有划清本期成本与非本期成本之间的界限，没有严格按照权责发生制的原则计算有关的成本，致使本期的成本不合理。

(3) 采购员、销售员为了省事，记录数量不准确，价格缺失，流程随意更改，诸如此类，导致了生产领料不准确，产量、销量、在产品数量不准确，车间的水电费，厂房、机器设备计提折旧不准确，这些原始信息失真，直接造成成本核算也失真。

3. 没有建立成本控制体系

成本核算离不开一定的程序和一定的方法，公司财务人员在日常工作中，尚缺谨慎，未能一丝不苟，流程疏于监督，上下环节的数据未进行准确核实。由于这种原始会计信息准确率得不到保障，核算过程不够精细，分配标准不合理，难免会造成生产总成本、单位成本不准确的后果。尽管公司在成本管理方面加以重视，有所加强，但内容僵化老套，手段过于落后，问题得不到根治。如生产过程中，虽然相对控制了原材料的耗用有限额领用，但没有对超出物料消耗进行进一步核实，消耗原因未寻得根源，也未能追究到人以承担责任；每个月工作内容也有涉及分析成本，不过成本的分析局限于与上月、上年同期总成本、单位成本的比较，没有应用会计的分析方法进一步分析原因。

面对简姿公司在成本管理上存在的问题，可采用以下对策。

1. 全体员工应重视成本管理

简姿公司应该树立成本效益观念，以成本效益为中心，从成本与效益的对比分析来看待成本的必要性与合理性，并实现由传统的“节约、节省”观念向现代效益观念的转变。要意识到，节约成本并不是孤立地减少成本支出，而是从成本与效益的对比中寻找成本最小化。并努力以尽可能少的成本付出，创造尽可能多的使用价值，为企业获取更多的经济效益。因此高管层要从战略的高度充分认识到成本核算与控制的重要性，要制定成本领先战略的经营规划，充分调动全体员工参与成本核算、成本控制。通过约束与激励的机制，实现员工自主参与成本控制。

2. 合理设置成本管理的机构、配备相应人员要核算好成本

首先，要设置合理的组织架构，组织架构应具有财务部、生产部、物流部、采购部、销售部、人力行政部等。每个部门应设置部门领导及相应的人员。每个部门各司其职，相互配合、相互牵制。公司应给予财务人员一定的支持并鼓励其努力学习，财务人员具备

了基本财务会计理论和牢固的专业知识，才能全面掌握与企业经营成本管理相关的专业知识，才能在加强内部管理、及时筹集发展所需资金、合理利用资金等方面贡献一己之力；实现个人价值，才能提高企业经营成本管理的实际技能，全面提高自身素质。

3. 健全成本核算和控制体系

公司核算出成本是第一步，仅仅呈现出一个关于成本的数据，这还远远不够，我们更应该关注成本的准确性、合理性。成本最小化需要我们将成本进行对比分析，核实与上年同期或上期单位成本是上升还是下降，进而追根溯源，以采取有效管理措施，实现成本最小化。成本核算、成本分析是事后成本控制，我们更应着眼于事中成本控制，宜采用“标准成本法”组织成本核算与控制，建立分厂、车间、班组、机台和职能部门的各级成本责任中心，随着生产经营耗费的发生，及时揭示实际成本与现行标准成本的差异，并追查差异生产的原因。总之，进行事前、事中、事后成本控制，循环往复，一环扣一环的成本控制，就形成了一个全面的、完整的、有机的成本控制体系，能有效降低简姿公司的成本。

成本管理是每个中小民营企业管理工作的重点，但是成本管理既应是一门管理科学，也应是一门管理艺术，如果企业处理好了成本与利润之间的关系，不仅可以提高企业的经济效益，还可以使企业拥有低成本优势，提高企业竞争力。

资料来源：摘自吴家宜《西部皮革》

课后练习

一、名词解释

成本　　成本会计　　成本核算

二、单项选择题

1. 下列各项费用中，属于工业企业生产费用的是(　　)。

A. 产品销售费用　　B. 制造费用

C. 管理费用　　D. 财务费用

2. 成本控制要在(　　)过程中进行。

A. 成本预测　　B. 成本决策

C. 编制成本计划　　D. 成本预测、成本决策、编制和执行成本计划

3. 在成本会计的各个环节中，(　　)是基础。

A. 成本计划　　B. 成本控制

C. 成本核算　　D. 成本分析

4. 正确划分各个月份的费用界限，要防止(　　)的错误做法。

A. 人为调节各月成本、费用和各月损益

B. 不遵守成本、费用开支范围，乱计或少计成本、费用

C. 在盈利产品和亏损产品之间任意增减费用

D. 人为调节完工产品成本

5. 正确计算产品成本，应做好的基础工作是(　　)。

A. 正确划分各种费用界限　　B. 确定成本计算对象

C. 建立健全原始记录工作　　D. 确定成本项目

三、多项选择题

1. 工业企业成本会计的对象包括(　　)。

A. 生产费用　　B. 产品生产成本

C. 经营费用　　D. 经营管理费用

2. 成本会计的职能有(　　)。

A. 成本预测和成本计划　　B. 成本核算和成本控制

C. 成本分析　　D. 成本考核

3. 下列各项工作中，属于成本核算基础工作的有(　　)。

A. 定额的制定和修订　　B. 原始记录

C. 费用的分配标准　　D. 材料物资的计量、收发、领退和盘点

4. 为了正确计算产品成本，必须正确划分(　　)方面的费用界限。

A. 存货成本与期间成本　　B. 各个会计期间

C. 各种产品　　D. 完工产品与在产品

5. 下列各项中，属于生产费用要素的有(　　)。

A. 直接材料　　B. 制造费用

C. 税金　　D. 利息

四、填空题

1. 产品成本是指企业为生产________的产品所发生的各项生产费用的总和。

2. 结合我国成本管理的实践，现代成本会计的主要职能有________、________、________、________、________、________和成本考核。

3. 将生产费用要素按其经济用途划分为若干不同的项目，叫作产品成本项目。工业企业一般应设以下三个成本项目________、________、________。

4. 为了正确计算产品成本，必须正确划分以下五个费用界限，即正确划分________的费用界限，正确划分________的费用界限，正确划分________的费用界限，正确划分________的费用界限，正确划分________的费用界限。

5. 划清各种产品的费用界限，要特别注意划清________的费用界限与________的费用界限。

五、思考题

1. 试述成本与费用的关系。
2. 成本会计的对象是什么?
3. 成本会计有哪些职能?
4. 正确计算产品成本,应该做好哪些基础工作?
5. 为了正确计算产品成本,应划清哪些费用界限?

同步思考参考答案

1-1 解析

(1) 成本分析职能;(2) 成本核算职能;(3) 成本考核职能;(4) 成本预测职能;(5) 成本决策职能;(6) 成本计划职能。

1-2 解析

由以上联想集团的例子可以看出,在企业内部,完善成本核算体系,充分发挥成本会计的职能,完成成本会计任务,严格控制产品成本,是提高企业核心竞争力、达到企业发展和获利目标的根本途径之一。

1-3 解析

成本会计负责人任职条件如下:

(1) 认同企业理念,坚持原则,廉洁奉公;

(2) 财会专业(或相关专业),大专以上学历;

(3) 会计师以上职称或三年以上工作经验;

(4) 熟悉国家财经法律、法规、方针、政策和制度,掌握与企业有关知识;

(5) 具有有关财务分析各项指标和运算知识及能力,并具备用计算机操作和调用各项数据的能力;

(6) 身体健康,能胜任本职工作。

第二章　要素费用的归集与分配(一)

学习目标

1. 熟悉要素费用的核算程序。
2. 掌握材料费用的分配方法及账务处理。
3. 熟悉职工薪酬的组成内容。
4. 掌握职工薪酬归集与分配方法。
5. 了解其他要素费用的核算方法。

基本概念

要素费用　　职工薪酬　　材料费用　　折旧费用

第一节 要素费用分配概述

一、要素费用的含义与组成

（一）要素费用的含义

企业产品生产的过程，同时也是物化劳动和活劳动耗费的过程。在这一过程中，发生的能用货币计量的生产耗费，称为要素费用。

（二）要素费用的组成

要素费用按照经济内容，可分为劳动对象消耗的费用、劳动手段消耗的费用和活劳动中必要劳动消耗的费用。它由下列项目组成。

1. 外购材料

企业为进行生产而耗用的一切从外部购进的原材料、主要材料、辅助材料、半成品、包装物、修理用备件和低值易耗品等。

2. 外购燃料

企业为进行生产而耗用的一切从外部购进的各种固体、液体和气体燃料。

3. 外购动力

企业为进行生产而耗用的一切从外部购进的各种动力。

4. 职工薪酬

企业应计入生产费用的职工工资以及企业根据规定按照职工工资总额的一定比例计提并计入费用的各种形式的报酬。

5. 折旧费

企业按规定计算的应计入费用的固定资产折旧费。

6. 其他支出

其他支出是指不属于以上各项费用的支出，如利息支出、差旅费、租赁费、设计制图费、外部加工费、试验检验费等。

要素费用是一种原始形态的费用支出，这种分类可以反映出企业一定时期内在生产经营过程中发生了哪些费用，数额是多少，据以分析企业在各个时期各种费用的构成和水平。这种费用的划分，能将物化劳动的耗费明显地从劳动耗费中划分出来，进行单独反映，为企业计算工业净产值和国家计算国民收入提供资料，也可为企业控制流动资金占用及编制材料采购计划提供依据。但是，这种分类不能说明各项费用的用途，因而不便于分析各种费用的支出是否节约和合理。

同步思考 2-1

资料：某企业 201×年 8 月有关成本费用资料如下。

(1) 产品领用原材料 30 000 元。

(2) 车间领用燃料 2 000 元。

(3) 车间耗用水电费 5 000 元。

(4) 核算生产工人薪酬 25 000 元。

(5) 核算车间管理人员薪酬 5 000 元。

(6) 核算销售部门人员薪酬 8 000 元。

(7) 核算企业行政管理人员薪酬 6 000 元。

(8) 计提车间厂房设备折旧 4 000 元。

(9) 支付购买职工劳保用品费 700 元。

(10) 支付车间机器租赁费 300 元。

(11) 支付为购买机器借款应负担的利息 30 000 元。

问题：试分析以上发生的费用都属于要素费用中的哪些费用，在进行核算时有哪些要求。

二、要素费用核算的程序

要素费用的核算包括要素费用的归集和分配，是指企业在生产经营过程中发生的各种耗费，按其性质、用途和发生地点，归集和分配给有关的产品与部门，计算出产品的制造成本和期间费用总额。

(一) 要素费用的归集

要素费用的归集是指汇集企业在一定的会计期间为进行生产经营活动发生的各种要素费用的总额。一般由财会部门根据凭证、账簿或报表资料进行，也有的由其他部门提供汇总资料，如由劳动工资部门提供的工资统计、由仓库提供的材料消耗统计等。根据资料的不同来源，要素费用的归集采用不同的归集办法。

在有账簿记录的条件下，如企业设置有制造费用明细账，财会部门平时对费用凭证加强审核，并及时登记账簿。月终，进行月结，将本期发生的费用进行汇总，与总账核对无误后，即是制造费用的汇总总额。

在没有账簿记录的情况下，某些生产费用，如领用的原材料，为了简化核算，财会部门只保存经过审核和计价的原始凭证领料单，而没有设置有关账簿，财会部门可以将原始凭证定期(如 5 天、10 天、15 天)与有关部门核对无误以后进行汇总，或月终经核对后一次汇总。

(二) 要素费用的分配

要素费用的分配是指按照要素费用的用途和发生地点，分配计入产品成本和期间费用等。若是为某种产品所消耗并能确认其负担数额的直接费用，都应直接计入该产品的成本;若是为几种产品共同耗用或无法确定为哪种产品所消耗的间接费用,应选择适当的标准分配计入有关的各种产品成本。

适当的分配方法是指分配依据的标准与分配对象有较密切的联系,而且分配标准的资料比较容易取得。即分配方法既较合理又较简便。

分配间接计入费用的标准有:

(1) 成果类,如产品的重量、体积、产量、产值等;

(2) 消耗类,如生产工时、生产工资、机器工时、原材料消耗量或原材料费用等;

(3) 定额类,如定额消耗量、定额费用等。

要素费用分配的计算如下:

费用分配率=待分配费用总额÷分配标准总额

某分配对象应分配的费用=该对象的分配标准额×费用分配率

【例题 2-1】 某车间生产甲、乙两种产品,共耗原材料 2 000 千克,单价 20 元,原材料费用合计 40 000 元。本月投产甲产品 300 件,乙产品 200 件。甲产品单位消耗定额 10 千克,乙产品为 25 千克。

问题:请采用定额耗用量比例分配法分配材料费用。

解析: 材料费用分配率=40 000÷(300×10+200×25)=5

甲产品应分配负担原材料费用=3 000×5=15 000(元)

乙产品应分配负担原材料费用=5 000×5=25 000(元)

对于直接用于产品生产,但没有专设成本项目的各项费用,例如,基本生产车间的机器设备的折旧费、租赁费等,应先记入"制造费用"总账及所属明细账的费用项目,然后通过一定的分配程序,转入或分配转入"生产成本"总账及所属明细账"制造费用"等成本项目。

对于直接或间接用于辅助生产的费用,应记入"辅助生产成本"及所属明细账有关项目进行归集,然后将用于基本生产产品的辅助生产费用,通过一定的程序和方法,分配转入"生产成本"总账及所属明细账的各成本项目。这样,在"基本生产成本"总账及所属成本明细账的各成本项目,归集了各种产品本月基本生产发生的全部生产费用,再加上月初在产品费用,并将其在完工产品与月末在产品之间进行分配,即可计算出完工产品和月末在产品成本。

在生产经营过程中发生的用于产品销售的费用、行政管理部门发生的费用、筹集资金活动中发生的费用等各项期间费用,则不计入产品成本,而应分别记入"销售费用""管理费用""财务费用"总账账户及其所属明细账,然后转入"本年利润"账户,冲减当期损益。对于购建和建造固定资产的费用,购买无形资产等资本性支出,不计入产品成本和期间费用,记入"在建工程""无形资产"等账户。各项要素费用的分配,通过编制各种费用分配表进行,根据分配表编制会计分录,据以登记各种成本、费用总账账户及其所属明细账。

从理论上说,各项要素费用应根据有关原始凭证,编制记账凭证,登记有关费用、成本账簿。在实际工作中,各种费用发生频繁,凭证数量很多。如果按每一原始凭证所反映的内容逐笔登记或逐笔分配登记,核算的工作量太大。为简化核算,一般不根据原始凭证逐笔编制记账凭证登记账簿,而是按费用的用途或发生地进行汇总,定期编制各种费用分配表,据以编制记账凭证,登记有关成本费用总账及明细账。

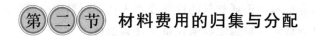

第二节　材料费用的归集与分配

一、材料费用核算概述

(一) 材料费用的组成及账户设置

材料按其在生产过程中的用途可分为原材料及主要材料、辅助材料、外购半成品、燃料、修理用备件、周转材料等,相应设置“原材料”“燃料”“周转材料”(也可分设“包装物”“低值易耗品”)等账户。

(二) 材料耗用成本的确定

1. 材料消耗的原始记录

领料凭证:领料单、限额领料单、领料登记表、退料单等。

2. 材料消耗量的计算

(1) 连续记录法(永续盘存制)

材料的收入、结存、发出均逐笔登记入账,又称为账面结存制。其计算公式为

期初结存量+本期收入量=本期材料耗用量+期末结存量

(2) 盘存计算法(实地盘存制)

在实地盘存制下,平时只登记材料的购入,发出不入账,当期材料消耗量通过期末盘点后倒挤算出。其计算公式为

本期材料耗用量=期初结存量+本期收入量-期末结存量

3. 材料消耗的计价

(1) 材料按实际成本计价

材料一般分批分次购入,其单价并不一致,材料发出时可采用以下方法:先进先出法、后进先出法、加权平均法、移动加权平均法、个别计价法等。

① 先进先出法。在假定实物流转为先进先出的前提下,发出材料成本按最先购入单价计价。

② 后进先出法。在假定实物流转为后进先出的前提下,发出材料成本按最后购入单价计价。

③ 移动加权平均法。每购进一次材料,就要计算加权平均单价,作为发出材料计价依据。

④ 全月一次加权平均法。月末计算加权全月平均单价,作为全月发出材料和库存材料计价依据。

⑤ 个别计价法。以某种材料实际取得成本作为其发出材料和库存材料计价依据。使用前提:分清批次、分别计价。这种方法计算结果最准确,但工作量较大。

(2) 材料按计划成本计价

材料按计划成本计价,设置"原材料""物资采购"和"材料成本差异"3 个账户。

消耗材料的实际成本＝消耗材料的计划成本＋消耗材料应分摊的成本差异

消耗材料的计划成本＝材料实际消耗量×计划单价

消耗材料应分摊的成本差异＝消耗材料的计划成本×材料成本差异率

$$\text{材料成本差异率}=\frac{\text{月初结存材料的成本差异}+\text{本月收入材料的成本差异}}{\text{月初结存材料的计划成本}+\text{本月收入材料的计划成本}}\times 100\%$$

【例题 2-2】 某企业材料采用计划成本核算,月初结存材料计划成本 200 万元,材料成本差异为节约 20 万元,当月购入材料一批,实际成本为 135 万元,计划成本为 150 万元,领用材料的计划成本为 180 万元。

问题:请计算当月结存材料的实际成本。

解析: 月初材料实际成本＝200－20＝180(万元)

本月购入材料成本差异＝135－150＝－15(万元)(节约差)

材料成本差异率＝(－20－15)÷(200＋150)×100%＝－10%

领用材料的实际成本＝180×(1－10%)＝162(万元)

结存材料的实际成本＝315－162＝153(万元)

二、材料费用的分配

材料费用的分配就是以一定方法将企业一定时期耗用的材料费用计入产品成本及经营管理费用。

(一) 材料费用分配的一般原则

1. 客观性原则

对于产品生产直接耗用的材料费用应尽可能地直接计入有关产品成本,以反映产品成本的真实水平。也就是说,凡是能直接计入某种产品成本的材料费用,应直接记入该产品成本明细账。凡是几种产品共同耗用的材料费用,才选择合理的标准分配记入有关产品成本明细账。因为分配计入成本时,分配标准的选择总带有一定的假定性及主观判断因素,往往会影响产品成本的真实反映。

2. 重要性原则

对于在产品成本中所占比重较大的材料费用,应在产品成本明细账中以"直接材料"成本项目或"燃料与动力"成本项目单独列示。这样,有利于反映产品的成本结构,也有利于成本的分析与考核。例如,直接用于产品生产、构成产品实体的原材料及主要材料,或有助于产品形成的大额辅助材料,即使领用时无法分清是哪一种产品领用的,或是几种产品共同领用的,也应经过在有关产品之间分配后记入各产品成本明细账“直接材料”成本项目。又如,直接用于产品生产的燃料费用,若比重较大,可与动力费用一起合并计入“燃料与动力”成本项目。而对于所占比重较小的材料费用,尤其是为几种产品共同耗用时,可先按发生地点记入“制造费用”账户,然后通过制造费用分配后记入有关产品成本项目内。

(二) 材料费用分配的标准

分配间接计入的材料费用,常用的分配标准有产品重量、产品体积、产品产量、材料定额耗用量或定额费用、主要材料的耗用量或费用等。主要可归为三类:①成果类,如产品的重量、体积、产量或标准产量等;②消耗类,如主要材料的耗用量或费用;③定额类,如材料定额耗用量或定额费用等。

选择分配标准应力求合理而简便。

所谓合理,是指所采用的分配标准与所分配的费用密切相关,各种铸件所用的生铁,其耗用量多少与铸件重量密切有关,可以按照铸件重量进行分配;各种木器所用的木材,其耗用量多少与木器的净用材料体积大小密切有关,可以按木器的净用材料体积进行分配。

所谓简便,是指作为分配标准的资料比较容易取得,计算比较简便。

(三) 材料费用分配的方法

1. 确定原材料分配对象——谁领用,谁负责,谁承担

确定材料费用的分配对象,也就是确定材料费用的承担者,即确定材料费用应分配记入的账户及其有关的成本(或费用)项目。

(1) 直接用于产品生产的材料,形成产品实体,应记入“基本生产成本”账户的“直接材料”成本项目。

(2) 基本生产车间一般耗用的材料,则记入“制造费用”账户进行归集。月末分配记入“基本生产成本”账户的“制造费用”成本项目。

(3) 直接用于辅助产品生产(或劳务提供)的材料,应记入“辅助生产成本”账户的“直接材料”成本项目。用于辅助生产车间一般耗用材料先记入辅助生产车间的“制造费用”账户进行归集。月末分配记入“辅助生产成本”账户的“制造费用”成本项目。

(4) 销售机构、行政管理部门耗用的材料,应分别记入“销售费用”“管理费用”账户,作为期间费用转入“本年利润”账户,冲减当期损益。

2. 间接计入材料费用的分配方法

(1) 定额耗用量比例分配法

在材料消耗定额比较准确的情况下,原材料和主要材料费用可以按照产品的材料定额消耗量的比例进行分配。消耗定额是指单位产品可以消耗的数量限额;定额耗用量是指按照消耗定额计算的可以消耗的数量。其计算公式为

$$受益产品定额耗用量=受益产品产量\times 单位产品消耗定量$$

材料费用分配率＝待分配原材料费用÷各受益对象材料定额耗用量之和

某受益产品(或部门)应负担材料费用＝该受益对象定额耗用量×材料费用分配率

【例题 2-3】 A 企业生产甲、乙、丙三种产品，共同耗用原材料 93 500 元。甲、乙、丙三种产品的实际产量分别为 2 000 件、2 500 件、3 000 件，单位产品材料消耗定额分别为 20 千克、10 千克、15 千克。

问题：请采用定额耗用量比例分配法计算分配甲、乙、丙产品各自应负担的材料费。

解析：甲产品材料定额耗用量＝2 000×20＝40 000(千克)

乙产品材料定额耗用量＝2 500×10＝25 000(千克)

丙产品材料定额耗用量＝3 000×15＝45 000(千克)

原材料分配率＝93 500÷110 000＝0.85(元/千克)

甲产品应分配的材料费用＝40 000×0.85＝34 000(元)

乙产品应分配的材料费用＝25 000×0.85＝21 250(元)

丙产品应分配的材料费用＝45 000×0.85＝38 250(元)

根据以上计算结果，编制材料费用分配分录如下。

借：生产成本——基本生产成本——甲产品　　34 000

——乙产品　　21 250

——丙产品　　38 250

贷：原材料　　93 500

(2) 定额费用比例分配法

材料定额费用是指企业生产一定数量的产品按事先核定的单位产品定额费用计算确定的理论原材料费用。定额费用比例分配法是指以各个材料费用受益产品的原材料定额费用为分配标准，以实际消耗的原材料费用占各受益产品定额费用之和的比例为分配率，据以分配原材料费用的方法。适用于产品生产过程中消耗的原材料品种较多，不宜按品种确定原材料消耗定量，但有比较合理的材料费用消耗定额的产品。采用定额费用比例分配法分配原材料费用时，涉及的计算公式如下：

受益产品定额费用＝受益产品产量×单位产品定额费用

材料费用分配率＝待分配原材料费用÷各受益产品材料定额费用之和

某受益产品(或部门)应负担材料费用＝受益产品定额费用×定额费用分配率

【例题 2-4】 某企业生产甲、乙两种产品，共同耗用某种材料 1 100 千克，每千克 68 元。甲产品的实际产量为 150 件，单件产品材料定额费用为 32 元；乙产品的实际产量为 80 件，单件产品材料定额费用为 40 元。

问题：请采用定额费用比例分配法计算甲、乙产品各自应负担的材料费。

解析：甲产品材料定额费用＝150×32＝4 800(元)

乙产品材料定额费用＝80×40＝3 200(元)

材料费用分配率＝1 100×8÷(4 800＋3 200)＝ 1.1(元/千克)

甲产品应负担的材料费用＝4 800× 1.1＝5 280(元)

乙产品应负担的材料费用＝3 200×1.1＝3 520(元)

根据以上计算结果，编制材料费用分配分录如下。

借：生产成本——基本生产成本——甲产品　　5 280

　　　　　　　　　　　　　　——乙产品　　3 520

　贷：原材料　　8 800

(3) 产品产量比例分配法

产品产量比例分配法是按产品的产量比例分配材料费用的一种方法，在产品的产量与其所耗用的材料有密切联系的情况下，可采用这种方法分配材料费用。其计算公式如下：

材料费用分配率＝材料实际消耗量×材料单价÷各受益产品产量之和

某受益产品(或部门)应负担材料费用＝受益产品实际产量×材料费用分配率

【例题 2-5】 某企业生产甲、乙两种产品，共同耗用 B 材料 700 千克，每千克 6 元。甲产品实际产量为 180 件，乙产品实际产量为 240 件。

问题：请采用产品产量比例分配法分配材料费用。

解析：　材料费用分配率＝700×6÷(180＋240)＝10

甲产品应分配的材料费用＝180×10＝1 800(元)

乙产品应分配的材料费用＝240×10＝2 400(元)

根据以上计算结果，编制材料费用分配分录如下。

借：生产成本——基本生产成本——甲产品　　1 800

　　　　　　　　　　　　　　——乙产品　　2 400

　贷：原材料　　4 200

(4) 产品重量比例分配法

产品重量比例分配法是按照各种产品的重量比例分配材料费用的一种方法，这种方法一般适用于产品所耗用材料的多少与产品重量有着直接联系的情况下采用。其计算公式如下。

材料费用分配率＝材料实际消耗量×材料单价÷各受益产品重量之和

某受益产品(或部门)应负担材料费用＝受益产品重量×材料费用分配率

鉴于这种方法的计算与产品产量比例分配法类似，这里就不再举例说明。

实务案例

资料：张淼 201×年 8 月从永安大学会计专业毕业，应聘到远达设备制造公司从事会计工作，该公司 201×年 9 月开始生产甲、乙、丙三种新产品，耗用 A 材料，有关资料如下。

产品名称	产量/件	重量/千克	材料定额单耗	材料单价	材料单位定额成本
甲产品	100	30 000	200	9	1 800
乙产品	300	50 000	150	9	1 350
丙产品	500	190 000	370	9	3 330
合计	900	270 000	—	—	—

本公司以前采用产品的产量比例对材料费用进行分配。本月共使用A材料300 000千克，每千克9元。

财务部宋经理在向张淼介绍了企业生产产品使用的材料以及产品的情况后，提出以下几个问题，请张淼在调查后回答。

1. 本企业目前采用的材料费用的分配方法是否合适？
2. 本月开始生产的新产品应采用什么方法分配材料费用？
3. 对本企业材料费用的分配方法提出进一步改进的意见。

张淼经过对企业的生产情况进行了几天的调查后，向宋经理提出了自己的看法。

张淼根据宋经理提供的资料，按不同的方法进行了计算，计算结果如下。

单位：元

产品名称	按产品产量比例计算	按产品重量比例计算	按材料定额消耗量
甲产品	300 000	300 000	216 000
乙产品	900 000	500 000	486 000
丙产品	1 500 000	1 900 000	1 998 000
合计	2 700 000	2 700 000	2 700 000

显然，对于同一资料，采用不同的计算方法结果大不一样。经过调查张淼发现，甲产品消耗材料的成本，与产品的重量有重要的关系，产品越重，消耗的材料就越多，因此，目前采用的按产品产量的比例分配材料费用并不合理，应该按产品重量的比例计算分配材料费用比例合适。所以，建议从本月开始，对新投入的产品所耗用的材料费用，采用按产品的重量比例分配材料费用。

另外，张淼还建议，由于企业生产的产品种类较多，所以，并不能将所有产品耗用的材料采用一种方法分配，而应根据其具体情况，选择采用不同的方法，以使计算结果更加准确。

（四）材料费用的账务处理

1. 原材料费用分配表的编制

在实际工作中，原材料费用的分配是通过原材料费用分配表进行的。这种分配表应根据领退料凭证和有关资料编制。其中，退料凭证的数额可以从相应的领料凭证的数额中扣除。

【例题 2-6】 列举某公司原材料费用分配表如表 2-1 所示。

表 2-1　原材料费用分配表　　单位：元

应借科目		成本或费用项目	直接计入	分配计入(分配率：1.1)		原材料费用合计
				定额费用	分配金额	
基本生产成本	甲产品	直接材料	82 000	34 000	37 400	119 400
	乙产品	直接材料	56 000	20 500	22 550	78 550
	小　计		138 000	54 500	59 950	197 950
辅助生产成本	机修车间	直接材料	19 000			
	运输车间					
	小　计		19 000			19 000
制造费用	基本生产车间	机物料	6 100			6 100
	机修车间	机物料	3 200			3 200
	运输车间	机物料	1 000			1 000
	小　计		10 300			10 300
销售费用		包装费	2 510			2 510
管理费用		其他	1 680			1 680
在建工程		材料费	3 210			3 210
合　计			174 700		59 950	234 650

间接计入材料费用分配率＝59 950÷54 500＝1.1

在上列原材料费用分配表中，直接计入的费用，应根据领退料凭证按照材料用途归类填列；分配计入的费用，应根据用于产品生产的领退料凭证和前列分配公式分配填列。

从这里可以看出，所谓“费用分配”有广义和狭义两种含义。广义的费用分配就是费用划分，也就是前面所述 5 个方面费用界限的划分，其中包括不需要采用一定的分配方法的划分，例如将上列直接计入费用直接计入某种产品或某个车间、部门的成本；还包括需要采用一定的分配方法的划分，例如将上列分配计入费用按材料定额费用的比例分配计入各种产品的成本。狭义的费用分配则只指后者。所谓各种要素费用的分配(如上列原材料费用分配表的分配)是指广义的费用分配；上列分配表中分配计入的分配则为狭义的费用分配。

2. 材料费用分配的账务处理

根据表 2-1，可以编制会计分录如下。

借：生产成本——基本生产成本——甲产品　　119 400
　　　　　　　　　　　　　　——乙产品　　78 550
　　生产成本——辅助生产成本——机修车间　　19 000

制造费用——基本生产车间	6 100	
——机修车间	3 200	
——运输车间	1 000	
销售费用	2 510	
管理费用	1 680	
在建工程	3 210	
贷：原材料		234 650

同步思考 2-2

资料：某企业的丙类产品中有A、B、C三种产品，三种产品的材料费用定额分别为A产品200元/件，B产品300元/件，C产品400元/件。201×年6月，丙类产品的完工产品总成本为888 000元，完工产品产量分别为A产品50件，B产品80件，C产品100件。

问题：采用定额费用比例分配法计算材料费用分配率，并计算各种产品应分摊的材料费用。

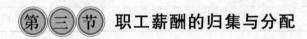

第三节 职工薪酬的归集与分配

一、职工薪酬的组成

职工薪酬是指企业为获取职工提供的服务而给予的各种形式的报酬以及其他相关支出。职工薪酬包括以下几方面。

(一) 工资

1. 计时工资

计时工资是指按计时工资标准和工作时间支付给职工的劳动报酬，包括：

(1) 对已做工作按计时工资标准支付的工资；

(2) 实行结构工资制的单位支付给职工的基础工资和职务(岗位)工资；

(3) 新参加工作职工的见习工资(学徒工的生活费)等。

2. 计件工资

计件工资是指按职工所完成的工作量和计件单价计算支付的劳动报酬，包括：

(1) 实行超额累进计件、直接无限计件、限额计件和超定额计件等计件工资形式下，按有关计算规定和计件单价支付给职工的工资；

(2) 按工作任务包干方法支付给职工的工资；

(3) 按营业额提成或利润提成办法支付给个人的工资。

3. 加班加点工资

加班加点工资是指按职工加班加点的时间和加班加点的工资标准支付给职工的劳动报酬。

(二) 奖金

奖金是指支付给职工的超额劳动报酬和增收节支的劳动报酬。包括生产奖、节约奖、劳动竞赛奖等。

(三) 津贴和补贴

津贴和补贴是指为补偿职工特殊或额外劳动消耗和因其他特殊原因支付给职工的津贴,以及为了保证职工工资水平不受物价上升影响而支付给职工的物价补贴。

津贴包括补偿职工特殊或额外劳动消耗的津贴,如高空津贴、井下津贴、野外津贴、中夜班津贴;年龄性津贴,如工龄津贴等。

补贴包括为保证职工工资水平不受物价上升影响而支付给职工的物价补贴。

(四) 职工福利费

职工福利费是指企业为职工集体提供的福利,如补助生活困难职工等。

(五) 医疗保险费、养老保险费、失业保险费、工伤保险费和生育保险费等社会保险费

医疗保险费、养老保险费、失业保险费、工伤保险费和生育保险费等社会保险费是指企业按照国家规定的基准和比例计算,向社会保险经办机构缴纳的医疗保险金、养老保险金、失业保险金、工伤保险费和生育保险费,以及根据《企业年金试行办法》《企业年金基金管理试行办法》等相关规定,向有关单位(企业年金基金账户管理人)缴纳的补充养老保险费。此外,以商业保险形式提供给职工的各种保险待遇也属于企业提供的职工薪酬。

(六) 住房公积金

住房公积金是指企业按照国家《住房公积金管理条例》规定的基准和比例计算,向住房公积金管理机构缴存的住房公积金。

(七) 工会经费和职工教育经费

工会经费和职工教育经费是指企业为了改善职工文化生活、提高职工业务素质用于开工会活动和职工教育及职业技能培训,根据国家规定的基准和比例,从成本费用中提取的金额。

(八) 非货币性福利

非货币性福利是指包括企业以自己的产品或其他有形资产发放给职工作为福利、向职工提供无偿使用自己拥有的资产(如提供给企业高级管理人员的汽车、住房等)、为职工无偿提供商品或类似医疗保健的服务等。

（九）辞退福利等

辞退福利是指因解除与职工的劳动关系给予的补偿。

二、职工薪酬的计算

（一）职工薪酬计算的基础工作

职工薪酬计算的基础工作包括考勤记录、产量和工时记录等。

1. 考勤记录

考勤记录是登记职工出勤和缺勤情况的记录。考勤记录是计算职工工资的重要记录。同时，它对于分析和考核职工工作时间利用情况，加强企业的劳动纪律，提高企业管理水平等方面，也有着同样的重要作用。

企业的考勤记录一般分车间、班组、科室分别进行。考勤记录应由考勤人员根据职工出勤和缺勤情况进行逐日登记，除了反映出勤和缺勤情况以外，还应反映出勤时间分析、缺勤时间分析等内容。考勤记录在月末经财会部门审核后，作为计算计时工资的依据。

2. 产量和工时记录

产量记录是反映工人或班组在出勤时间内生产产品的产量和耗用生产工时的记录。产量记录不仅是计算计件工资的依据，同时，也是统计产量和生产工时的依据。所以产量记录应提供产量、合格品产量、废品产量、工时等资料。

（二）职工薪酬的计算

1. 计时工资的计算

计时工资是根据考勤记录登记的每一职工出勤、缺勤日数，按规定的工资标准进行计算的。

实行计时工资制的企业，职工的计时工资一般采用月薪制，即工资标准是按月计算的。在月薪制下，不论大月小月、休假日与节假日多少，各月的标准工资是相同的，职工只要出全勤，就可以得到固定的月标准工资。但由于每个职工每月出勤、缺勤情况不同，因此还需将月标准工资折算成日工资率，以便于计算职工有缺勤时的应付计时工资。

(1) 日工资率的计算。其计算公式为

$$日工资率=月标准工资÷月工作天数$$

月工作天数的确定，一种是按月工作日 30 天计算；一种是按月工作日 20.83 天(365 天扣除 104 个双休日和 11 个法定节假日，再除以 12 而得)。

(2) 应付月工资(计时工资)计算的四种方法如下：

① 按 30 天计算日工资率，按缺勤日数扣月工资；

② 按 30 天计算日工资率，按出勤日数计算月工资；

③ 按 20.83 天计算日工资率，按缺勤日数扣月工资；

④ 按 20.83 天计算日工资率，按出勤日数计算月工资。

上述四种具体方法可由企业自行选择确定,但一旦确定某一种方法后,不应任意改变。

【例题 2-7】 某企业一职工的月工资标准为 5 400 元。201×年 8 月该职工的出勤情况如下:病假 2 天,事假 1 天,星期休假 8 天,另有 3 天法定节假日,实际出勤 17 天。按照该职工的工龄,病假期间支付其 90%的工资,且该职工缺勤期间没有节假日和双休日。

问题:请计算该职工 201×年 8 月的应付工资。

解析:① 按 30 天计算日工资率,按缺勤日数扣月工资的方法:

日工资率=5 400÷30=180(元/天)

计时工资=5 400-(180×2×10%+180)=5 184(元)

② 按 30 天计算日工资率,按出勤日数计算月工资的方法:

计时工资=180×(17+8+3)+180×2×90%=5 364(元)

上述②法比①法计算结果多 180 元(5 364-5 184),这是因为 8 月日历天数为31 天,比固定日历天数多 1 天,因此按②法计算就会多一天的工资 180 元。

③ 按 20.83 天计算日工资率,按缺勤日数扣月工资的方法:

日工资率=5 400÷20.83=259.24(元/天)

计时工资=5 400-(259.24×2×10%+259.24)≈5 088.91(元)

④ 按 20.83 天计算日工资率,按出勤日数计算月工资的方法:

计时工资=259.24×17+259.24×2×90%=4 873.712(元)

上述④法比③法计算结果少 215.198 元(5 088.91-4 873.712),这是因为 8 月法定工作天数为 20×(31-8-3)天,比平均法定工作天数少 0.83 天(20.83-20),因此按④法计算就会少 0.83 天的工资 215.198 元(误差是由于小数尾差的缘故)。

上述四种方法相比较,按 20.83 天计算日工资率,节假日不算工资,更能体现按劳分配原则;职工缺勤日数一般比出勤日数少,计算缺勤工资一般比计算出勤工资简便。

同步思考 2-3

资料:企业员工李某,月工资标准 2 400 元,201×年 8 月共 31 天,事假 4 天,病假 2 天,周末休假 9 天,出勤 16 天,根据公司的相关规定,病假按工资标准的 80%计算,该工人病假与事假期间没有节假日。

问题:根据上述资料,采用计时工资计算的四种方法,分别计算李某本月的应付工资。

2. 计件工资的计算

计件工资一般情况下是针对生产工人所采用的计算方法。采用计件工资制时,根据产量和工时记录中登记的每一生产工人或班组完成的工作量,乘以事前规定的计件工资进行计算。计件工资按照结算对象不同分为个人计件工资和集体计件工资。

(1) 个人计件工资的计算。个人计件工资是按个人完成的产品数量和单位计件工资标准计算的工资。个人计件工资的计算公式为

$$个人计件工资 = \sum[(合格品数量 + 客观原因料废品数量) \times 单位计件工资额]$$

【例题 2-8】 假定某工人本月加工完成甲产品 180 件，其中，合格品 169 件，料废 6 件，工废 5 件，其计件单价为 10.8 元；乙产品 147 件，其中，合格品 140 件，料废 4 件，工废 3 件，其计件单价为 9 元。其中，甲产品的工时定额为 54 分钟，乙产品的工时定额为 45 分钟，该工人的小时工资率为 12 元。

问题：求该工人的计件工资。

解析：　计件工资＝(169＋6)×10.8＋(140＋4)×9＝3 186(元)

(2) 集体计件工资的计算。集体计件工资的计算一般可分为以下两步进行。

第一步：按生产小组等集体共同生产的产品产量(合格品产量和料废品数量)和计件单价计算出小组等集体计件工资。其计算公式为

$$集体计件工资 = \sum(集体完成工作数量 \times 单位计件工资额)$$

第二步：按一定分配标准分配集体计件工资。其计算公式为

集体计件工资分配率＝集体计件工资总额÷分配标准总数

个人计件工资＝个人分配标准数×集体计件工资分配率

【例题 2-9】 某企业的一个再生产小组，本月生产 A 产品 2 000 件，每件计件单价为 8 元。该小组共有职工 5 人，每位职工的小时工资率分别为张刚强 6 元，李金明 7 元，王码6 元，孙小朋 8 元，赵越 8.8 元。本月工作时间张刚强 180 小时，李金明 175 小时，王码 160 小时，孙小朋 169 小时，赵越 182 小时。

问题：根据上述资料，计算该小组应得的计件工资，并采用计件工资和计时工资的比例分配计算每一位职工应得的计件工资。

解析：　小组应得的计件工资＝2 000×8＝16 000(元)

集体计件工资分配表如表 2-2 所示。

表 2-2　集体计件工资分配表　　单位：元

工人姓名	小时工资率	实际工作小时	计时工资	分配率	应付计件工资
张刚强	6	180	1 080		2 775.60
李金明	7	175	1 225		3 148.25
王码	6	160	960		2 467.20
孙小朋	8	169	1 352		3 474.64
赵越	8.8	182	1 601.6		4 134.31
合　计	—	866	6 218.6	2.57	16 000.00

$$分配率=16\ 000.00\div6\ 218.6\approx2.57$$

3. 除工资以外其他职工薪酬的核算

在应支付的职工薪酬中，除工资之外，尚有职工福利费、医疗保险、养老保险等项目。这些项目大多需要根据工资总额的一定比例计提。对于国务院有关部门，省、自治区、直辖市人民政府或经批准的企业年金计划规定了计提基础和计提比例的项目，企业应当按照规定计提标准，计量企业应当承担的职工薪酬义务和计入成本费用的职工薪酬，比如，“五险一金”和工会经费以及职工教育经费等；对于国家相关法律法规没有明确规定计提基础和计提比例的项目，如职工福利费，则企业应当根据历史经验数据和自身实际情况进行估计。

(三) 职工薪酬的账务处理

在实际工作中，月度终了时，根据“工资费用汇总表”和“人工费用分配表”对人工费用分配结果进行账务处理。分以下不同情况处理。

(1) 基本生产车间生产工人的薪酬，应直接记入或分配记入“基本生产成本”明细账的“直接人工”成本项目中。如需分配，一般采用产品的实际生产工时作为分配标准。如果工时定额比较准确，也可以按定额工时进行分配。其计算公式为

$$职工薪酬分配率=\frac{生产工人的职工薪酬总额}{各种产品的实际工时(或定额工时)合计数}$$

$$\begin{matrix}该车间某种产品\\应分配的工资\end{matrix}=\begin{matrix}某种产品的\\实际工时(或定额工时)\end{matrix}\times\begin{matrix}职工薪酬\\分配率\end{matrix}$$

【例题 2-10】 假定众信工厂所产 A、B 两种产品的生产工人薪酬中，直接计入的薪酬费用分别为 166 328 元和 58 232 元；间接计入的薪酬费用共为 20 160 元，规定按产品的生产工时比例分配。A、B 两种产品的生产工时分别为 950 小时和 1 930 小时。

问题：请按工时分配计算 A、B 两种产品的间接计入生产工人薪酬。

解析：

$$分配率=20\ 160\div(950+1\ 930)=7$$

$$A产品间接计入薪酬费用=950\times7=6\ 650(元)$$

$$B产品间接计入薪酬费用=1\ 930\times7=13\ 510(元)$$

(2) 基本生产车间管理人员的薪酬应记入“制造费用”明细账的“职工薪酬”费用项目中。

(3) 辅助生产车间人员的薪酬，原则上应比照基本生产车间进行处理，记入“辅助生产成本”明细账的“职工薪酬”费用项目中。

(4) 行政管理部门人员的薪酬，应记入“管理费用”明细账“职工薪酬”费用项目中。

(5) 企业专设销售部门的，其人员的职工薪酬，应记入“销售费用”明细账“职工薪酬”费用项目中。

(6) 从事工程施工建设人员的薪酬，应记入“在建工程”账户。

【例题 2-11】 某企业的人工费用分配表如表 2-3 所示。

表 2-3 人工费用分配表 单位：元

应借科目		分配计入				工资合计	其他职工薪酬	职工薪酬总计
总账及二级科目	明细科目	直接计入	分配标准（工时）	分配率	应分配工资费用			
生产成本——基本生产成本	甲产品	34 000	1 700	—	34 000	68 000	10 200	78 200
	乙产品	28 000	1 180	—	23 600	51 600	7 740	59 340
	小计	62 000	2 880	20	57 600	119 600	17 940	137 540
制造费用	基本车间	25 880				25 880	3 882	29 762
生产成本——辅助生产成本	供水车间	27 660				27 660	4 149	31 809
	供电车间	24 860				24 860	3 729	28 589
	小计	52 520				52 520	7 878	60 398
管理费用	行政机构	34 000				34 000	5 100	39 100
销售费用	销售机构	28 000				28 000	4 200	32 200
在建工程		11 500				11 500	1 725	13 225
合计		213 900			57 600	271 500	40 725	312 225

问题：请根据人工费用分配表编制会计分录。

解析：

借：生产成本——基本生产成本 137 540
　　　　　　——辅助生产成本 60 398
　　制造费用 29 762
　　管理费用 39 100
　　销售费用 32 200
　　在建工程 13 225
　贷：应付职工薪酬 312 225

第四节 其他要素费用的归集与分配

一、外购动力费用的核算

（一）外购动力费用的核算

外购动力主要包括外购电力、蒸汽等动力。支付外购动力费用时，一般通过“应付账款”账户核算。

外购动力费用根据供应单位抄录的耗用数量和计价标准所开列的账单予以支付。有些地区对企业使用动力规定限额，限额内外按不同标准计价。供应单位开列账单的起讫期与会计期往往不一致，在支付动力费用时，直接借记有关成本、费用账户，贷记“银行存款”账户时，可能会影响到当月成本、费用的正确性。根据权责发生制原则，企业可以将实付动力费作为暂付款项处理，记入“应付账款”账户的借方和“银行存款”账户的贷方。月末根据耗用单位自己抄录的本期实耗数量，按照用途分配时，借记有关成本、费用账户，贷记“应付账款”账户。

当供应单位每月抄表日基本固定，且每月从抄表日到月末的耗用数量相差不多时，也可不通过“应付账款”账户，可在支付外购动力费时直接借记有关成本、费用账户，贷记“银行存款”账户。

（二）外购动力费用分配的基本方法

1. 外购动力费用分配对象的确定

外购动力有的直接用于产品生产，如生产工艺用电力；有的间接用于产品生产，如生产车间照明用电力；有的用于经营管理，如行政管理部门照明用电力、销售门市部照明用电力等。企业应根据外购动力的不同用途及其发生地点进行分配。

(1) 基本生产车间生产产品的动力费用，应直接记入或分配记入产品生产成本明细账“燃料与动力”成本项目中。

(2) 基本生产车间组织、管理生产的动力费用以及用于产品生产但未专设成本项目的动力费用，应记入“制造费用”明细账“水电费”费用项目中。

(3) 辅助生产车间的动力费用，原则上应比照基本生产车间进行处理。但用简化办法，可全部记入“生产成本——辅助生产成本”明细账“燃料及动力”费用项目中。

(4) 行政管理部门管理和组织生产经营活动的动力费用，应记入“管理费用”明细账“水电费”费用项目中。

(5) 产品销售的动力费用，应记入“销售费用”明细账“水电费”费用项目中。

2. 间接计入的外购动力费用的分配方法

外购动力费用在各车间、部门之间的分配，由于各车间、部门一般都分别装有记录动力耗用量的仪表，因此可以根据计量仪表记录的实际耗用数和外购动力的计价标准计算分配；而对于生产车间为生产产品耗用的外购动力，由于一般不能按产品分别安装计量仪表，因此，生产车间的外购动力费在各产品之间的分配应选择适当的标准，采用一定的方法分配计入各种产品成本。

(1) 分配标准。分配间接计入的外购动力费用，常用的分配标准有生产工时、机器工时、机器功率时数(机器标牌功率×机器开动时数)、定额耗用量等。

(2) 计算公式

分配率＝共同耗用外购动力费用总额÷各种产品的分配标准数额之和

某种产品应分配的外购动力费用＝分配率×该种产品的分配标准数额

【例题 2-12】 某公司所耗燃料和动力较多，为了加强对能源消耗的核算和控制，在材料“总账”科目中增设“燃料”科目，在成本项目中专设“燃料及动力”项目。该公司201×年6月直接用于甲、乙两种产品生产的燃料费用共为17 220元，按燃料的定额费用比例分配。根据耗用燃料的产品数量和单位产品的燃料费用定额算出的燃料定额费用(两者的乘积)为甲产品8 500元,乙产品7 900元。

问题:请计算甲、乙两种产品各自应负担的燃料费用。

解析: 燃料费用分配率=17 220÷(8 500+7 900)=1.05

甲产品应负担的燃料费用=8 500×1.05=8 925(元)

乙产品应负担的燃料费用=7 900×1.05=8 295(元)

(三)外购动力费用分配的账务处理

实际工作中,外购动力费用的分配是通过编制外购动力费用分配汇总表进行的,如表2-4所示。

表2-4　外购动力费用分配汇总表　　单位:元

应借账户		成本或费用项目	分配标准(工时)	分配率	分配金额
生产成本——基本生产成本	A产品	燃料与动力	9 500	0.25	2 375
	B产品	燃料与动力	19 300	0.25	4 825
	小计		28 800		7 200
生产成本——辅助生产成本	供电车间	燃料与动力			500
	供水车间	燃料与动力			300
	小计				800
制造费用	基本生产车间	水电费			600
管理费用	行政机构	水电费			750
销售费用	销售机构	水电费			400
合　计					9 750

根据表2-4,编制会计分录如下。

借:生产成本——基本生产成本——A产品　2 375
　　　　　　　　　　　　　　——B产品　4 825
　　生产成本——辅助生产成本——供电车间　500
　　　　　　　　　　　　　　——供水车间　300
　　制造费用——基本生产车间　600
　　管理费用　750
　　销售费用　400
　贷:应付账款(或银行存款)　9 750

外购动力若需要经过变压才能使用,应通过"生产成本——辅助生产成本"账户进行核算,将外购动力费用加上变压费用后,作为所供电力成本再进行分配。

二、折旧费用的核算

固定资产由于使用等原因发生损耗而减少的价值称为"固定资产折旧"。固定资产折旧应分期计入产品成本和经营管理费用,分期计入成本、费用的固定资产损耗价值称为"折旧费用"。

(一) 折旧计提的范围

1. 应计提折旧的固定资产

(1) 房屋和建筑物(不论使用与否)。

(2) 在用的机器设备、仪器仪表、运输工具。

(3) 季节性停用、大修理停用的设备。

(4) 融资租入和以经营租赁方式租出的固定资产。

2. 不应计提折旧的固定资产

(1) 已提足折旧仍继续使用的固定资产。

(2) 按规定单独估价作为固定资产入账的土地。

(3) 提足折旧提前报废的固定资产。

(4) 以经营租赁方式租入的固定资产。

(5) 在建工程项目交付使用以前的固定资产。

(6) 国家规定不计提折旧的其他固定资产(如土地等)。

(二) 折旧的计算方法及其对成本、费用的影响

折旧的计算方法很多,由于折旧方法的选用直接影响到企业成本、费用的计算,也影响企业的利润和纳税,因此企业应选择适当的折旧方法。折旧方法一经确定,不得随意变更。

常用的折旧方法有以下四种。

1. 平均年限法(又称直线法)

平均年限法是将固定资产的应计提折旧额均衡地分摊到预计使用年限各期的一种折旧方法。其计算公式为

年折旧率=(1－预计净残值率)÷预计使用年限×100%

月折旧率=年折旧率÷12

月折旧额=固定资产原值×月折旧率

或

年折旧额=(固定资产原值－预计净残值)÷预计使用年限

月折旧额=年折旧额÷12

这种方法各年(月)的折旧费用是相等的,一般适用于经常使用,使用程度较均衡的固定资产。

2. 工作量法

工作量法是根据实际工作量计提折旧额的一种折旧方法。其计算公式为

单位工作量折旧额=固定资产原值×(1－净残值率)÷预计使用工作总量

月折旧额=该项固定资产当月工作量×单位工作量折旧额

这种方法各期的折旧费用是不相等的，一般适用于各期使用程度不均衡的固定资产。

3. 双倍余额递减法

双倍余额递减法是根据各年期初固定资产账面净值和双倍的直线法折旧率（不考虑残值）计提各年折旧额的一种折旧方法。其计算公式为

年折旧率＝12÷预计的使用年限×100％

月折旧率＝年折旧率÷12

月折旧额＝固定资产期初账面净值×月折旧率

采用这种方法计提折旧，应在其预计使用年限最后两年内，将应计提折旧额与累计已提折旧额的差额平均分摊。

采用这种方法，在固定资产使用的早期多提折旧，后期少提折旧，折旧费用逐年递减，这种方法属于加速折旧法。在我国，加速折旧法一般在电子工业、汽车工业等机器制造业内使用较多。

4. 年数总和法

年数总和法是将固定资产的原值减去预计净残值后的净额乘以一个逐年递减的分数（即折旧率）计算各年折旧额的一种折旧方法。这个分数的分子代表固定资产尚可使用年数，分母代表使用年数的各年数字总和。其计算公式为

年折旧率＝尚可使用的年数÷预计使用的年数总和×100％

月折旧率＝年折旧率÷12

月折旧额＝（固定资产的原值－预计净残值）×月折旧率

这种方法与双倍余额递减法相似，也属于加速折旧法。

上述四种折旧方法对成本、费用的影响可通过以下实例加以说明。

【例题 2-13】 假定某企业某项固定资产的原值为 400 000 元，预计使用年限为 5 年，预计净残值率为 4％，预计能工作 16 000 小时。上述四种折旧方法下折旧费用的计算如表 2-5 所示。

表 2-5 比较四种折旧方法下的折旧费用　　单位：元

年份	各年工作小时数	直线法		工作量法		双倍余额递减法		年数总和法	
		期初账面净值	折旧费用	期初账面净值	折旧费用	期初账面净值	折旧费用	期初账面净值	折旧费用
1	2 500	400 000	76 800	400 000	60 000	400 000	160 000	400 000	128 000
2	5 000	323 200	76 800	340 000	120 000	240 000	96 000	272 000	102 400
3	3 500	246 400	76 800	220 000	84 000	144 000	57 600	169 600	76 800
4	3 000	169 600	76 800	136 000	72 000	86 400	35 200	92 800	51 200
5	2 000	92 800	76 800	64 000	48 000	51 200	35 200	41 600	25 600
合计			384 000		384 000		384 000		384 000

从表2-5可以看出，采用不同的折旧方法，各期折旧费用相差较大，产品成本及经营管理费用也就大不相同。

（三）折旧费用的分配

折旧费用应按固定资产使用的车间、部门分别记入“制造费用”“管理费用”“销售费用”等明细账的“折旧费用”费用项目中。

基本生产车间机器设备的折旧费是直接用于产品生产的费用，应直接记入或分配记入“生产成本——基本生产成本”账户。但为了简化产品成本计算，不专设成本项目，同基本生产车间间接用于产品生产的折旧费一起记入“制造费用”账户，作为“制造费用”明细账中的一个费用项目。

（四）折旧费用分配的账务处理

折旧费用分配一般通过编制“折旧费用分配汇总表”进行，其格式见表2-6。

表2-6　折旧费用分配汇总表　　单位：元

应借账户	费用项目	基本生产车间	供电车间	供水车间	行政管理部门	销售管理部门	租出	合计
制造费用	折旧费	2 400						2 400
生产成本——辅助生产成本			1 900	1 360				3 260
管理费用	折旧费				820			820
销售费用	折旧费					360		360
其他业务成本	折旧费						200	200
合计		2 400	1 900	1 360	820	360	200	7 040

根据表2-6，编制会计分录如下。

借：生产成本——基本生产车间　　2 400
　　生产成本——辅助生产成本——供电车间　　1 900
　　　　　　　　　　　　　　——供水车间　　1 360
　　管理费用　　820
　　销售费用　　360
　　其他业务成本　　200
　贷：累计折旧　　7 040

同步思考2-4

资料：婕凯汽车配件厂生产甲、乙两种产品，本月生产设备计提折旧1 000元，生产厂房计提折旧2 000元，行政办公大楼计提折旧1 000元。

问题：请对婕凯汽车配件厂固定资产折旧费用进行会计处理。

三、利息费用的核算

要素费用中的利息费用，是企业财务费用的一个费用项目，不构成产品成本。

利息费用一般是按季结算并于季末支付的。对利息费用的处理一般可采取以下两种方法。

1. 按月预提方式

如果利息费用数额较大，为正确划分各月费用界限，贯彻权责发生制原则，可以采用预提办法，即季内各月利息费用按计划预提，每季度实际利息费用与预提利息费用的差额，调整计入季末月份的财务费用。

【例题 2-14】 某企业从本年 10 月起每月按计划预提利息 1 000 元，12 月月末接银行通知结算全季利息 3 200 元。则有关的账务处理如下。

(1) 10 月、11 月、12 月每月预提利息费用时

借：财务费用　　1 000

　贷：应付利息　　1 000

(2) 12 月月末实际支付利息时

借：应付利息　　3 200

　贷：银行存款　　3 200

(3) 季末调整实际利息费用与预提利息费用的差额，计入 12 月的财务费用

借：财务费用　　200

　贷：应付利息　　200

12 月月末实际支付利息时，也可以

借：财务费用　　1 200

　　应付利息　　2 000

　贷：银行存款　　3 200

2. 不通过预提方式

如果利息费用数额不大，为简化起见，也可以不采用预提办法，而于季末实际支付时全额计入当月的财务费用。

如前例，12 月月末支付利息时，其会计分录如下。

借：财务费用　　3 200

　贷：银行存款　　3 200

企业取得的存款利息收入抵减利息费用，其会计分录如下。

借：银行存款　　3 200

　贷：财务费用　　3 200

四、其他费用的核算

企业要素费用中的其他费用是指除了前面所述各要素以外的费用,包括邮电费、差旅费、租赁费、办公费、印刷费等,这些费用均没有专设成本项目。因此,在发生时,按发生的车间、部门和用途,分别借记“制造费用”“管理费用”等账户,贷记“银行存款”等账户。

企业生产经营过程中发生的某些费用,其支付期与归属期不相一致时,根据权责发生制原则,应通过待摊费用和预提费用进行核算。如果跨期费用不大,为了简化核算,可以在实际支付时直接计入支付月份的成本、费用。

预付费用是指企业已经支付,但应由本月和以后各月产品成本和经营管理费用共同负担、分摊期在1年以内(包括1年)的费用。如预付保险费,预付租金,需要分月摊销的印花税等。

预付费用的支出与摊销,应设置“预付账款——待摊费用”账户进行核算。该账户借方登记预付费用的支出数,贷方登记预付费用的摊销数,余额在借方,表示已经支付、但尚未摊销的费用。该账户应按费用的种类设置明细账户,以分别反映各种预付费用的支付和摊销情况。

预付费用的摊销期限最长为1年,但可以跨年度摊销,超过1年的通过“长期待摊费用”核算。其基本账务处理如下。

1. 发生及支付费用时

借:预付账款——待摊费用

　贷:银行存款等

2. 摊销费用时

借:制造费用

　　管理费用

　　销售费用等

　贷:预付账款——待摊费用

应计费用是指按规定预先分月计入成本、费用,但尚未实际支付的费用。如应计短期借款利息、应计经营租入固定资产租金等。

对有关费用的计提和支付,应设置“应付利息”“其他应付款”等有关负债类账户进行核算。该账户贷方登记费用的计提数,借方登记实际支付的费用,余额一般在贷方,表示已经计提但尚未支付的费用。应计费用类账户也应按费用种类分设明细账户进行核算。

应计费用计提数与实际支付数发生差额时,一般应在实际支出期的成本、费用中进行调整。基本账务处理如下。

借:制造费用

　　管理费用

　　销售费用等

贷：其他应付款

实际支付时，编制会计分录如下。

借：其他应付款

贷：银行存款等

实务案例

红河工厂生产费用要素的分配

资料：红河工厂为单步骤生产企业，设有一个基本生产车间，大量生产 A、B 两种产品。原材料在生产开始时一次投入，A 产品投产 150 件，B 产品投产 200 件，月末在产品完工程度为 50%。该企业有关资料如下。

① 产量：月末，A 产品完工 100 件，月末在产品 50 件；B 产品 200 件全部完工。

② 总工时记录：A 产品实际工时共 1 000 小时，B 产品实际工时共 1 500 小时。

③ 乙材料消耗定额：A 产品 10 千克/件，B 产品 3 千克/件。

④ 本月发生费用见表 2-7～表 2-9。

表 2-7　本月发生材料费用表　　单位：元

用　途	直接领用甲材料	共同耗用乙材料
A产品	5 000	
B产品	6 000	
小　计	11 000	4 200
基本生产车间一般耗用	1 300	
合　计	12 300	4 200

表 2-8　本月人工费用表　　单位：元

人员类别	应付职工薪酬
生产工人	28 500
基本车间管理人员	5 700
行政管理人员	5 700
合　计	39 900

表 2-9　折旧及其他费用表　　单位：元

使用单位	折旧费用	其他费用(办公)
基本生产车间	10 000	500
管理部门	2 000	1 000
合　计	12 000	1 500

该厂财务部要求其成本核算员王某根据上述资料回答以下问题。

(1) 红河工厂生产费用要素的内容是什么?

(2) A、B产品共同耗用材料、人工费用分配应选择哪种方法?

(3) 红河工厂A、B产品直接材料、直接人工、制造费用各是多少?

王某提供的解答如下。

(1) 红河工厂生产费用要素的内容包括:①原材料费用;②人工费用;③其他办公费;④固定资产折旧费;⑤制造费用。

(2) 材料分配选择产品产量比例分配法,人工费用分配选择实际生产工时比例分配法。

(3) 红河工厂A、B产品直接材料费用、直接人工费用、制造费用计算如下。

① 乙原材料费用分配率=4 200÷(100+200)=14(元/件)

A产品乙原材料费用=100×14=1 400(元)

B产品乙原材料费用=200×14=2 800(元)

A产品直接领用甲材料5 000元,则A产品直接材料费用为6 400元。

B产品直接领用甲材料6 000元,则B产品直接材料费用为8 800元。

② 人工费用分配率=28 500÷(1 000+1 500)=11.4(元/小时)

A产品人工费用=1 000×11.4=11 400(元)

B产品人工费用=1 500×11.4=17 100(元)

③ 制造费用合计=车间机物料消耗+车间管理人员人工费用+折旧费+办公费

=1 300+5 700+10 000+500=17 500(元)

问题:

(1) 在本案例中,王某提供的哪些解答和说明正确无误?为什么?

(2) 在本案例中,王某提供的哪些解答和说明有误?分析其错误原因。

(3) 对本案例中的有误回答及其说明进行分析更正。

分析:

(1) 王某对第(1)个问题的回答是正确的。因为根据生产费用要素所包含的内容,结合本案例"红河工厂"发生的主要经济活动,按照成本核算生产费用的范围,本公司生产费用:①原材料费用;②人工费用;③其他办公费;④固定资产折旧费;⑤制造费用。王某对第(2)个问题人工费用所选择分配方法和计算的回答是正确的。因为生产工人计时工资的分配通常有按定额生产工时分配和按实际生产工时分配两种选择,而本企业有产品实际生产工时记录,资料比较准确,所以应选用实际生产工时比例分配法分配生产工人计时工资。王某对第(3)个问题的回答是正确的。因为制造费用包括车间机物料消耗、车间管理人员人工费用、折旧费、办公费等车间所发生的各项间接费用。

(2) 王某对第(2)个问题材料费用分配方法的选择和计算的回答是错误的。王某选择的是按产品产量比例分配法分配原材料费用，错误在于A、B产品共同耗用乙材料的消耗定额是不同的，即单个产品耗用量有很大差异：A产品为10千克/件，B产品为3千克/件，不能用产品数量作为分配标准。

(3) A、B产品共同耗用材料分配选择材料消耗定额比例分配法，因为材料费用要素分配包括材料定额耗用量比例分配法、材料定额费用比例分配法、材料实际耗用量比例分配法等，而本企业有比较准确的单位产品消耗定量材料。

红河工厂A、B产品直接材料费用计算如下。

A、B产品共同耗用乙原材料费用分配率＝4 200÷(1 500＋600)＝2(元/千克)

A产品乙原材料费用＝1 500×2＝3 000(元)

B产品乙原材料费用＝600×2＝1 200(元)

A产品直接领用甲材料5 000元。

B产品直接领用甲材料6 000元。

A产品直接材料费用8 000元。

B产品直接材料费用7 200元。

第五节 实践课业

一、课业任务

学生通过学习要素费用的内容和计算分配方法，根据以下资料，运用Excel设计工资核算电算化模型，计算职工薪酬费用。

资料：ABC公司是一家小型工业企业，主要有三个部门——厂部、车间1、车间2，职工人数不多，主要有三种职务类别——管理人员、辅助管理人员、工人。每个职工的工资项目有基本工资、岗位工资、福利费、副食补助、奖金、事假扣款、病假扣款，除基本工资因人而异外，其他工资项目将根据职工职务类别和部门来决定，而且随时间的变化而变化。

201×年1月ABC公司职工基本工资情况与出勤情况如表2-10所示。

表2-10　ABC公司职工基本工资情况与出勤情况

职工代码	职工姓名	部门	性别	职工类别	年龄/岁	基本工资/元	事假天数/天	病假天数/天
00001	张山	厂部	男	管理人员	30	4 500	2	
00002	王红	厂部	女	管理人员	40	4 000		2
00003	李平	厂部	男	管理人员	24	4 200		
00004	赵勇	车间1	女	工人	35	3 700		
00005	刘青	车间1	男	工人	26	3 800	16	

续表

职工代码	职工姓名	部门	性别	职工类别	年龄/岁	基本工资/元	事假天数/天	病假天数/天
00006	齐敏	车间1	女	辅助管理工人	29	4 400		6
00007	孙文	车间2	女	工人	40	3 900		
00008	袁晨	车间2	男	工人	50	4 000		17
00009	宫峰	车间2	男	工人	36	5 000		
00010	任天	车间2	男	辅助管理工人	21	3 500	5	

其他工资项目的发放情况及有关规定如下。

(1) 岗位工资：根据职工类别不同进行发放，工人为 1 000 元，辅助管理工人为 1 200 元，管理人员为 1 500 元。

(2) 福利费：厂部职工的福利费为基本工资的 50%，车间 1 的工人福利费为基本工资的 20%，车间 1 的非工人福利费为基本工资的 30%，车间 2 的工人福利费为基本工资的 25%。

(3) 副食补贴：基本工资大于 3 500 元的职工没有副食补贴，基本工资小于 3 500 元的职工副食补贴为基本工资的 10%。

(4) 奖金：奖金根据部门的效益决定，本月厂部的奖金为 500 元，车间 1 的奖金为 300 元，车间 2 的奖金为 800 元。

(5) 事假扣款规定：如果事假小于 15 天，将应发工资平均分到每天(每月按 22 天计算)，按天扣钱；如果事假大于 15 天，工人应发工资全部扣除，非工人扣除应发工资的 80%。

(6) 病假扣款规定：如果病假小于 15 天，工人扣款为 300 元，非工人扣款为 400 元；如果病假大于 15 天，工人扣款为 500 元，非工人扣款为 700 元。

(7) 个人所得税：假设应发工资小于 3 500 元，不交个人所得税。3 500＜应发工资≤5 000，所得税为(应发工资－3 500)×3%；5 000＜应发工资≤8 000，所得税为(应发工资－3 500)×10%－105；8 000＜应发工资≤11 500，所得税为(应发工资－3 500)×20%－555。

要求：为了满足企业的管理要求，请利用 Excel 对工资情况进行以下汇总分析。

(1) 计算每一个部门每一个职工类别应发工资汇总数。

(2) 计算每一个部门每一个职工类别应发工资平均数。

(3) 计算每一个部门应发工资数占总工资数的百分比。

(4) 计算每一个职工类别应发工资数占总工资数的百分比。

(5) 计算每一个部门每一个职工类别应发工资数占总工资数的百分比。

(6) 按性别统计人数。

(7) 按年龄段统计人数。

(8) 按基本工资段统计人数。

二、课业目标

(1) 了解职工薪酬的组成。

(2) 理解工资发放的多种方式，对职工福利费的发放及税前扣除限额有一定的认知。

(3) 能够准确地选择人工薪酬的分配标准，熟练利用 Excel 核算职工薪酬。

(4) 能根据业务资料进行职工薪酬的账务处理。

三、理论指导

（一）职工薪酬的组成

(1) 工资；

(2) 奖金；

(3) 津贴和补贴；

(4) 职工福利费；

(5) 医疗保险费、养老保险费、失业保险费、工伤保险费和生育保险费等社会保险费；

(6) 住房公积金；

(7) 工会经费和职工教育经费；

(8) 非货币性福利；

(9) 辞退福利等。

（二）计时工资的计算

计时工资是根据考勤记录登记的每一职工出勤、缺勤日数，按规定的工资标准进行计算的。

1. 日工资率的计算。其计算公式为

日工资率＝月标准工资÷月工作天数

月工作天数的确定，一种是按月工作日 30 天计算；一种是按月工作日 20.83 天(365 天扣除 104个双休日和 11 个法定节假日，再除以 12 而得)。

2. 应付月工资(计时工资)计算的四种方法如下：

(1) 按 30 天计算日工资率，按缺勤日数扣月工资；

(2) 按 30 天计算日工资率，按出勤日数计算月工资；

(3) 按 20.83 天计算日工资率，按缺勤日数扣月工资；

(4) 按 20.83 天计算日工资率，按出勤日数计算月工资。

（三）计件工资的计算

计件工资按照结算对象不同分为个人计件工资和集体计件工资。

1. 个人计件工资的计算

个人计件工资是按个人完成的产品数量和单位计件工资标准计算的工资。个人计件工资的计算公式为

$$个人计件工资 = \sum[(合格品数量 + 客观原因料废品数量) \times 单位计件工资额]$$

2. 集体计件工资的计算

集体计件工资的计算一般可分为以下两步进行。

第一步：按生产小组等集体共同生产的产品产量(合格品产量和料废品数量)和计件单价计算出小组等集体计件工资。其计算公式为

$$集体计件工资 = \sum(集体完成工作数量 \times 单位计件工资额)$$

第二步：按一定分配标准分配集体计件工资。其计算公式为

$$集体计件工资分配率 = 集体计件工资总额 \div 分配标准总数$$

$$个人计件工资 = 个人分配标准数 \times 集体计件工资分配率$$

（四） 职工薪酬的分配

每位职工的应付工资，是通过编制“职工工资单”的方式进行的，而工资费的分配，则是根据“职工工资单”编制“工资结算汇总表”进行的。进行账务处理时使用的会计科目是“应付工资”科目。在实际工作中，为了简化工资核算的工作量，“应付工资”科目的借方和贷方均根据上月考勤记录进行计算。对于几种产品共同耗用的生产工人的工资，则应采用实际或定额工时的比例，在各种产品当中进行分配。

（五） 除工资以外其他职工薪酬的核算

在应支付的职工薪酬中，除工资之外，尚有职工福利费、医疗保险、养老保险等项目。这些项目大多需要根据工资总额的一定比例计提。对于国务院有关部门，省、自治区、直辖市人民政府或经批准的企业年金计划规定了计提基础和计提比例的项目，企业应当按照规定计提标准，计量企业应当承担的职工薪酬义务和计入成本费用的职工薪酬，比如，“五险一金”和工会经费以及职工教育经费等；对于国家相关法律法规没有明确规定计提基础和计提比例的项目，如职工福利费，则企业应当根据历史经验数据和自身实际情况进行估计。

四、课业组织安排

(1) 学生利用计算机对指定案例材料进行上机操作。

(2) 学生完成计算分析后，利用网络资源展示自己的学习成果，其他学生给出评价。

(3) 教师对学生的成果进行全面点评。

五、课业范例

直接人工和福利费分配电算化模型的创建

资料：江海电器有限公司 201×年 1 月生产甲、乙、丙三种产品。根据工资汇总表的记录，当月为直接生产甲、乙、丙三种产品共同发生生产工人的直接工资费用 163 664.38 元，三种产品的实际生产工时记录分别为甲产品 2 180 小时，乙产品 3 655 小时，丙产品

3 128 小时。按照实际工时比例分配直接工资费用,并按直接工资费用的 14%计算并分配福利费。

根据以上资料,在 Excel 电子工作表中,创建直接人工和福利费分配电算化模型的步骤如下。

第一步,启动 Excel 电子工作表,将案例资料以及需要计算的有关指标录入 Excel 电子工作表中,如图 2-1 所示。

	A	B	C	D	E	F
1			江海电器有限公司			
2			工资及福利费分配表			
3			201×年			
4	月份:	01月				
5	产品名称	实际生产工时	工资分配率	工资费用	福利费提取比例	福利费用
6	甲产品	2180			14%	
7	乙产品	3655			14%	
8	丙产品	3128			14%	
9	合计			163664.38		

图 2-1

第二步,调用函数,计算实际工时合计。

用鼠标单击 B9 单元格,再用鼠标单击常用工具栏内的"自动求和"按钮"$\sum$",在公式栏内就显示出我们所输入的函数"=SUM(B6:B8)",如图 2-2 所示。

SUMIF　　=SUM(B6:B8)

	A	B	C	D	E	F
1			江海电器有限公司			
2			工资及福利费分配表			
3			201×年			
4	月份:	01月				
5	产品名称	实际生产工时	工资分配率	工资费用	福利费提取比例	福利费用
6	甲产品	2180			14%	
7	乙产品	3655			14%	
8	丙产品	3128			14%	
9	合计	=SUM(B6:B8)		163664.38		

图 2-2

用鼠标单击公式栏的输入确认按钮"√"或按下 Enter 键,按"自动求和"函数"=SUM(B6:B8)"计算的甲、乙、丙三种产品的实际生产工时合计数就计算出来了。本例甲、乙、丙三种产品的实际生产工时合计数为 8 963,如表 2-3 所示。

B9　　=SUM(B6:B8)

	A	B	C	D	E	F
1			江海电器有限公司			
2			工资及福利费分配表			
3			201×年			
4	月份:	01月				
5	产品名称	实际生产工时	工资分配率	工资费用	福利费提取比例	福利费用
6	甲产品	2180			14%	
7	乙产品	3655			14%	
8	丙产品	3128			14%	
9	合计	8963		163664.38		

图 2-3

第三步,输入公式,计算工资分配率。

用鼠标单击 C9 单元格,输入"="(等号)或直接用鼠标单击公式栏内的"="按钮,然后用鼠标单击 D9 单元格,输入运算符"/"(除号),再用鼠标单击 B9 单元格,在公式栏内就显示出我们所输入的公式"=D9/B9",如图 2-4 所示。

	A	B	C	D	E	F
1	江海电器有限公司					
2	工资及福利费分配表					
3	201×年					
4	月份:	01月				
5	产品名称	实际生产工时	工资分配率	工资费用	福利费提取比例	福利费用
6	甲产品	2180			14%	
7	乙产品	3655			14%	
8	丙产品	3128			14%	
9	合计	8963	=D9/B9	163664.38		

图　2-4

用鼠标单击"确定"按钮,按公式"=D9/B9"计算的工资分配率就计算出来了,本例工资分配率为 18.26,如图 2-5 所示。

	A	B	C	D	E	F
1	江海电器有限公司					
2	工资及福利费分配表					
3	201×年					
4	月份:	01月				
5	产品名称	实际生产工时	工资分配率	工资费用	福利费提取比例	福利费用
6	甲产品	2180			14%	
7	乙产品	3655			14%	
8	丙产品	3128			14%	
9	合计	8963	18.26	163664.38		

图　2-5

第四步,输入公式,分配工资费用。

用鼠标单击 D6 单元格,输入"="(等号)或直接用鼠标单击公式栏内的"="按钮,然后用鼠标单击 B6 单元格,输入运算符"*"(乘号),再用鼠标单击 C9 单元格,并同时按下 Fn 键和 F4 键将 C9 转换为绝对引用"$C$9",在公式栏内就显示出我们所输入的公式"=B6*$C$9",如图 2-6 所示。

	A	B	C	D	E	F
1	江海电器有限公司					
2	工资及福利费分配表					
3	201×年					
4	月份:	01月				
5	产品名称	实际生产工时	工资分配率	工资费用	福利费提取比例	福利费用
6	甲产品	2180		=B6*$C$9	14%	
7	乙产品	3655			14%	
8	丙产品	3128			14%	
9	合计	8963	18.26	163664.38		

图　2-6

用鼠标单击"确定"按钮,按公式"=B6*$C$9"计算的甲产品应负担的工资就计算出来了。本例甲产品应负担的直接人工费用为 39 806.8 元,如图 2-7 所示。

	A	B	C	D	E	F
1	江海电器有限公司					
2	工资及福利费分配表					
3	201×年					
4	月份：	01月				
5	产品名称	实际生产工时	工资分配率	工资费用	福利费提取比例	福利费用
6	甲产品	2180		39806.8	14%	
7	乙产品	3655			14%	
8	丙产品	3128			14%	
9	合计	8963	18.26	163664.38		

图　2-7

用鼠标指针指向D6单元格的右下角，待鼠标指针变为黑色实心“十”时，按住鼠标左键拖向D7：D8单元格区域，计算出乙产品、丙产品应负担的工资，如图2-8所示。

	A	B	C	D	E	F
1	江海电器有限公司					
2	工资及福利费分配表					
3	201×年					
4	月份：	01月				
5	产品名称	实际生产工时	工资分配率	工资费用	福利费提取比例	福利费用
6	甲产品	2180		39806.8	14%	
7	乙产品	3655		66740.3	14%	
8	丙产品	3128		57117.28	14%	
9	合计	8963	18.26	163664.38		

图　2-8

第五步，输入公式，计算分配福利费。

用鼠标单击F6单元格，输入“＝”(等号)或直接用鼠标单击公式栏内的“＝”按钮，然后用鼠标单击D6单元格，输入运算符“＊”(乘号)，再用鼠标单击E6单元格，在公式栏内就显示出我们所输入的公式“＝D6＊E6”，如图2-9所示。

	A	B	C	D	E	F
1	江海电器有限公司					
2	工资及福利费分配表					
3	201×年					
4	月份：	01月				
5	产品名称	实际生产工时	工资分配率	工资费用	福利费提取比例	福利费用
6	甲产品	2180		39806.8	14%	=D6*E6
7	乙产品	3655		66740.3	14%	
8	丙产品	3128		57117.28	14%	
9	合计	8963	18.26	163664.38		

图　2-9

用鼠标单击“确定”按钮，按公式“＝D6＊E6”计算的甲产品应负担的福利费就计算出来了。本例甲产品应负担的福利费为5 572.95元，如图2-10所示。

	A	B	C	D	E	F
1	江海电器有限公司					
2	工资及福利费分配表					
3	201×年					
4	月份：	01月				
5	产品名称	实际生产工时	工资分配率	工资费用	福利费提取比例	福利费用
6	甲产品	2180		39806.8	14%	5572.95
7	乙产品	3655		66740.3	14%	
8	丙产品	3128		57117.28	14%	
9	合计	8963	18.26	163664.38		

图　2-10

用鼠标指针指向 F6 单元格的右下角，待鼠标指针变为黑色实心“十”时，按住鼠标左键拖向 F7：F8 单元格区域，计算出乙产品、丙产品应负担的工资，本例乙、丙两种产品应负担的福利费分别为 9 343.64 元和 7 996.42 元，如图 2-11 所示。

	A	B	C	D	E	F
1	江海电器有限公司					
2	工资及福利费分配表					
3	201×年					
4	月份：	01月				
5	产品名称	实际生产工时	工资分配率	工资费用	福利费提取比例	福利费用
6	甲产品	2180		39806.8	14%	5572.95
7	乙产品	3655		66740.3	14%	9343.64
8	丙产品	3128		57117.28	14%	7996.42
9	合计	8963	18.26	163664.38		

图　2-11

第六步，调用函数，计算福利费合计。

用鼠标单击 F9 单元格，再用鼠标单击常用工具栏内的自动求和按钮“$\sum$”，在公式栏内就显示出我们所输入的函数“=SUM(F6:F8)”，本例甲、乙、丙三种产品的福利费合计数为 22 913.01 元，如图 2-12 所示。

F9　　fx　=SUM(F6:F8)

	A	B	C	D	E	F
1	江海电器有限公司					
2	工资及福利费分配表					
3	201×年					
4	月份：	01月				
5	产品名称	实际生产工时	工资分配率	工资费用	福利费提取比例	福利费用
6	甲产品	2180		39806.8	14%	5572.95
7	乙产品	3655		66740.3	14%	9343.64
8	丙产品	3128		57117.28	14%	7996.42
9	合计	8963	18.26	163664.38		22913.01

图　2-12

至此，直接人工和福利费分配的电算化模型创建工作就完成了。

课后练习

一、名词解释

定额耗用量比例分配法　　工资　　加权平均法　　年数总和法　　工作量法

二、单项选择题

1. 直接用于产品生产，并构成该产品实体的原材料费用应计入的会计科目是(　　)。

A. 生产成本　　　　B. 制造费用

C. 管理费用　　　　D. 营业费用

2. 企业行政管理人员工资应计入的会计科目是(　　)。

A.“营业外支出”　　B.“应付福利费”

C.“其他业务支出”　　D.“管理费用”

3. 对于外购动力费用总额,应根据有关的付款凭证或转账凭证,借记有关账户,贷记(　　)账户。

A.“生产成本——辅助生产成本”　　B.“其他应付款”

C.“银行存款”或“应付账款”　　D.“生产成本——基本生产成本”

4. 产品成本中的“直接人工”项目不包括(　　)。

A. 直接参加生产的工人薪酬

B. 按生产工人工资计提的社会保险费

C. 按生产工人工资计提的住房公积金

D. 生产车间管理人员的薪酬

5. 下列费用中,企业可以采用计提的方法进行核算的是(　　)。

A. 固定资产的大修理费用　　B. 预付保险费

C. 企业的开办费　　D. 借款利息

三、多项选择题

1. 分配原材料费用,常用的分配方法有(　　)。

A. 重量比例分配法　　B. 定额耗用量比例分配法

C. 标准产量比例分配法　　D. 定额工时比例分配法

2. 下列固定资产中,当月应计提折旧的有(　　)。

A. 本月新增加并已使用的设备　　B. 季节性停用的设备

C. 本月报废的设备　　D. 闲置的厂房

3. 动力费用在各产品之间一般可按产品的(　　)分配。

A. 生产工时比例　　B. 产品重量比例

C. 机器工时比例　　D. 定额耗电量比例

4. 属于职工薪酬总额组成内容的有(　　)。

A. 非货币性福利　　B. 辞退福利

C. 福利费　　D. 股份支付

5. 以下项目中,应计入管理费用的税金有(　　)。

A. 车船税　　B. 印花税

C. 房产税　　D. 土地占用税

四、填空题

1. 分配间接费用的标准有 3 类:________类,如产品质量、产量等;________类,如生产工时、生产工资等；________类，如定额消耗量、定额费用等。

2. 企业中的邮电费、租赁费、差旅费、印刷费等，均属费用要素中的________。

3. 企业要素费用中的利息支出和税金，应分别记入“________”和“________”账户。

五、思考题

1. 说明要素费用分配的程序。
2. 间接计入费用的分配标准有哪些？
3. 直接材料费用分配的方法有哪些？
4. 职工薪酬包括哪些内容？薪酬费用如何分配？
5. 计时工资与计件工资分别如何计算？

同步思考参考答案

2-1 解析

(1)～(3)属于劳动对象方面外购材料、燃料与外购动力；(4)～(7)属于活劳动方面的职工薪酬；(8)～(11)属于劳动手段方面折旧费以及其他费用，在分配的过程中，若涉及两种或两种以上产品的共同消耗，需要采用一定的标准进行分配。

2-2 解析

材料费用分配率＝888 000÷74 000＝12(元)

A 产品应分摊的材料费用＝200×50×12＝120 000(元)

B 产品应分摊的材料费用＝80×300×12＝288 000(元)

C 产品应分摊的材料费用＝100×400×12＝480 000(元)

2-3 解析

(1) 按月平均天数(30 天)核算日工资标准，按出勤计算月工资为

日工资标准＝2 400÷30＝80(元)

本月企业应付的计时工资：(16＋9＋2×80％)×80＝2 128(元)

(2) 按月平均天数(30 天)核算日工资标准，按缺勤天数扣除缺勤工资计算：

本月企业应付的计时工资：2 400－(4＋2×20％)×80＝2 048(元)

(3) 按月工作天数(20.83 天)核算日工资标准，按出勤计算月工资为

日工资标准＝2 400÷20.83≈115.22(元)

本月企业应付的计时工资：(16＋2×80％)×115.22≈2 027.87(元)

(4) 按月工作天数(20.83 天)核算日工资标准，按缺勤天数扣除缺勤工资计算：

日工资标准＝2 400÷20.83≈115.22(元)

(5) 本月企业应付的计时工资：2 400－(4＋2×20％)×115.22≈1 893.03(元)

2-4 解析

本月生产设备和生产厂房计提固定资产折旧费用计入制造费用，共计 3 000 元；行政办公大楼计提折旧计入管理费用，共计 1 000 元。

第三章　要素费用的归集与分配（二）

学习目标

1. 理解辅助生产费用分配的内容。
2. 掌握辅助生产费用各种分配方法的应用。
3. 掌握辅助生产费用归集与分配的账务处理。
4. 了解制造费用的具体费用项目。
5. 掌握制造费用分配的方法与账务处理。
6. 了解生产损失的内容。
7. 掌握废品损失的核算方法。

基本概念

辅助生产费用　　制造费用　　废品损失　　停工损失

第一节　辅助生产费用概述

一、辅助生产费用的内容

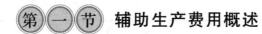

辅助生产费用是辅助生产车间在一定时期内为基本生产车间和行政管理部门等提供劳务或产品而发生的各种耗费。具体包括两个部分的内容：第一部分是该车间自身发生的各项费用，如耗用的各项要素费用、分摊的预付费用等，包括直接材料、直接人工和制造费用等；第二部分是从其他辅助生产车间分进来的费用，这部分费用是当存在多个辅助生产车间时，由于相互提供劳务或产品而从其他辅助生产车间分进来的交互服务费用。

二、辅助生产费用归集的账户设置与程序

辅助生产费用的归集可以通过设置“生产成本——辅助生产成本”“制造费用”账户或只设置“生产成本——辅助生产成本”账户，不设置“制造费用”账户两种方法来进行。

(1) 只设置“生产成本——辅助生产成本”账户，不设置“制造费用”账户。在这种方法下，凡是辅助生产车间发生的各项费用(无论是为提供劳务或产品发生，还是为组织、管理生产而发生的制造费用)全部记入“生产成本——辅助生产成本”账户。该账户借方归集辅助生产费用，贷方登记结转完工入库的自制材料、工具、模具的成本以及向其他辅助生产车间、基本生产车间、行政管理部门等受益单位分配转出的劳务费用。期末若有余额应在借方，表示辅助生产车间在产品的成本。该账户一般应按车间类别、劳务类别或产品类别分别设置明细账。在只提供一种劳务或产品的辅助生产车间，只需按车间类别设置；在提供多种劳务或产品的辅助生产车间，除按车间类别设置外，还应按各种劳务或产品类别设置明细账。账内可按成本项目与制造费用项目相结合设立专栏，其格式如表 3-1 所示。

(2) 设置“生产成本——辅助生产成本”账户，也设置“制造费用”账户。在这种方法下，比照基本生产车间账户一样处理。对于辅助生产车间提供劳务或产品发生的费用记入“生产成本——辅助生产成本”及其所属明细账，而对于辅助生产车间为组织和管理生产等发生的制造费用先记入“制造费用——辅助生产车间”账户，月末再分配转入“生产成本——辅助生产成本”账户，经分配结转后，“制造费用——辅助生产车间”账户应无余额。

如果辅助生产不对外提供商品产品，而且辅助生产车间规模很小，制造费用很少，为了简化核算工作，一般采用第一种方法，即辅助生产发生的制造费用，不通过“制造费用——辅助生产车间”账户，而直接记入“生产成本——辅助生产成本”账户。

表 3-1　　辅助生产成本明细账

车间：供水车间　　　　　　　　　　　　　　　　　　　　　　单位：元

201×年		凭证号	摘　要	项　目							合计	转出	余额
月	日			材料	职工薪酬	动力费	折旧费	修理费	水电费	其他			
10			原材料费用	2 400							2 400		
			动力费用			800			150		950		
			工资费用		2 500						2 500		
		略	计提社会保险费		350						350		
			折旧费				1 800				1 800		
			支付修理费					500			500		
			待分配费用小计	2 400	2 850	800	1 800	500	150		8 500		
			分配转出									8 500	0
			合　计	2 400	2 850	800	1 800	500	150		8 500	8 500	0

本书为简化阐述，采用第一种方法。

第二节　辅助生产费用的分配

一、辅助生产费用分配的应用

辅助生产提供的产品和劳务，主要是为基本生产车间和企业行政管理部门使用与服务的。但在某些辅助生产车间之间，也有相互提供产品和劳务的情况。例如，修理车间为供电车间修理设备，供电车间也为修理车间提供电力。这样，为了计算修理成本，就要确定供电成本；为了计算供电成本，又要确定修理成本。为了正确计算辅助生产产品和劳务的成本，并且将辅助生产费用正确地计入基本生产成本和经营管理费用，在分配辅助生产费用时，就应在各辅助生产车间之间进行费用的分配。

辅助生产是为基本生产和其他部门服务的，根据受益原则，其发生的费用应由各受益部门承担，也即应将辅助生产发生的费用向各个受益部门进行分配。分配时有两种情况：①生产多种产品的辅助生产车间，各种工具、模具等辅助生产明细账归集的费用，随着完工工具、模具的入库，其成本应转入低值易耗品等账户，在领用时，再按其用途将费用一次或分次计入企业的产品成本；②只提供一种劳务或只进行同一性质作业的辅助生产车间，水、电、运输、机修等辅助生产明细账所归集的费用，应按照受益的产品和部门进行分配。

二、辅助生产费用分配的方法

分配辅助生产费用的方法很多，通常采用的有直接分配法、顺序分配法、交互分配法、计划成本分配法和代数分配法。

(一) 直接分配法

1. 概念

直接分配法是指将各辅助生产车间发生的各项费用，直接分配给辅助生产车间以外的各受益产品、单位。直接分配法也是辅助生产费用分配的基本方法。

2. 特点

不考虑辅助生产车间与辅助生产车间之间相互提供的产品或劳务的情况。

3. 公式

$$费用分配率=\frac{该辅助生产车间的费用总额}{该辅助生产车间本期提供的劳务总量-对其他辅助生产车间提供的劳务量}$$

某受益对象分配额＝该受益对象耗用量×费用分配率

下面举例说明。

【例题 3-1】 甲公司辅助生产车间的制造费用不通过“制造费用”科目核算。该公司锅炉和机修两个辅助生产车间之间相互提供产品与劳务。锅炉车间的成本按供气量比例分配，机修车间的修理费用按修理工时比例进行分配。该公司 201×年 5 月有关辅助生产成本的资料见表 3-2。

问题：请按直接分配法分配辅助生产费用。

表 3-2 甲公司辅助生产车间费用资料

辅助生产车间名称		机修车间	锅炉车间
待分配费用/元		480 000	45 000
供应劳务产品数量		160 000 小时	10 000 立方米
耗用劳务产品数量	锅炉车间	10 000 小时	
	机修车间		1 000 立方米
	一车间	80 000 小时	5 100 立方米
	二车间	70 000 小时	3 900 立方米

解析：采用直接分配法辅助生产车间对外供应劳务数量。

机修车间＝160 000－10 000＝150 000(小时)

锅炉车间＝10 000－1 000＝9 000(立方米)

机修车间费用分配率＝480 000÷150 000＝3.2

锅炉车间费用分配率＝45 000÷9 000＝5

辅助生产费用的具体分配如表 3-3 所示。

表 3-3 辅助生产费用分配表(直接分配法) 单位:元

辅助生产车间名称			机修车间	锅炉车间	合计
待分配费用			480 000	45 000	525 000
对外供应劳务数量			150 000	9 000	
单位成本(分配率)			3.2	5	
基本生产车间耗用	一车间	耗用数量	80 000	5 100	
		分配金额	256 000	25 500	281 500
	二车间	耗用数量	70 000	3 900	
		分配金额	224 000	19 500	243 500
金额合计			480 000	45 000	525 000

根据表 3-3,编制会计分录如下。

借:制造费用——一车间　　281 500

　　　　　——二车间　　243 500

　贷:生产成本——辅助生产成本——机修车间　　480 000

　　　　　　——辅助生产成本——锅炉车间　　45 000

4. 优缺点及适用范围

采用直接分配法,分配计算一次就可完成,计算方法最为简便;但由于在计算费用分配率时,待分配费用没有包括耗用其他辅助生产车间劳务的成本,因此并不是该车间的实际费用,供应劳务数量又剔除了其他辅助生产车间耗用数量,因此分配结果也就不够准确。

这种分配方法适宜于辅助生产车间内部相互提供的产品或劳务数量不多的企业。

同步思考 3-1

资料:张强是博斯特设备制造公司的一名成本会计专员,该公司最近新增加了一个辅助生产车间,即供气车间,该车间主要生产蒸汽,用的燃料是原煤。生产的蒸汽主要供机械加工、冲压、供电、修理等车间使用。其他部门使用的较少,该公司过去辅助生产车间主要是供电车间和修理车间。本月供气车间共发生费用 800 000 元,供电车间共发生费用 1 200 000 元,修理车间共发生费用 900 000 元,各辅助生产车间提供的劳务及耗用单位情况如表 3-4 所示。

问题:

(1) 原来公司采用直接分配法分配辅助生产费用,这种分配方法是否合适?为什么?

(2) 新增加了一个辅助生产车间是否需要对辅助生产费用分配方法进行改变?为什么?

表 3-4　辅助生产车间提供劳务情况

耗用劳务单位		供气车间/立方米	供电车间/千瓦	修理车间/小时
供气车间			10 000	12 000
供电车间		20 000	—	4 000
修理车间		5 000	25 000	—
一车间	产品耗用	30 000	50 000	68 000
	一般耗用	4 000	26 000	2 000
二车间	产品耗用	1 000	60 000	13 000
	一般耗用	1 500	18 000	9 000
行政管理部门		2 000	17 000	7 000
设备自建工程		1 500	14 000	5 000
合　　计		65 000	220 000	120 000

(二) 顺序分配法

1. 概念

顺序分配法是指按照辅助生产车间受益多少的顺序排列将各辅助生产车间之间的费用进行分配,受益少的排列在前面,先将费用分配出去;受益多的排列在后面,后将费用分配出去。

2. 特点

排列在前面的车间将费用分配给排列在后面的车间,不再承担后面车间的费用;后面车间应分配的费用,要在原费用的基础上加上前面车间的分配转入数。

3. 步骤及公式

(1) 确定辅助生产费用分配顺序

按照辅助生产车间之间收益的多少排序,受益少的排在前面,先分配出去;受益多的排在后面,后分配出去。

(2) 按顺序进行分配

$$\text{受益少的辅助生产车间费用分配率}=\frac{\text{该辅助生产车间费用总额}}{\text{该辅助生产车间本期提供的劳务总量}}$$

$$\begin{array}{c}\text{受益多的辅助}\\\text{生产车间费用分配率}\end{array}=\frac{\begin{array}{c}\text{该辅助生产}\\\text{车间费用总额}\end{array}+\begin{array}{c}\text{受益少的辅助生产}\\\text{车间分配转入的费用}\end{array}}{\begin{array}{c}\text{该辅助生产车间}\\\text{本期提供的劳务总量}\end{array}-\begin{array}{c}\text{对其他辅助生产}\\\text{车间提供的劳务量}\end{array}}$$

某受益对象分配额=该受益对象耗用量×费用分配率

【例题 3-2】 沿用例题 3-1 的资料。

问题: 请按顺序分配法分配辅助生产费用。

解析：由于机修车间耗用的劳务费用为 4 500 元(45 000÷10 000×1 000=4 500 元)，少于锅炉车间耗用的劳务费用 30 000 元(480 000÷160 000×10 000=30 000 元)，因此，机修车间应先分配费用。

机修车间费用分配率=480 000÷160 000=3

锅炉车间费用分配率=(45 000+30 000)÷9 000≈8.33

辅助生产费用的具体分配如表 3-5 所示。

表 3-5 辅助生产费用分配表(顺序分配法) 单位：元

辅助生产车间名称			机修车间	锅炉车间	合计
待分配费用			480 000	75 000	525 000
对外供应劳务数量			160 000	9 000	
单位成本(分配率)			3	8.33	
辅助生产车间耗用	机修车间	耗用数量			
		分配金额			
	锅炉车间	耗用数量	10 000		
		分配金额	30 000		30 000
基本生产车间耗用	一车间	耗用数量	80 000	5 100	
		分配金额	240 000	42 483	282 483
	二车间	耗用数量	70 000	3 900	
		分配金额	210 000	32 517	242 517
金额合计			480 000	75 000	525 000

根据表 3-4，编制会计分录如下。

(1) 分配修理费用

借：生产成本——辅助生产成本——锅炉车间 30 000

制造费用——一车间 240 000

——二车间 210 000

贷：生产成本——辅助生产成本——机修车间 480 000

(2) 分配供气费用

借：制造费用——一车间 42 483

——二车间 32 517

贷：生产成本——辅助生产成本——锅炉车间 75 000

4. 优缺点及适用范围

采用顺序分配法，各种辅助生产费用也只分配一次，分配方法简单。由于这种分配方法既分配给辅助生产以外的受益单位，又分配给排列在后面的其他辅助生产车间，使得排列在后面的辅助生产车间费用归集较全，因而分配结果准确性较直接分配法有所提高。但由于排列在前面的辅助生产车间不负担排列在后面的辅助生产车间的费用，因此，其分配结果的准确性受到排列顺序的影响。

这种分配方法适宜于在各辅助生产车间或部门之间相互受益程度差异较大的情况下采用。

（三）交互分配法

1. 概念

交互分配法又称一次交互分配法，是指先将辅助生产车间的费用在辅助生产车间之间进行交互分配，再将辅助生产车间交互分配前的费用加上交互分配转入的费用减去交互分配转出的费用的数额分配给辅助生产车间以外的各受益对象的一种分配方法。

2. 特点

考虑辅助生产车间之间相互提供产品或劳务的情况，需要进行两次分配。第一次分配是先根据各辅助生产部门相互提供的劳务数量和交互分配前的分配率进行一次交互分配；第二次分配是将各辅助生产部门交互分配后的实际费用按向辅助生产部门以外各受益单位提供的劳务量进行分配。

3. 步骤及公式

第一步交互分配：

$$交互分配率=\frac{该辅助生产车间费用总额}{该辅助生产车间本期提供的劳务总量}$$

$$某受益对象分配额=该受益对象耗用量\times交互分配率$$

第二步对外分配：

$$对外费用分配率=\frac{\begin{array}{c}该辅助生产车间交互\\分配后的费用总额\end{array}}{\begin{array}{c}该辅助生产车间本期\\提供的劳务总量\end{array}-\begin{array}{c}对其他辅助生产\\车间提供的劳务量\end{array}}$$

$$\begin{array}{c}某辅助生产车间对外\\待分配的费用\end{array}=\begin{array}{c}该辅助生产\\车间费用总额\end{array}+转入的费用-转出的费用$$

$$某受益对象的费用分配额=该受益对象耗用量\times对外费用分配率$$

【例题 3-3】 沿用例题 3-1 的资料。

问题：请按交互分配法分配辅助生产费用。

解析：第一步交互分配

机修车间费用分配率＝480 000÷160 000＝3

锅炉车间费用分配率＝45 000÷10 000＝4.5

第二步对外分配

机修车间费用分配率＝(480 000＋4 500－30 000)÷(160 000－10 000)＝3.03

锅炉车间费用分配率＝(45 000＋30 000－4 500)÷(10 000－1 000)＝7.8333

辅助生产费用的，具体分配如表 3-6 所示。

表 3-6　辅助生产费用分配表(交互分配法)　　　　单位：元

分配方向			交互分配			对外分配		
辅助生产车间名称			机修车间	锅炉车间	合计	机修车间	锅炉车间	合计
待分配成本			480 000	45 000	525 000	454 500	70 500	525 000
对外供应劳务数量			160 000	10 000		150 000	9 000	
单位成本(分配率)			3	4.5		3.03	7.8333	
辅助生产车间耗用	机修车间	耗用数量		1 000				
		分配金额		4 500	4 500			
	锅炉车间	耗用数量	10 000					
		分配金额	30 000		30 000			
	金额小计		30 000	4 500	34 500			
基本生产车间耗用	一车间	耗用数量				80 000	5 100	
		分配金额				242 400	39 949.83	282 349.83
	二车间	耗用数量				70 000	3 900	
		分配金额				212 100	30 550.17*	242 650.17
分配金额小计						454 500	70 500	525 000

注：* 30 550.17 为倒挤所得。

根据表 3-6，编制会计分录如下。

(1) 交互分配时

借：生产成本——辅助生产成本——机修车间　　4 500

　　　　　　　　　　　　　　——锅炉车间　　30 000

　贷：生产成本——辅助生产成本——机修车间　　30 000

　　　　　　　　　　　　　　　——锅炉车间　　4 500

(2) 对外分配时

借：制造费用——一车间　　282 349.83

　　　　　　——二车间　　242 650.17

　贷：生产成本——辅助生产成本——机修车间　　454 500.00

　　　　　　　　　　　　　　　——锅炉车间　　70 500.00

4. 优缺点及适用范围

采用交互分配法，由于对辅助生产车间之间相互提供劳务进行了交互分配，因此提高了分配结果的准确性。但是，由于各辅助生产费用要进行两次分配，要计算两个分配率，工作量有所增加，并且交互分配时的分配率，由于是根据原发生的费用计算的，费用分配率不够完整，因此分配结果也只具有相对的准确性。

当辅助生产车间较少且相互提供劳务较多时,采用交互分配法分配辅助生产费用比较合理。

(四) 计划成本分配法

1. 概念

计划成本分配法是指先将各辅助生产车间费用按照各受益单位耗用的产品或劳务和确定的计划单位进行分配,然后再将计划成本与实际费用的差额进行追加调整分配的一种方法。

2. 特点

需要进行两次分配,先是按劳务的计划单位成本分配辅助生产部门为各受益单位(包括其他辅助生产部门)提供的劳务费用,然后再将辅助生产部门实际发生的费用(包括交互分配转入的费用在内)与按计划成本分配出去的费用的差额,即成本差异,分配给辅助生产以外的受益单位。

3. 步骤及公式

第一步按计划成本分配:

某受益对象应负担的计划成本＝该受益单位实际耗用量×计划单位成本

第二步调整分配成本差异:

成本差异＝该辅助生产车间的实际成本－该辅助生产车间的计划成本

该辅助生产车间的实际成本＝该辅助生产车间归集入账的费用＋按计划成本分配转入的费用

为简化计算工作,若差异数较小的情况下,可不进行追加分配,全部计入管理费用。

【例题 3-4】 沿用例题 3-1 的资料,假定机修车间每小时修理耗费 2.5 元,锅炉车间每立方米供气耗费 4 元。

问题:请按计划成本分配法分配辅助生产费用。

解析:辅助生产费用的具体分配如表 3-7 所示。

表 3-7　辅助生产费用分配表(计划成本分配法)　　单位:元

辅助生产车间名称			机修车间	锅炉车间	合　计
待分配辅助生产费用			480 000	45 000	525 000
对外供应劳务数量			160 000	10 000	
计划单位成本			2.5	4	
辅助生产车间耗用	锅炉车间	耗用量	10 000		
		分配金额	25 000		25 000
	机修车间	耗用量		1 000	
		分配金额		4 000	4 000
	分配金额小计		25 000	4 000	29 000

续表

辅助生产车间名称			机修车间	锅炉车间	合　计
基本生产车间耗用	一车间	耗用量	80 000	5 100	
		分配金额	200 000	20 400	220 400
	二车间	耗用量	70 000	3 900	
		分配金额	175 000	15 600	190 600
	分配金额小计		375 000	36 000	411 000
按计划成本分配金额合计			400 000	40 000	440 000
辅助生产实际成本			484 000	70 000	554 000
辅助生产成本差异			＋84 000	＋30 000	＋114 000

其中：

机修车间的计划成本＝160 000×2.5＝400 000(元)

实际成本＝480 000＋4 000＝484 000(元)

锅炉车间的计划成本＝10 000×4＝40 000(元)

实际成本＝45 000＋25 000＝70 000(元)

根据表格 3-7，编制会计分录如下。

(1) 按计划成本分配

借：生产成本——辅助生产成本——机修车间　　4 000
　　　　　　　　　　　　　　——锅炉车间　　25 000
　　制造费用——一车间　　220 400
　　　　　　——二车间　　190 600
　贷：生产成本——辅助生产成本——机修车间　　400 000
　　　　　　　　　　　　　　　——锅炉车间　　40 000

(2) 再将辅助生产成本差异计入管理费用

借：管理费用　　114 000
　贷：生产成本——辅助生产成本——机修车间　　84 000
　　　　　　　　　　　　　　　——锅炉车间　　30 000

经上述分配之后，“辅助生产成本——机修车间”借方余额合计为 484 000 元(480 000＋4 000)，贷方余额合计为 484 000 元(400 000＋84 000)，“辅助生产成本——锅炉车间”借方余额合计为 70 000 元(45 000＋25 000)，贷方余额合计为 70 000 元(40 000＋30 000)。

也可以采用表 3-8 按照计划成本分配法分配辅助生产费用。

机修车间的计划成本＝160 000×2.5－4 000＝396 000(元)

锅炉车间的计划成本＝10 000×4－25 000＝15 000(元)

表 3-8　辅助生产费用分配表(计划成本分配法)　　单位：元

辅助生产车间名称			机修车间	锅炉车间	合　计
待分配辅助生产费用			480 000	45 000	525 000
对外供应劳务数量			160 000	10 000	
计划单位成本			2.5	4	
辅助生产车间耗用	锅炉车间	耗用量	10 000		
		分配金额	25 000		25 000
	机修车间	耗用量		1 000	
		分配金额		4 000	4 000
	分配金额小计		25 000	4 000	29 000
基本生产车间耗用	一车间	耗用量	80 000	5 100	
		分配金额	200 000	20 400	220 400
	二车间	耗用量	70 000	3 900	
		分配金额	175 000	15 600	190 600
	分配金额小计		375 000	36 000	411 000
按计划成本分配金额合计			396 000	15 000	411 000
辅助生产实际成本			480 000	45 000	525 000
辅助生产成本差异			+84 000	+30 000	+114 000

根据表 3-8,编制会计分录如下。

借：制造费用——一车间　　220 400
　　　　　　——二车间　　190 600
　　管理费用　　114 000
　贷：生产成本——辅助生产成本——机修车间　　480 000
　　　　　　　　　　　　　　　——锅炉车间　　45 000

4. 优缺点及适用范围

采用计划成本分配法,加速了辅助生产费用分配计算工作;便于考核和分析各受益单位的经济责任;能够反映辅助生产车间提供的产品或劳务的实际成本脱离计划成本的差异。但是,采用该种分配方法,要求企业辅助生产车间提供的产品或劳务的计划单位成本必须比较准确,与实际成本之间的差异越小越好。

(五) 代数分配法

1. 概念

代数分配法是运用代数中解多元一次联立方程组的原理,在辅助生产车间之间相互提供产品或劳务情况下的分配辅助生产费用的一种方法。

2. 特点

根据各辅助生产车间相互提供产品和劳务的数量，求解联立方程式，计算各辅助生产车间提供的产品或劳务的单位成本(即费用分配率)，然后，根据各受益单位(包括辅助生产内部和外部各单位)耗用产品或劳务的数量和单位成本，计算分配辅助生产费用。

【例题 3-5】 沿用例题 3-1 的资料。

问题：请按代数分配法分配辅助生产费用。

解析：假设 X＝每小时修理成本，Y＝每立方米用气成本，设联立方程如下。

(1) $480\,000+1\,000Y=160\,000X$

机修车间费用总额＋锅炉车间分配计入费用＝机修车间总工时×每小时修理成本

(2) $45\,000+10\,000X=10\,000Y$

锅炉车间费用总额＋机修车间分配计入费用＝锅炉车间总供气量×每立方米用气成本

解得：$X=3.047$

$Y=7.547$

辅助生产费用的具体分配如表 3-9 所示。

表 3-9 辅助生产费用分配表(代数分配法) 单位：元

辅助生产车间名称			机修车间	锅炉车间	合　计
待分配辅助生产费用			480 000	45 000	525 000
对外供应劳务数量			160 000	10 000	
用代数算出的实际单位成本			3.047	7.547	
辅助生产车间耗用	锅炉车间	耗用量	10 000		
		分配金额	30 470		30 470
	机修车间	耗用量		1 000	
		分配金额		7 547	7 547
	分配金额小计		30 470	7 547	38 017
基本生产车间耗用	一车间	耗用量	80 000	5 100	
		分配金额	243 760	38 489.7	282 249.7
	二车间	耗用量	70 000	3 900	
		分配金额	213 290	29 433.3	242 723.3
	分配金额小计		457 050	67 923	
合　计			487 520	75 470	562 990

根据表 3-9，编制会计分录如下。

借：生产成本——辅助生产成本——机修车间　　7 547

　　　　　　　　　　　　　　——锅炉车间　　30 470

制造费用——一车间　　282 249.7

　　　　——二车间　　242 723.3

贷：生产成本——辅助生产成本——机修车间　　487 520.0

　　　　　　　　　　　　　　——锅炉车间　　75 470.0

3. 优缺点及适用范围

采用代数分配法分配辅助生产费用，其分配结果最为准确。但要解联立方程，计算工作较复杂，因而这种分配方法在具备会计电算化条件的企业采用。

同步思考 3-2

资料：西安现代农药厂属于季节性生产企业，夏季7、8两月因高温不生产农药，进行设备维修。辅助生产费用采用年度数进行控制。设有两个辅助车间，即机修车间和配电车间。机修车间负责全厂机器设备维修，配电车间负责全厂配电供给。西安现代农药厂辅助生产费用分配方法应选择计划成本分配法。

问题：企业辅助生产费用分配为什么选择计划成本分配法？运用辅助生产费用分配的理论回答。

小提示

以上五种辅助生产费用的分配方法可列表加以区分，如表 3-10 所示。

表 3-10　五种辅助生产费用分配方法的对比

项　目	适用的范围	优　　点	缺　　点	说　　明
直接分配法	辅助生产车间相互不提供劳务，或提供劳务较少	计算分配工作简单，简便易行计算的结果不准确	分配结果准确度不高	省略辅助生产车间之间分配工作
顺序分配法	相互提供劳务差别较大，且相互耗用有明显顺序	计算分配工作较简单	计算结果不够准确	收益少的排列在前，收益多的排列在后
交互分配法	辅助生产车间相互提供劳务较多	计算结果较为准确	计算分配的手续较为复杂	先在辅助生产车间之间进行分配，然后再对外分配
计划成本分配法	有计划单价且比较符合实际	利于考核辅助生产车间经济利益	分配结果受计划单价影响较大	为简化核算也可将差异直接转入“管理费用”
代数分配法	实行电算化的企业	分配结果最准确	计算手续较复杂	联立多元一次方程式

第三节 制造费用的分配

一、制造费用的内容

制造费用是指工业企业为生产产品(或提供劳务)而发生的,应该计入产品成本,但没有专设成本项目的各项生产费用。

制造费用的内容比较复杂,包括以下三个方面。

(一) 间接用于产品生产的费用

这部分费用在制造费用中占绝大部分。具体包括机物料消耗,车间和分厂生产用房屋及建筑物的折旧费、租赁费和保险费,车间和分厂生产用的照明费、取暖费、运输费和劳动保护费等。

(二) 直接用于产品生产,但未专设成本项目的费用

这些费用在管理上不要求单独核算或者核算上不便于单独核算。具体包括机器设备的折旧费、租赁费和保险费,生产工具摊销费,设计制图费和试验检验费,以及未专设成本项目的生产工艺用动力等。

(三) 车间、分厂用于组织和管理生产的费用

具体包括车间或分厂管理人员的职工薪酬,车间或分厂管理用房屋和设备的折旧费、租赁费和保险费,车间或分厂管理用具摊销费,车间或分厂管理用的照明费、水电费、取暖费、差旅费和办公费等。

二、制造费用的归集

制造费用的归集是通过设置"制造费用"总账进行的。该账户应按车间(基本生产车间、辅助生产车间)、部门设置明细账,账内按照费用项目设专栏或专行,分别反映各车间、部门各项制造费用的支出情况。

制造费用的费用项目一般应该包括职工薪酬、折旧费、办公费、差旅费、水电费、租赁费、机物料消耗、劳动保护费、保险费、季节性和修理期间停工损失等。企业也可以根据费用大小及管理要求,另行设立费用项目或对上述费用项目再进行合并或细分,但为了使各期成本、费用资料可比,制造费用项目一经确定,不应随意变更。

制造费用发生时,根据有关的付款凭证、转账凭证和前述各种费用分配表,记入"制造费用"科目的借方,并视具体情况,分别记入"原材料""应付职工薪酬""累计折旧""预提费用""银行存款"等科目的贷方;期末按照一定的标准进行分配时,从该科目的贷方转出,记入"基本生产成本"等科目的借方;除季节性生产的车间外,"制造费用"科目期末应无余额。

三、制造费用的分配程序

每月终了,应将本月制造费用明细账中所归集的制造费用总额按一定的分配标准,分配计入有关的成本计算对象。制造费用的分配有以下两种情况。

(一) 基本生产车间制造费用的分配

基本生产车间的制造费用分配按以下两种情况进行。

(1) 在生产一种产品的车间中,制造费用应直接计入该种产品的生产成本。

(2) 在生产多种产品的车间中,制造费用都是间接计入费用的。应采用适当的分配方法,分配计入该车间各种产品的生产成本。

(二) 辅助生产车间制造费用的分配

辅助生产车间单独核算制造费用时,在只生产一种产品或提供一种劳务的辅助生产车间,应将"制造费用——辅助生产"账户的制造费用数额,直接计入该种辅助生产产品或劳务的成本;在生产多种产品或提供多种劳务的辅助生产车间,归集在"制造费用——辅助生产"账户的制造费用,应采用适当的分配方法,分配计入各辅助生产产品或劳务的成本。

四、制造费用分配的方法

合理分配制造费用的关键在于正确选择分配标准,在选择分配标准时,应考虑的原则是,分配标准的资料必须比较容易取得,并且与制造费用之间存在客观的因果比例关系。

制造费用分配的方法一般有生产工人工时比例分配法、生产工人工资比例分配法、机器工时比例分配法、年度计划分配率分配法等。企业具体采用哪一种分配方法,由企业自行决定。分配方法一经确定,不得随意变更。如需变更,应当在会计报表附注中加以说明。

(一) 生产工人工时比例分配法

1. 概念

生产工人工时比例分配法是以各种产品所消耗的生产工人实际(或定额)工时数作为分配标准分配制造费用的一种方法。

2. 公式

制造费用分配率=制造费用总额÷各种产品实际(或定额)生产工时之和

某种产品应分配的制造费用=该种产品实际(或定额)生产工时×制造费用分配率

【例题 3-6】 某企业基本车间生产 A、B、C 三种产品。根据生产记录统计汇总后的生产工时为 A 产品 1 450 小时,B 产品 1 250 小时,C 产品 1 500 小时。该车间本月归集在"制造费用——基本车间"明细账借方发生额 9 660 元。

问题: 按生产工人工时比例分配法分配制造费用,编制分配制造费用会计分录。

解析： 制造费用分配率＝9 660÷(1 450＋1 250＋1 500)＝2.3

A产品应负担的制造费用＝1 450×2.3＝3 335(元)

B产品应负担的制造费用＝1 250×2.3＝2 875(元)

C产品应负担的制造费用＝1 500×2.3＝3 450(元)

编制分配制造费用的会计分录如下。

借：生产成本——基本生产成本——A产品　　3 335

　　　　　　　　　　　　　　——B产品　　2 875

　　　　　　　　　　　　　　——C产品　　3 450

　贷：制造费用——基本车间　　　　　　　　　9 660

3. 优缺点及适用范围

采用这种方法分配制造费用，可以使产品负担制造费用的多少与劳动生产率的高低联系起来，是较为常见的一种分配方法。但是，如果生产单位生产的各种产品的工艺过程机械化程度差异较大，采用生产工时作为分配标准，会使工艺过程机械化程度较低的产品(耗用生产工时多)负担过多的制造费用，导致分配结果不合理。这种方法适用于机械化程度较低，或生产单位内各种产品机械化生产程度大致相同的单位。

（二）生产工人工资比例分配法

1. 概念

生产工人工资比例分配法是指以各种产品的生产工人实际工资为标准分配制造费用的一种方法。

2. 公式

制造费用分配率＝制造费用总额÷各种产品生产工人实际工资总额

某种产品应分配的制造费用＝该种产品生产工人实际工资×制造费用分配率

【例题3-7】 某公司生产甲、乙两种产品，本月共发生生产工人工资112 300元，其中甲产品生产工人工资67 500元，乙产品生产工人工资44 800元；本月共发生制造费用336 900元。

问题： 按生产工人工资比例分配法分配制造费用，编制分配制造费用会计分录。

解析： 制造费用分配率＝336 900÷112 300＝3

甲产品应负担的制造费用＝3×67 500＝202 500(元)

乙产品应负担的制造费用＝3×44 800＝134 400(元)

编制分配制造费用的会计分录如下。

借：生产成本——基本生产成本——甲产品　　202 500

　　　　　　　　　　　　　　——乙产品　　134 400

　贷：制造费用　　　　　　　　　　　　　　　336 900

3. 优缺点及适用范围

由于生产工人工资资料比较容易取得，因此采用这种标准分配比较简便。但是这种方法使用前提是各种产品生产的机械化程度或需要生产工人的操作技能大致相同;否则,机械化程度低(用工多,生产工人工资费用高)的产品,需要生产工人操作技能高的产品也负担较多的制造费用,显然是不合理的。这种方法适用于机械化程度不高的企业。

(三) 机器工时比例分配法

1. 概念

机器工时比例分配法是以各种产品生产时所耗用的机器运转的时间作为分配标准分配制造费用的方法。

2. 公式

制造费用分配率=制造费用总额÷各种产品耗用的机器工时总额

某种产品应负担的制造费用=该种产品耗用的机器工时×制造费用分配率

【例题 3-8】 某公司生产甲、乙两种产品,本月共发生制造费用 36 000 元,其中甲产品耗用机器工时数为 4 860 小时,乙产品耗用机器工时数为 5 140 小时。

问题: 按机器工时比例分配法分配制造费用,编制分配制造费用会计分录。

解析: 制造费用分配率=36 000÷(4 860+5 140)=3.6

甲产品应负担的制造费用=3.6×4 860=17 496(元)

乙产品应负担的制造费用=3.6×5 140=18 504(元)

编制分配制造费用的会计分录如下。

借:生产成本——基本生产成本——甲产品　　17 496

　　　　　　　　　　　　　——乙产品　　18 504

　贷:制造费用　　36 000

3. 优缺点及适用范围

这种方法适用于产品生产的机械化程度较高的车间、部门,在这种车间、部门里,必须具备各种产品所用机器工时的原始记录,以保证机器工时的准确性和可靠性。

(四) 年度计划分配率分配法

1. 概念

年度计划分配率分配法是按照年度开始前确定的全年度使用的计划分配率分配制造费用的方法。以定额工时作为分配标准。

2. 公式

$$\text{年度计划分配率}=\frac{\text{年度制造费用计划总额}}{\text{年度各种产品计划产量的定额工时总数}}$$

$$\begin{matrix}\text{某月某种产品应}\\\text{负担的制造费用}\end{matrix}=\begin{matrix}\text{该月该种产品}\\\text{实际产量定额工时数}\end{matrix}\times\text{年度计划分配率}$$

【例题 3-9】 某工业企业只有一个车间,制造费用采用年度计划分配率分配法进行分配,全年制造费用计划为 96 600 元;全年各种产品的计划产量为甲产品 3 600 件,乙产品3 000 件;单件产品的工时定额为甲产品 5 小时,乙产品 4 小时。某月实际产量为甲产品 395 件,乙产品 216 件;该月实际制造费用为 8 068 元。

问题：按年度计划分配率分配法分配制造费用，编制分配制造费用会计分录。

解析：甲产品年度计划产量的定额工时＝3 600×5＝18 000(小时)

乙产品年度计划产量的定额工时＝3 000×4＝12 000(小时)

制造费用年度计划分配率＝96 600÷(18 000＋12 000)＝3.22

甲产品该月实际产量的定额工时＝395×5＝1 975(小时)

乙产品该月实际产量的定额工时＝216×4＝864(小时)

该月甲产品应负担的制造费用＝3.22×1 975＝6 359.50(元)

该月乙产品应负担的制造费用＝3.22×864＝2 782.08(元)

编制分配制造费用的会计分录如下。

借：生产成本——基本生产成本——甲产品　6 359.50

——乙产品　2 782.08

贷：制造费用　9 141.58

3. 优缺点及适用范围

年度计划分配率分配法核算工作较简便，特别适用于季节性生产的企业。在季节性生产企业中，各月实际发生的制造费用相差不大，但是旺季和淡季的产量悬殊较大，如果按实际发生额分配制造费用，就会使得单位产品的成本不稳定，不利于成本分析。而年度计划分配率分配法正好弥补了这一缺陷。

在按生产工人工时比例分配法、生产工人工资比例分配法和机器工时比例分配法下，“制造费用”账户一般没有期末余额。采用年度计划分配率分配法时，每月实际发生的制造费用与分配转出的制造费用不等，因此，“制造费用”科目一般存在月末余额。“制造费用”科目的余额在平时不需要调整，如果年末有余额，就是全年制造费用的实际发生额与计划分配额的差额，一般应在年末调整计入12月的产品成本，实际发生额大于计划分配额，借记“生产成本——基本生产成本”科目，贷记“制造费用”科目；实际发生额小于计划分配额，则用红字冲减，或者借记“制造费用”科目，贷记“生产成本——基本生产成本”科目。

小提示

以上四种制造费用的分配方法可列表加以区分，如表3-11所示。

表3-11　四种制造费用分配方法的对比

项　目	分配标准	分　配　率	某产品应分配数	适用范围	特　征
生产工人工时比例分配法	实际生产工时	制造费用总额÷各种产品实际(或定额)生产工时之和	该种产品实际(或定额)生产工时×制造费用分配率	制造费用的发生与生产工时有密切关系	制造费用账户期末没有余额
生产工人工资比例分配法	生产工人工资	制造费用总额÷各种产品生产工人实际工资总额	该种产品生产工人实际工资×制造费用分配率	制造费用的发生与生产工时有密切关系	制造费用账户期末没有余额

续表

项 目	分配标准	分 配 率	某产品应分配数	适用范围	特 征
机器工时比例分配法	机器工时	制造费用总额÷各种产品耗用的机器工时总额	该种产品耗用的机器工时×制造费用分配率	制造费用的发生与机器工时有密切关系	制造费用账户期末没有余额
年度计划分配率分配法		年度制造费用计划总额÷年度各种产品计划产量的定额工时总数	实际产量定额工时数×年度计划分配率	季节性生产企业	制造费用账户期末有余额

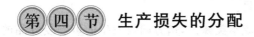

第四节 生产损失的分配

一、废品损失及其内容

(一) 废品及其种类

1. 废品的含义

废品是指不符合规定的技术标准,不能按照原定用途使用,或者需要加工修理才能使用的在产品、半成品或产成品。不论是在生产过程中发现的废品,还是在入库后发现的废品,都应包括在内。

2. 废品的种类

(1) 废品按其可否修复,可分为可修复废品和不可修复废品两种。

可修复废品是指经过修理可以使用,而且所花费的修复费用在经济上合算的废品;不可修复废品则是指不能修复,或者所花费的修复费用在经济上不合算的废品。

(2) 废品按其产生的原因不同,可分为料废和工废两类。

料废是由于原材料(或半成品)不符合质量要求而造成的废品;工废是由于人工操作原因造成的废品。分清造成废品的原因,目的在于明确责任。

(二) 废品损失及其内容

废品损失包括在生产过程中发现的和入库后发现的不可修复废品的生产成本,以及可修复废品的修复费用,扣除回收的废品残料价值和应由过失单位或个人赔款以后的损失。

需要指出下列内容不列入废品损失核算范围。

(1) 经过质量检验部门鉴定不需要返修、可以降价出售的不合格品,不应作为废品损失处理;

(2) 产成品入库后,由于保管不善等原因而损坏变质的损失,也不作为废品损失处理;

(3) 实行包退、包修、包换“三包”的企业,在产品出售后发现的废品所发生的一切损失,不包括在废品损失内。

质量检验部门发现废品时，应该填制废品通知单，列明废品的种类、数量、生产废品的原因和过失人等。成本会计人员应该会同检验人员对废品通知单所列废品生产的原因和过失人等项目加强审核。只有经过审核的废品通知单，才能作为废品损失核算的根据。

二、废品损失的核算方法

（一）核算科目的设置

(1) 单独核算废品损失的企业，应该在会计科目中增设“废品损失”科目；在成本项目中应增设“废品损失”项目。

“废品损失”账户为成本类账户，借方归集发生的可修复废品的修复费用和不可修复废品的生产成本，贷方登记回收的残料价值和应收的赔偿等，借方减去贷方的差额为废品的净损失。月末应转入同种合格品成本，结转后“废品损失”账户应无余额。“废品损失”该科目应按车间设立明细账，账内按产品品种分设专户，并按成本项目分设专栏或专行，进行明细核算。

(2) 不单独核算废品损失的企业，相应费用等体现在“生产成本——基本生产成本”、原材料等科目中。辅助核算一般不单独核算废品损失。

（二）不可修复废品损失的核算

计算不可修复的废品损失，就是要将废品应负担的生产费用从全部生产费用中分离出来，具体有两种方法：按实际成本计算和按定额成本计算。

1. 按实际成本计算

在采用按废品所耗实际费用计算的方法时，由于废品报废以前发生的各项费用是与合格产品一起计算的，因而要将废品报废以前与合格品计算在一起的各项费用，采用适当的分配方法，在合格品与废品之间进行分配，计算出废品的实际成本，从“基本生产成本”科目的贷方转入“废品损失”科目的借方。

如果废品是在完工以后发现的，这时单位废品负担的各项生产费用应与单位合格品完全相同，可按合格品产量和废品的数量比例分配各项生产费用，计算废品的实际成本。按废品的实际费用计算和分配废品损失，符合实际，但核算工作量较大。

其计算公式为

$$\text{废品负担的直接材料}=\frac{\text{某产品直接人工费用总额}}{\text{合格品约当产量}+\text{废品约当产量}}\times\text{废品约当产量}$$

$$\text{废品负担的直接人工}=\frac{\text{某产品直接人工费用总额}}{\text{合格品约当产量}+\text{废品约当产量}}\times\text{废品约当产量}$$

$$\text{废品负担的制造费用}=\frac{\text{某产品制作费用总额}}{\text{合格品约当产量}+\text{废品约当产量}}\times\text{废品约当产量}$$

约当产量：折合成相当于完工产品的数量，具体折合应根据完工程度（投料程度、加工程度）进行折算，在第四章会具体讲述计算方法。如果该产品于月末尚有部分产品未完工,则上式分母中还应包括在产品约当产量。如果直接人工和制造费用按工时计算分配,则直接人工和制造费用的计算公式中的约当产量就要改成工时。

【例题 3-10】 某工业企业某车间生产甲产品500件,生产过程中发现6件为不可修复废品。甲产品成本明细账归集的生产费用为直接材料24 000元,直接人工12 000元,制造费用6 000元,合计42 000元。实际生产工时为合格品9 880小时,废品120小时,合计10 000小时。废品回收的残料计价90元。原材料于生产开始时一次投入,原材料费用按合格品数量和废品数量的比例分配;其他费用按生产工时比例分配。

问题:根据这些资料,编制不可修复废品成本计算表。

解析:废品损失计算见表3-12。

表 3-12　废品损失计算表　　单位:元

项　目	数　量	直接材料	工　时	直接人工	制造费用	合　计
费用总额	500	24 000	10 000	12 000	6 000	42 000
费用分配率		48		1.2	0.6	
废品成本	6	288	120	144	72	504
减:残值		90				
废品损失		198	120	144	72	414

根据表3-12,编制会计分录如下。

(1) 结转不可修复废品成本

借:废品损失——甲产品　　504

　贷:生产成本——基本生产成本——甲产品　　504

(2) 回收废品残料价值

借:原材料　　90

　贷:废品损失——甲产品　　90

(3) 结转废品净损失

借:生产成本——基本生产成本——甲产品　　414

　贷:废品损失——甲产品　　414

2. 按定额成本计算

在按废品所耗定额费用计算不可修复废品的成本时,废品的生产成本则按废品的数量和各项费用定额计算。

按废品的定额费用计算废品的定额成本,由于费用定额事先规定,不仅计算工作比较简便,还可以使计入产品成本的废品损失数额不受废品实际费用水平高低的影响。也就是说,废品损失大小只受废品数量差异(差量)的影响,不受废品成本差异(价差)的影响,从而有利于废品损失和产品成本的分析与考核。但是,采用这一方法计算废品生产成本,必须具备准确的消耗定额和费用定额资料。

（三）可修复废品损失的核算

可修复废品损失是指废品在返修过程中发生的修复费用，包括修复过程中耗用的直接材料、直接人工和制造费用等。各项修复费用在发生时归集记入“废品损失”账户借方，如果有回收的残值和应收的赔偿，应抵减废品损失，然后将废品净损失从“废品损失”账户的贷方转入同种合格品的成本中。

【例题 3-11】 某工厂费用分配表中列示 A 产品可修复废品的修复费用为直接材料 2 000 元，直接人工 1 000 元，制造费用 1 500 元。不可修复废品成本按定额成本计价。其中，不可修复废品 5 件，每件直接材料定额 100 元，每件定额工时为 20 小时，每小时直接人工 5 元、制造费用 6 元。可修复废品和不可修复废品共回收残料计价 200 元，并作为辅助材料入库；应由过失人赔款 150 元。废品净损失由当月同种产品成本负担。

问题：根据这些资料，计算不可修复废品的生产成本，计算该工厂废品净损失，并编制相关会计分录。

解析：　不可修复废品的生产成本＝5×(100＋20×5＋20×6)＝1 600(元)

可修复废品修理费合计＝2 000＋1 000＋1 500＝4 500(元)

废品净损失＝4 500＋1 600－200－150＝5 750(元)

相关会计分录如下。

(1) 发生可修复废品的成本

借：废品损失——A 产品　　4 500

　贷：原材料　　2 000

　　应付职工薪酬　　1 000

　　制造费用　　1 500

(2) 结转不可修复废品成本

借：废品损失——A 产品　　1 600

　贷：生产成本——基本生产成本——A 产品　　1 600

(3) 残料入库

借：原材料　　200

　贷：废品损失——A 产品　　200

(4) 过失人赔偿

借：其他应收款　　150

　贷：废品损失——A 产品　　150

(5) 结转废品净损失

废品净损失＝1 600＋4 500－200－150＝5 750(元)

借：生产成本——基本生产成本——A 产品　　5 750

　贷：废品损失——A 产品　　5 750

三、停工损失的核算

(一) 概念

停工损失是指企业的生产车间在停工期间发生的各种费用支出,包括停工期间支付的工人工资、应计提的福利费以及应负担的制造费用等。

企业的停工可以分为正常停工和非正常停工。正常停工包括季节性停工、机器设备大修理停工、计划减产停工等;非正常停工包括原材料或工具等短缺停工、设备故障停工、电力中断停工、自然灾害停工等。

(二) 停工损失核算的账户设置及账务处理

1. 账户设置

单独核算停工损失的企业,应开设“停工损失”账户并在成本项目中增设“停工损失”项目。“停工损失”账户为成本类账户,借方归集停工期间发生的各项费用支出,贷方登记应获得的赔偿,并结转停工净损失;结转后该账户应无余额。

“停工损失”账户一般应按车间开设明细账,并在账内分成本项目进行明细核算。

2. 账务处理

季节性停工、机器设备大修理停工以及计划减产停工等正常停工的损失应由产品成本负担;其他各种事故、自然灾害造成的停工损失应记入“营业外支出”等账户;由过失方或保险公司赔偿的停工损失,转作“其他应收款”。其有关的账务处理如下。

(1) 发生停工损失时

借:停工损失——某车间

　贷:应付职工薪酬

　　　制造费用等

(2) 结转停工损失

借:生产成本——基本生产成本(计入成本部分)

　　其他应收款(过失方或保险公司的赔偿)

　　营业外支出(非正常损失)

　贷:停工损失——某车间

企业也可以不单设“停工损失”账户,而将发生的停工损失直接列入“制造费用”“其他应收款”和“营业外支出”账户。

第五节　实践课业

一、课业任务

学生通过学习要素费用的内容和计算分配方法,根据以下资料,运用 Excel 建立辅助生产费用电算化模型，分别采用顺序分配法、代数分配法分配辅助生产车间的费用。

资料：假定某工业企业设有修理车间和运输部门。该企业修理车间发生的费用为4 773元，该车间提供修理劳务2 010小时。其中，为运输车间修理48小时，一车间850小时，二车间812小时，管理部门300小时。该企业运输部门发生的费用为7 324元，运输材料物资7 400吨·千米。其中，为修理车间运输200吨·千米，一车间4 250吨·千米，二车间1 850吨·千米，管理部门1 100吨·千米，共7 400吨·千米。

二、课业目标

(1) 了解辅助生产费用的构成。

(2) 理解并掌握辅助生产费用的多种分配方式。

(3) 能够合理地选择分配方法，熟练利用Excel计算辅助生产费用。

(4) 能根据业务资料进行辅助生产费用分配的账务处理。

三、理论指导

（一）辅助生产费用的内容

辅助生产费用是辅助生产车间在一定时期内为基本生产车间和行政管理部门等提供劳务或产品而发生的各种耗费。具体包括两个部分的内容：第一部分是该车间自身发生的各项费用，如耗用的各项要素费用、分摊的预付费用等，包括直接材料、直接人工和制造费用等；第二部分是从其他辅助生产车间分进来的费用，这部分费用是当存在多个辅助生产车间时，由于相互提供劳务或产品而从其他辅助生产车间分进来的交互服务费用。

（二）辅助生产费用分配的方法

分配辅助生产费用的方法很多，通常采用的有直接分配法、顺序分配法、交互分配法、计划成本分配法和代数分配法。

四、课业组织安排

(1) 学生利用计算机对指定案例材料进行上机操作。

(2) 学生完成计算分析后，利用网络资源展示自己的学习成果，其他学生给出评价。

(3) 教师对学生的成果进行全面点评。

五、课业范例

辅助生产费用顺序分配法下电算化模型的创建

资料：本文以东华农用机械有限公司为依托建立Excel模型，该公司是一家农用三轮车专业生产商，其产品由机修车间、供气车间和运输车间三个辅助车间（为其他部门提供修理、供气和运输等辅助性服务）和三个基本生产车间（毛坯车间将管材与板材加工成毛坯件,烤漆车间把毛坯件烤漆,组装车间将烤漆车间转来的半成品和外购配件组装成农用三轮车)共同加工完成。

由于三个辅助车间相互提供劳务具有显著的顺序性,且排列在前面的辅助生产车间消耗排列在后面的辅助生产车间资源较少,所以会计核算决定采用顺序分配法分配辅助车间发生的费用。各辅助生产车间 2018 年 12 月发生的费用、提供的劳务量和受益对象见表 3-14。

表 3-14　辅助生产费用及其劳务提供量　　单位:元

辅助生产车间	材料费用	折旧费用	人工费用	小计	劳务提供量	受益部门						
						机修车间	供气车间	运输车间	毛坯车间	烤漆车间	组装车间	管理部门
机修车间	885	7 300	6 192	14 377	2 000 (h)	—	200	300	500	400	300	300
供气车间	400	3 200	3 540	7 140	3 1000 (m^2)	5 000	—	2 000	8 000	5 000	7 000	4 000
运输车间	450	18 700	4 850	24 000	30 500 (km)	1 000	500	—	7 000	6 000	10 000	6 000

(1) 计算"施惠受益系数",确定辅助生产费用分配顺序。施惠受益系数是指某一辅助生产车间给予其他辅助生产车间的施惠金额与获得的受益金额的比值,它反映了该辅助生产车间的贡献与索取程度。具体操作步骤如下。

第一步,将 Sheet 1 重命名为"计算施惠受益系数"(表 3-15),并设置各单元格。第二步,根据表 3-14,将数据分别录入表 3-15 的 B4: D6,E5:E6,G4:G6,I4:I5 等单元格。第三步,设置单元格 D4=ROUND(B4/C4,2),向下拉填充柄复制公式至单元格 D6,从而计算出"初步分配率"(确定分配顺序前的分配率)。第四步,设置单元格 F5=E5 * D5,F6=E6 * D6,H4=G4 * D4,H6=G6 * D6,J4=I4 * D4,J5=I5 * D5,分配结算各辅助生产车间相互提供劳务。第五步,设置单元格 K4=H4+J4,计算机修车间的施惠金额;设置单元格 K5=F5+J5,计算供气车间的施惠金额;设置单元格 K6=F6+H6,计算运输车间的施惠金额;设置单元格 F7=F5+F6,计算机修车间的受益金额;设置单元格 H7=H4+H6,计算供气车间的受益金额;设置单元格 J7=J4+J5,计算运输车间的受益金额。第六步,设置单元格 L4=ROUND(K4/F7,2);L5=ROUND(K5/H7,2);L6=ROUND(K6/J7,2),计算出"施惠受益系数"。

最后,将各辅助生产车间的"施惠受益系数"从大到小排序:机修车间(1.85)→供气车间(0.88)→运输车间(0.45)。表 3-15 显示,单击任何一个设置了计算公式的单元格,通过"公式"菜单里的"追踪引用单元格""追踪从属单元格"可以清楚地掌握数据之间的逻辑关系,下同。

表 3-15 计算施惠受益系数 单位：元

辅助生产车间	待分配费用	劳务生产量	分配率	机修车间		供气车间		运输车间		施惠小计	施惠受益系数
				数量	金额	数量	金额	数量	金额		
机修车间/小时	14 377	2 000	7.19	—		200	1 438	300	2 157	3 595	1.85
供气车间/平方米	7 140	31 000	0.23	5 000	1 150	—		2 000	460	1 610	0.88
运输车间/千米	24 000	30 500	0.79	1 000	790	500	395	—		1 185	0.45
合计	45 517	—	—	受益小计	1 940	受益小计	1 833	受益小计	2 617	6 390	—

(2) 按顺序分配辅助生产费用。根据辅助生产费用顺序分配法的规则，前者不承担后者的费用，后者将前者分配过来的费用加上本车间原有的费用，再分配给更后面的车间。根据表 3-14 计算的结果进行排序，机修车间虽然消耗了供气车间和运输车间的资源，但远远小于其对供气车间和运输车间的贡献，所以不承担供气车间和运输车间的费用，按"顺序分配率"将费用直接分配给除自己之外的受益单位；供气车间将机修车间分配过来的辅助生产费用加上本车间原有的辅助生产费用，按"顺序分配率"分配给除机修车间和自己之外的受益单位；运输车间将机修车间和供气车间分配过来的辅助生产费用加上本车间原有的辅助生产费用，按"顺序分配率"分配给除机修车间、供气车间和自己之外的受益单位。详细操作步骤如下。

第一步，将 Sheet2 重命名为"顺序分配法分配辅助生产费用"(表 3-16)，并设置各单元格。第二步，直接引用表 3-15 的部分数据，设置单元格 B4＝计算施惠受益系数!B4，E4＝计算施惠受益系数!G4，G4＝计算施惠受益系数!I4，G5＝计算施惠受益系数!I5；根据表 3-14，将数据分别录入表 3-16 单元格区域 I4:I6，M4:M6，O4:O6；设置单元格 B4＝计算施惠受益系数!B4，C4＝E4＋G4＋I4＋K4＋M4＋O4，C5＝G5＋I5＋K5＋M5＋O5，C6＝I6＋K6＋M6＋O6。第三步，设置单元格 D4＝ROUND(B4/C4,2)，计算出机修车间的"顺序分配率"；再设置 F4＝E4＊D4，H4＝G4＊D4，J4＝I4＊D4，L4＝K4＊D4，N4＝M4＊D4，P4＝B4－F4－H4－I4－L4－N4(分配给最后一个受益部门的辅助生产费用应尾数调整，下同)，将机修车间的辅助生产费用分配完毕。设置单元格 B5＝计算施惠受益系数!B5＋顺序分配法分配辅助生产费用!F4，归集供气车间应分配的辅助生产费用；设置单元格 D5＝ROUND(B5/C5,2)，计算出供气车间的"顺序分配率"；再设置 H5＝G5＊D5，J5＝I5＊D5，L5＝K5＊D5，N5＝M5＊D5，P5＝B5－H5－J5－L5－N5，将供气车间的辅助生产费用分配完毕。设置单元格 B6＝计算施惠受益数!B6＋顺序分配法分配辅助生产费用!H4＋顺序分配法分配辅助生产费用!H5，归集运输车间应分配的辅助生产费用；设置单元格 D6＝ROUND(B6/C6,2)，计算出运输车间的"顺序分配率"；再设置

J6=I6 * D6,L6=K6 * D6,N6=M6 * D6,P6=B6-J6-L6-N6,将运输车间的辅助生产费用分配完毕。

表 3-16　顺序分配法分配辅助生产费用　　　　单位:元

辅助生产车间	应分配费用	劳务生产量	分配率	供气车间		运输车间		毛坯车间		烤漆车间		组装车间		管理部门	
				数量	金额	数量	金额	数量	金额	数量	金额	数量	金额	数量	金额
机修车间	14 377	2 000	7.19	200	1 438	300	2 157	500	3 595	400	2 876	300	2 157	300	2 154
供气车间	8 578	26 000	0.33	—		2 000	660	8 000	2 640	5 000	1 650	7 000	2 310	4 000	1 318
运输车间	26 817	29 000	0.92	—				7 000	6 440	6 000	5 520	10 000	9 200	6 000	5 657
合计	—	—	—	—	—	—	—	—	12 675	—	10 046	—	13 667	—	9 129

最后,各辅助生产车间的辅助生产费用均已分配完毕,毛坯车间应承担辅助生产费用 J7=SUM(J4:J6),烤漆车间应承担辅助生产费用 L7=SUM(L4:L6),组装车间应承担辅助生产费用 N7=SUM(N4:N6),管理部门应承担辅助生产费用 P7=SUM(P4:P6)。表 3-16 表明,毛坯车间、烤漆车间、组装车间和管理部门分摊的辅助生产费用之和与分配前各辅助生产车间实际发生的费用之和相等。

课后练习

一、名词解释

直接分配法　交互分配法　计划成本分配法　代数分配法　顺序分配法
制造费用　生产损失　废品　可修复废品　不可修复废品

二、单项选择题

1. 在下列各种分配方法当中,属于辅助生产费用分配方法的是(　　)。
   A. 约当产量分配法　B. 按计划成本分配法
   C. 按定额成本分配法　D. 生产工人工时比例分配法
2. 在辅助生产费用各种分配方法当中,最为准确的一种方法是(　　)。
   A. 直接分配法　B. 一次交互分配法
   C. 代数分配法　D. 计划成本分配法

3. 采用直接分配法分配辅助生产费用时，各辅助生产车间费用分配率计算公式中的分母数应是(　　)。

A. 该辅助生产车间向基本生产车间提供的劳务总量

B. 该辅助生产车间向行政管理部门提供的劳务总量

C. 该辅助生产车间提供的劳务总量

D. 该辅助生产车间向基本生产车间和行政管理部门提供的劳务总量

4. 废品损失不包括(　　)。

A. 修复废品人员工资　　B. 修复废品使用材料

C. 不可修复废品的报废损失　　D. 产品“三包”损失

5. 由于自然灾害造成的非正常停工损失，应计入(　　)。

A. “营业外收入”　　B. “营业外支出”

C. “管理费用”　　D. “制造费用”

三、多项选择题

1. 下列各种方法当中，属于辅助生产费用分配方法的有(　　)。

A. 交互分配法　　B. 代数分配法

C. 约当产量分配法　　D. 顺序分配法

2. 采用顺序分配法分配辅助生产费用时，辅助生产车间一般应该(　　)。

A. 按车间规模的大小顺序排列

B. 按车间受益多少顺序排列

C. 按车间规模大小或受益多少顺序排列

D. 规模小的车间先将费用分配出去

3. 采用交互分配法分配辅助生产车间的费用时，应该(　　)。

A. 先在企业内部各受益单位之间进行一次交互分配

B. 先在辅助生产内部各受益单位之间进行一次交互分配

C. 算出交互分配后的实际费用

D. 再向企业以外的各受益单位进行一次对外分配

4. 在进行辅助生产费用分配时，应将分配出去的辅助生产费用从“辅助生产成本”科目和所属的明细账中转入(　　)。

A. 基本生产成本　　B. 管理费用

C. 制造费用　　D. 在建工程

5. 废品损失应包括(　　)。

A. 不可修复废品的报废损失　　B. 可修复废品的修复费用

C. 不合格品的降价损失　　D. 产品保管不善的损坏变质损失

四、填空题

1. 辅助生产费用一次交互分配法第一次分配是在________之间进行分配。

2. 如果辅助生产车间规模不大,制造费用不多,为了简化核算工作,其制造费用可以直接计入________。

3. 应付基本生产车间管理人员工资,计入________。

4. 按年度计划分配率分配法分配制造费用后,“制造费用”科目________。

5. 废品按其修复的可能性可分为________和________两种。

五、思考题

1. 辅助生产费用的分配有哪些分配方法?说明各种分配方法的特点、优缺点及适用性。

2. 辅助生产费用交互分配法与按计划成本分配法两者在确定各辅助生产车间实际费用时有何不同?为什么?

3. 简要说明年度计划分配率分配法的特点及其优缺点。

4. 制造费用有哪些分配方法?说明各种分配方法应用的前提条件。

5. 哪些损失不能列为废品损失的核算范围?

同步思考参考答案

3-1 解析

(1) 不合适。采用直接分配法,在计算费用分配率时,没有考虑各辅助生产车间之间相互提供服务的情况,供应劳务数量又剔除了其他辅助生产车间耗用数量,因此分配结果也就不正确。而题中三个辅助生产车间之间各自为对方提供的服务量不能忽略,所以这种分配方法不合适。

(2) 新增了一个辅助生产车间,为了避免企业因采用直接分配法计算导致的不准确的弊端,企业应改变辅助生产车间费用分配的方法。如果企业具备会计电算化条件,建议采用代数分配法来分配辅助生产费用。

3-2 解析

辅助生产费用分配通常有直接分配法、交互分配法、代数分配法、顺序分配法、计划成本分配法。计划成本分配法的特点是对辅助生产费用进行两次分配:第一次根据辅助生产车间提供的劳务总量,按计划分配率进行分配;第二次对劳务成本差异采用直接分配法,适用于计划分配率比较准确的企业。

本企业辅助生产费用采用年度数进行控制,属于计划分配率比较准确的企业,适用计划成本分配法。

第四章　生产费用在完工产品与在产品之间的分配

学习目标

1. 理解广义在产品和狭义在产品的含义。
2. 了解完工产品与月末在产品之间费用分配的原则。
3. 熟练掌握完工产品与月末在产品之间费用分配的方法。
4. 理解约当产量的含义。
5. 掌握投料程度和完工程度的确定方法。

基本概念

在产品　　产成品　　约当产量比例法　　定额比例法

第一节　在产品及其数量的核算

一、在产品与完工产品的含义

（一）在产品的含义

在产品也称“在制品”，是指企业已经投入生产，但是尚未最后完工，不能作为商品销售的产品。在产品有广义和狭义之分。

狭义的在产品：就某一车间或某一步骤来看，仅指正在某一车间或某一生产步骤加工或装配阶段中的在制品，以及正在返修过程中的废品，不包括本车间或本步骤已经完工的半成品。

广义的在产品：从整个企业范围来看，产品生产从投料开始，到最终制成产成品交付验收入库前的一切未完工的产品，包括正在企业各车间加工中的在制品、已经完成一个或几个生产步骤但还需要继续加工的自制半成品；尚未验收入库的产成品和等待返修的废品。

本章所讨论的在产品系指狭义的在产品。

（二）完工产品的含义

完工产品也有广义和狭义之分。

狭义的完工产品：企业已经完成全部生产过程，可以作为商品销售的产品，即产成品。

广义的完工产品：不仅包括产成品，还包括已经完成部分生产过程由中间仓库验收入库的，但尚需要继续加工的自制半成品。

本章所讲述的生产费用的分配，指生产费用在广义完工产品和狭义在产品之间的分配。

同步思考 4-1

资料：金兴服装厂的经营范围是设计、加工各种职业装、工装，如工作服、汽修服、保洁、连体服、校服、保安服、美容服、护士服以及各种棉大衣等，同时厂家直销全棉帆布、涤棉帆布、沙卡、细珠帆布、涤卡等面料。月末核算在产品数量时，刚来厂里实习的会计小王对以下事项是否为在产品犯了难：①正在第一生产车间加工中的学生校服 500 件；②库存的等待销售的涤棉帆布 200 匹；③库存等待下一生产环节领用的涤卡 150 匹；④已经加工完毕但未经验收入库的学生校服 2 000 件。

问题：上述 4 批产品是完工产品还是在产品？运用在产品的含义分析回答。从分配完工产品和月末在产品应负担生产费用的角度看，你认为哪些是月末在产品？

二、在产品数量的核算

（一）在产品收发结存的日常核算

在产品收发结存的日常核算，一般是通过在产品收发结存账，即在产品台账进行的。由于它通常是在操作的工作台上进行登记的，故称为“台账”。该账应分为不同车间，并按产品品种或在产品名称、类别、批次设置，由车间核算员登记，以反映和提供该车间各种在产品收入、转出和结存动态的业务核算资料。台账还可以结合企业生产工艺特点和内部管理的需要，进一步按照加工工序、工艺流程来组织在产品数量核算。企业应根据在产品的领料凭证、内部转移凭证、废品返修单、产品检验凭证、产成品或自制半成品的交库凭证等及时进行登记。通过在产品台账的记录，不仅可以随时掌握在产品增减的动态，也为清查核对在产品数量提供原始依据。在产品收发结存账格式如表 4-1 所示。

表 4-1　在产品收发结存账

车间名称：××车间　　　　在产品名称：甲产品　　　　单位：件

日期	摘要	收入		发出		结存	
		凭证号	数量	合格品	废品	完工	未完工
1月18日		104	120	112		80	32
2月18日		113	160	120	8	40	60
⋮		⋮	⋮	⋮	⋮	⋮	⋮
合　计			480	1 360	20	180	120

上列明细账收入数量和发出数量的登记是根据车间、班组工票、工序进程单以及班组的生产记录和内部转移单等原始凭证进行的。

（二）在产品清查的核算

为了保护在产品的安全完整，核实在产品的数量，企业应该定期或不定期地对在产品进行清查，并与“在产品收发结存账”等核对，编制“在产品盘存报告表”。成本核算人员应对在产品盘存表进行认真审核，并报经有关部门审批，对在产品的盘盈、盘亏（毁损）进行以下账务处理。

1. 盘盈在产品的账务处理

(1) 盘盈在产品时，一般按定额成本入账

借：生产成本——基本生产成本（×产品）

　贷：待处理财产损溢——待处理流动资产损溢

(2) 经批准转账时

借：待处理财产损溢——待处理流动资产损溢

　贷：制造费用

2. 盘亏在产品的账务处理

(1) 盘亏时，以账面的实际成本，冲减在产品的账面价值

借：待处理财产损溢——待处理流动资产损溢

　贷：生产成本——基本生产成本(×产品)

(2) 经批准计入产品成本的损失，转入制造费用

借：制造费用

　贷：待处理财产损溢——待处理流动资产损溢

(3) 应由过失单位和过失人员赔偿的计入其他应收款

借：其他应收款——××

　贷：待处理财产损溢——待处理流动资产损溢

3. 毁损在产品的账务处理

(1) 在产品毁损时，按账面价值转账

借：待处理财产损溢——待处理流动资产损溢

　贷：生产成本——基本生产成本(×产品)

(2) 对于毁损在产品的残值，估价入账

借：原材料

　贷：待处理财产损溢——待处理流动资产损溢

(3) 对于由于自然灾害造成的非常损失，可由保险公司或过失单位和过失人员赔偿，其余损失计入营业外支出

借：其他应收款(或银行存款)

　营业外支出

　贷：待处理财产损溢——待处理流动资产损溢

对于库存半成品、辅助生产车间的在产品数量的核算，与基本生产成本相同。

同步思考 4-2

资料：大顺工厂基本生产车间在产品清查结果如下：A 产品的在产品盘盈 5 件，单位定额成本 10 元；B 产品的在产品毁损 8 件，单位定额成本 15 元，由过失人李林赔款 80 元，其余计入制造费用。

问题：请对大顺工厂在产品清查结果进行账务处理。

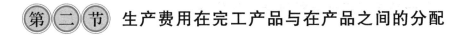

第二节　生产费用在完工产品与在产品之间的分配

企业应该根据月末在产品数量的多少、各月月末在产品数量的波动程度、各成本项目占总成本比重的大小，以及企业定额管理基础工作的好坏等具体情况，选择既合理又

较简便的分配方法，在完工产品与月末在产品之间分配费用。常用的分配方法有以下几种。

一、在产品不计价法

（一）概念

在产品不计价法是指月末虽然有在产品，但不计算在产品成本，即某种产品本月归集的全部生产费用就是该种完工产品成本。其计算公式为

本月完工产品总成本＝本月发生的生产费用

（二）适用范围

在产品不计价法一般适用于各月月末在产品数量很小，价值较低，算不算在产品成本对于完工产品的成本影响不大的企业。例如，自来水生产企业、发电企业、采掘企业等都可采用这种方法。

二、在产品按固定成本计价法

（一）概念

在产品按固定成本计价法是指年内各月月末在产品成本均按年初在产品成本计算，各月月末、月初在产品的成本固定不变，也就是每年只在年末根据实地盘点法计算12月月末在产品成本，在次年1—11月，不论在产品数量是否发生变化，都固定地以上年12月月末的在产品成本作为各月在产品成本。在这种分配方法下，每月发生的生产费用就是该月完工产品的成本。其计算公式为

本月完工产品成本＝月初在产品成本＋本月发生生产费用－月末在产品成本
＝本月发生生产费用

（二）适用范围

在产品按固定成本计价法适用于各月月末之间在产品数量变化不大的产品。如炼钢、化工企业等有固定容器装置的在产品生产，在产品数量都较稳定，其月初、月末在产品之间的差额对完工产品成本影响不大，为了简化计算，月末在产品成本都可以固定不变。但在年末，应该根据实际盘点的在产品数量，具体确认年末在产品的实际成本，并据以计算12月的完工产品成本。将计算出的年末在产品成本，作为下一年度各月固定的在产品成本，以免相隔时间过长，使在产品成本与实际出入过大，影响产品生产成本计算的准确性。

三、在产品按所耗直接材料费用计价法

（一）概念

在产品按所耗直接材料费用计价法是指月末在产品只计算其耗用的原材料费用，直接人工、制造费用等则全部计入完工产品成本。其计算公式为

完工产品成本＝期初在产品的原材料费用＋本期生产费用－期末在产品所耗原材料费用

（二）适用范围

在产品按所耗直接材料费用计价法适用于各月月末在产品数量变化较大，同时原材料费用在总成本中所占比重较大的产品。为了简化计算，在产品可以不计算人工费用及制造费用，如纺织、造纸和酿酒等生产工业的产品，直接材料费用比重较大，都可以采用这种分配方法。

同步思考 4-3

资料：天宇公司是一家造纸企业，该企业生产的某种包装纸月末在产品数量较多，变化也较大，用于造纸的原材料木材、竹子等在产品成本总额中所占比重较大，达 70%以上。该公司的在产品成本的处理方法应该选择哪种呢？李同学认为，该公司的在产品数量较多，应该按固定成本计价法，这样算起来比较简单，便于核算。王同学认为，天宇公司的原材料在产品总额中所占比重较大，各月在产品数量也较大，应该选择在产品按所耗直接材料费用计价法。

问题：在产品成本处理方法是按什么原则选择的？两位同学的观点哪位正确呢？

四、约当产量比例法

（一）概念

所谓约当产量比例法，是指将月末实际盘存的在产品数量，按照在产品的完工程度或投料程度折算为相当于完工产品的产量，即约当产量，然后按照完工产品产量与在产品的约当产量的比例分配计算完工产品成本和月末在产品成本。其计算公式为

$$在产品约当产量=在产品数量\times完工程度(或投料程度)$$

$$某项费用分配率=\frac{月初在产品成本+本月生产费用}{完工产品数量+在产品约当产量}$$

$$完工产品费用分配额=完工产品数量\times费用分配率$$

$$月末在产品费用分配额=在产品约当产量\times费用分配率$$

由于各种产品投料方式不同，各项费用发生的时间也不一致，因此必须按不同的成本项目计算约当产量。直接材料成本项目的约当产量应按投料程度计算；直接人工、制造费用等其他成本项目的约当产量应按完工程度计算。下面就投料程度和完工程度分别加以说明。

（二）在产品投料程度的确定

直接材料的投料程度应根据具体情况分别予以确定。

1. 一次投料

一次投料就是在产品生产开工时一次投入产品生产所需的全部直接材料，月末在产

品投料程度为 100%。在产品的约当产量即在产品的数量。

【例题 4-1】 某公司生产 C 产品，本月完工产品数量 3 000 个，在产品数量 400 个，完工程度按平均 50% 计算，材料在开始生产时一次投入。

问题：求成本项目中直接材料月末在产品的约当产量。

解析：对于直接材料，投料程度与完工程度没有关系，由于材料在生产开始时一次投入，因此投料程度直接确认为 100%。

月末在产品的约当产量 = 400×100% = 400(个)

2. 逐步投料

(1) 直接材料的投入程度与完工程度完全或者基本相同。

原材料在生产过程中是陆续、均衡地投入的，在产品的投料程度与完工程度计算方法相同，在产品的约当产量可按完工程度折算。

【例题 4-2】 某公司生产 C 产品，本月完工产品数量 3 000 个，在产品数量 400 个，完工程度按平均 50% 计算，材料随着加工进度陆续投入。

问题：求成本项目中直接材料月末在产品的约当产量。

解析：对于直接材料，投料程度 = 完工程度 = 50%

月末在产品的约当产量 = 400×50% = 200(个)

(2) 直接材料分工序投入，且在每道工序随生产进度陆续投入，则按各道工序累计直接材料消耗定额占完工产品直接材料消耗定额的比率计算其投料程度，在产品所在工序的投料程度为 50%。其计算公式为

$$\text{某工序直接材料投料程度} = \frac{\text{前面工序直接材料消耗定额之和} + \text{本工序直接材料消耗定额} \times 50\%}{\text{单位完工产品直接材料消耗定额} \times 100\%}$$

【例题 4-3】 假定某产品的加工需经过两道工序完成，本月完工 420 件，月末在产品数量：第一道工序 50 件，第二道工序 100 件，完工程度按平均 50% 计算，材料分工序投入，且在每道工序随生产进度陆续投入。单位产品直接材料定额为 50 千克，第一道工序的直接材料定额为 40 千克，第二道工序的直接材料定额为 10 千克。

问题：求成本项目中直接材料月末在产品的约当产量。

解析：直接材料在每道工序内陆续投入。

第一道工序的投料程度 = 40×50%÷50 = 40%

第二道工序的投料程度 = (40+10×50%)÷50 = 90%

月末在产品的约当产量 = 50×40%+100×90% = 110(个)

(3) 直接材料在每道工序开始时投入

$$\text{某工序直接材料投料程度} = \frac{\text{各道工序直接材料消耗定额之和} + \text{本道工序直接材料消耗定额}}{\text{单位完工产品直接材料消耗定额}} \times 100\%$$

【例题 4-4】 假定某产品的加工需经过两道工序完成，本月完工 420 件，月末在产品数量：第一道工序 50 件，第二道工序 100 件，完工程度按平均 50% 计算，材料在每道工序开始时投入。单位产品直接材料定额为 50 千克，第一道工序的直接材料定额为 40 千

克，第二道工序的直接材料定额为10千克。

问题：求成本项目中直接材料月末在产品的约当产量。

解析：直接材料在每道工序开始时投入。

第一道工序的投料程度＝40÷50＝80％

第二道工序的投料程度＝(40＋10)÷50＝100％

月末在产品的约当产量＝50×80％＋100×100％＝140(个)

（三）在产品完工程度的确定

参考生产进度、工序等因素确定。

1. 平均计算

各道工序在产品数量和单位产品在各道工序的加工量都相差不多的情况下，全部在产品完工程度均可按平均50％计算确定。

【例题4-5】　某公司生产C产品，本月完工产品数量3 000个，在产品数量400个，加工进度比较均衡，完工程度按平均50％计算，材料随着加工进度陆续投入。

问题：求成本项目中直接人工和制造费用月末在产品的约当产量。

解析：对于直接人工和制造费用成本项目。

月末在产品的约当产量＝400×50％＝200(个)

2. 各道工序分别测定完工率

各道工序在产品数量和各道工序的加工量相差较大时，在产品的完工程度按各道工序的累计工时定额占完工产品的工时定额的比率计算，在产品所在工序完成的定额工时按平均50％计算。

$$\begin{array}{c}\text{某工序在产品}\\\text{的完工程度}\end{array}=\frac{\text{前面各道工序工时定额之和}+\text{本道工序工时定额}\times 50\%}{\text{单位完工产品工时定额}\times 100\%}$$

上列公式中“前面各道工序工时定额之和”由于在产品已经完工，所以前面各道工序的工时定额都以100％计入，对于公式中“本道工序工时定额”，由于对本道工序的加工程度一般不逐一测定，而是以本道工序工时定额的50％计入。

【例题4-6】　假定某产品的加工需经过两道工序完成，本月完工420件，月末在产品数量：第一道工序50件，第二道工序100件，单位产品工时定额是50小时，第一道工序的工时定额为20小时，第二道工序的工时定额为30小时。

问题：求成本项目中直接人工和制造费用月末在产品的约当产量。

解析：　第一道工序的完工程度＝20×50％÷50＝20％

第二道工序的完工程度＝(20＋30×50％)÷50＝70％

月末在产品的约当产量＝50×20％＋100×70％＝80(个)

下面举例说明采用约当产量比例法分配生产费用的计算过程及原理。

【例题4-7】　某公司C产品本月完工产品数量3 000个，在产品数量400个，完工程度按平均50％计算；材料在开始生产时一次投入，其他成本按约当产量比例法分配。

C产品本月月初在产品和本月耗用直接材料成本共计1 360 000元，直接人工成本640 000元，制造费用960 000元。

问题：请用约当产量比例法在完工产品与在产品之间分配生产费用，并编制相关会计分录。

解析：C产品各项成本的分配计算如下。

(1) 直接材料成本的分配

由于材料在开始生产时一次投入，因此投料程度＝100％。

在产品约当产量＝400×100％＝400(个)

完工产品应负担的直接材料成本＝1 360 000÷(3 000＋400)×3 000
＝1 200 000(元)

在产品应负担的直接材料成本＝1 360 000÷(3 000＋400)×400
＝160 000(元)

(2) 直接人工成本的分配

由于完工程度按平均50％计算，因此

直接人工成本和制造费用在产品约当产量＝400×50％＝200(个)

完工产品应负担的直接人工成本＝640 000÷(3 000＋200)×3 000
＝600 000(元)

在产品应负担的直接人工成本＝640 000÷(3 000＋200)×200
＝40 000(元)

(3) 制造费用的分配

完工产品应负担的制造费用＝960 000÷(3 000＋200)×3 000
＝900 000(元)

在产品应负担的制造费用＝960 000÷(3 000＋200)×200
＝60 000(元)

通过以上按约当产量比例法分配计算的结果，可以汇总C产品完工产品成本和在产品成本。

C产品本月完工产品成本＝1 200 000＋600 000＋900 000
＝2 700 000(元)

C产品本月在产品成本＝160 000＋40 000＋60 000
＝260 000(元)

根据C产品完工产品总成本编制完工产品入库的会计分录如下。

借：库存商品——C产品　　2 700 000

　贷：生产成本——基本生产成本　　2 700 000

（四）适用范围

约当产量比例法适用于月末在产品数量较大，各月月末在产品数量变化也较大，产品成本中原材料费用和直接人工等费用比重相差不多的产品。

五、在产品按完工产品计价法

（一）概念

在产品按完工产品计价法是将在产品视同完工产品，根据完工产品和在产品的实际数量比例分配各项生产费用，从而确定月末完工产品成本和在产品成本的方法。

（二）适用范围

在产品按完工产品计价法适用于月末在产品已经接近完工，或者产品已经加工完毕，但尚未验收或包装入库的产品。

六、在产品按定额成本计价法

（一）概念

在产品按定额成本计价法是指月末在产品成本按照预先制定的定额成本计算，即月末在产品成本按其数量和单位定额成本计算。其计算公式为

期末在产品成本＝期末在产品数量×在产品单位定额成本

完工产品成本＝期初在产品成本＋本期生产费用－期末在产品成本

【例题 4-8】 某工业企业本月生产C产品，月末在产品20件，单位产品原材料费用定额40元，单位产品工时定额8小时，每小时费用定额分别为：直接人工8元，制造费用3元。月初在产品成本与本月生产费用合计为直接材料费用5 000元，直接人工费用8 600元，制造费用4 200元，该产品所耗原材料在生产开始时一次投入。假设月末在产品完工程度为50%。

问题：请用在产品按定额成本计价法计算月末在产品的成本。

解析：月末在产品定额成本的计算结果如表4-2所示。

表 4-2　月末在产品定额成本计算表　　单位：元

摘　　要	直接材料	直接人工	制造费用	合　计
生产费用合计	5 000	8 600	4 200	17 800
在产品数量	20	20	20	—
原材料定额费用和定额工时	40	8	8	—
每工时费用定额	—	8	3	—
月末在产品定额成本	800	640	240	1 680
完工产品成本	4 200	7 960	3 960	16 120

其中：

月末在产品直接材料定额费用＝20×40＝800(元)

月末在产品直接人工费用＝20×8×8×50％＝640(元)

月末在产品制造费用＝20×8×3×50％＝240(元)

（二）适用范围

在产品按定额成本计价法适用于定额管理基础比较好，各项消耗定额或费用定额比较准确、稳定，而且各月在产品数量变动不大的产品。因为对于这种产品来说，不仅月初和月末单件在产品费用脱离定额的差异都不会大，而且月初在产品费用脱离定额差异总额与月末在产品费用脱离定额差异总额的差额也不会大，因而月末在产品按定额成本计价，不计算成本差异，对完工产品成本的影响不大。为了简化产品成本计算工作，可以采用在产品按定额成本计价法进行计算。

七、定额比例法

（一）概念

定额比例法是指按照完工产品和月末在产品的定额消耗量或定额费用的比例分配计算完工产品成本和月末在产品成本的方法。一般情况下，直接材料按定额消耗量、定额费用比例分配，直接人工、制造费用按定额工时、定额费用比例分配。

1. 直接材料

待分配费用＝月初在产品直接材料成本＋本月实际发生直接材料费用

分配基础＝完工产品直接材料定额费用(消耗量)
　　　　　＋月末在产品直接材料定额费用(消耗量)

分配率＝待分配费用÷分配基础

月末在产品直接材料费用＝月末在产品直接材料定额费用(消耗量)×分配率

完工产品直接材料费用＝完工产品直接材料定额费用(消耗量)×分配率

2. 加工成本

加工成本包括直接人工和制造费用。

待分配费用＝月初在产品加工成本＋本月实际发生加工成本

分配基础＝完工产品定额工时(定额费用)＋月末在产品定额工时(定额费用)

分配率＝待分配费用÷分配基础

月末在产品加工成本＝月末在产品定额工时(定额费用)×分配率

完工产品加工成本＝完工产品定额工时(定额费用)×分配率

【例题4-9】 某种产品的月初在产品直接材料费用为3 200元，直接人工费用为500元，制造费用为300元；本月内发生的直接材料费用为8 400元，直接人工费用为1 000元，制造费用为600元。本月完工产品400件，每件产品的材料定额消耗量为5千克，工时定额为10小时；月末在产品材料定额消耗量共计为500千克，月末在产品定额工时共计为

1 000 小时。

问题：请用定额比例法分配计算完工产品与月末在产品费用。

解析：(1) 直接材料费用的分配

直接材料费用分配率＝(3 200＋8 400)÷(400×5＋500)＝4.64

在产品应负担的直接材料费用＝500×4.64＝2 320(元)

完工产品应负担的直接材料费用＝400×5×4.64＝9 280(元)

(2) 直接人工费用的分配

直接人工费用分配率＝(500＋1 000)÷(400×10＋1 000)＝0.3

在产品应负担的直接人工费用＝1 000×0.3＝300(元)

完工产品应负担的直接人工费用＝400×10×0.3＝1 200(元)

(3) 制造费用的分配

制造费用分配率＝(300＋600)÷(400×10＋1 000)＝0.18

在产品应负担的制造费用＝1 000×0.18＝180(元)

完工产品应负担的制造费用＝400×10×0.18＝720(元)

(4) 完工产品成本和月末在产品成本的计算

在产品总成本＝2 320＋300＋180＝2 800(元)

完工产品总成本＝9 280＋1 200＋720＝11 200(元)

(二) 适用范围

定额比例法适用于定额管理基础较好，各项消耗定额或费用定额比较准确、稳定，各月月末在产品数量变动较大的产品。

定额比例法分配费用与在产品按定额成本计价法的区别在于：产品按定额成本计价，其实际成本与定额成本的差异全部由完工产品成本负担；而在采用定额比例法分配的情况下，产品实际成本脱离定额成本的差异，则按完工产品和月末在产品的定额消耗量或定额成本的比例分摊。因此，按定额比例法划分完工产品与在产品的总成本，可以减少由于月初、月末在产品数量波动对完工产品成本准确性的影响。

不管采用何种分配方法，结转完工产品成本时，均借记“库存商品”账户，贷记“生产成本——基本生产成本”账户，“生产成本”账户月末借方余额表示月末在产品成本。

生产费用在完工产品和月末在产品之间分配的方法有多种，企业应结合生产的特点和管理上的要求选择合适的分配方法，一旦选定，不应随意变动，使不同时期的产品成本具有可比性。

实务案例

资料：天成制造厂本月生产丙产品，本月完工产品 2 000 件，直接材料费用定额5 元，工时定额 2 小时。月末在产品 500 件，直接材料费用定额 4 元，工时定额 1 小时。生产丙产品发生的费用资料见表4-3。

表4-3 丙产品生产费用 单位：元

项　目	直接材料	直接人工	制造费用	合　计
月初在产品生产费用	2 000	800	1 500	4 300
本月发生生产费用	12 000	4 000	6 000	22 000
本月生产费用合计	14 000	4 800	7 500	26 300

该厂成本定额管理较好，计划采用定额比例法核算产品成本。同学们在讨论本厂生产费用在完工产品与在产品之间的分配方法时，甲认为根据此题的条件只能采用定额比例法核算产品成本，而乙同学认为完全可以采用月末在产品按定额成本计价法核算产品成本，且更为简便。

问题：根据以上资料是否能确定采用哪种方法？如果采用定额比例法分配本月生产费用，请完成计算结果。

分析：

(1) 根据以上资料采用两种方法都可以计算完工产品成本和月末在产品成本，但是以上资料不是决定采用哪种方法的关键，到底采用哪种方法要根据各月月末在产品数量变动的情况。

各月月末在产品数量变动较大的产品，适合采用定额比例法，因为解决了定额比例法中将在产品实际成本与定额成本之间的差额计入完工产品成本，可能造成完工产品成本计算不够准确的问题。而各月月末在产品数量变动不大的产品，适合采用月末在产品按定额成本计价法。

(2) 根据以上资料，采用定额比例法计算本月完工产品成本和月末在产品成本的方法及结果见表4-4。

表4-4 完工产品与月末在产品费用分配表

产品名称：丙产品　　201×年××月　　单位：元

成本项目	月初在产品成本	本月生产费用	生产费用合计	分配率	本月完工产品		本月在产品	
					定额费用或工时	实际费用	定额费用或工时	实际费用
	①	②	③=②+①	④=③÷(⑤+⑦)	⑤	⑥=④×⑤	⑦	⑧=④×⑦
直接材料	2 000	12 000	14 000	1.166 7	10 000	11 667	2 000	2 333.4
直接人工	800	4 000	4 800	1.066 7	4 000	4 266.8	500	533.4
制造费用	1 500	6 000	7 500	1.166 7	4 000	6 666.8	500	833.4
合计	4 300	22 000	26 300			22 600.6		3 700.2

表 4-4 中，完工产品定额耗用量或工时和月末在产品定额耗用量或工时计算如下。

完工产品直接材料定额费用＝5×2 000＝10 000（元）

月末在产品直接材料定额费用＝4×500＝2 000（元）

完工产品直接人工（制造费用）定额工时＝2×2 000＝4 000（小时）

月末在产品直接人工（制造费用）定额工时＝1×500＝500（小时）

需要说明的是，在实务中，生产费用在完工产品与月末在产品之间的分配可以通过编制“完工产品与月末在产品费用分配表”来完成，更多的是直接在“产品成本计算单”中完成关于基本生产成本明细账的登记。产品成本计算单的基本格式与上述的分配表基本相同。

第三节　实践课业

一、课业任务

学生通过学习要素费用的内容和计算分配方法，根据以下资料，运用 Excel 建立约当产量电算化模型，然后按照完工产品产量和月末在产品约当产量的比例将生产费用在完工产品和在产品之间进行分配，从而计算出完工产品成本和在产品成本。

资料： 海南木器有限公司生产甲产品。201×年 10 月甲产品完工 8 500 件，月末在产品 2 000 件。在产品完工程度为 50%。原材料费用在生产过程开始时一次投入。月初在产品成本及当月发生的生产费用如表 4-5 所示。

表 4-5　月初在产品成本及当月发生的生产费用

项　　目	直接材料	直接人工	制造费用
月初在产品成本	28 000	12 000	4 000
本月发生生产费用	264 000	60 000	80 000
合　　计	292 000	72 000	84 000

二、课业目标

（1）熟悉在产品数量的日常核算。

（2）掌握约当产量比例法的原理及应用。

（3）能够根据各种产品不同的具体条件，选择既合理又简便的方法，熟练利用 Excel 模型将生产费用在完工产品与月末在产品之间进行分配。

（4）能根据业务资料进行在完工产品与月末在产品之间费用分配的账务处理。

三、理论指导

完工产品与月末在产品之间费用分配的方法主要包括以下几种。

（一）在产品不计价法

在产品不计价法是指月末虽然有在产品，但不计算在产品成本，即某种产品本月归集的全部生产费用就是该种完工产品成本。其计算公式为

本月完工产品总成本＝本月发生的生产费用

在产品不计价法一般适用于各月月末在产品数量很小，价值较低，算不算在产品成本对于完工产品的成本影响不大的企业。例如，自来水生产企业、发电企业、采掘企业等都可采用这种方法。

（二）在产品按固定成本计价法

在产品按固定成本计价法是指年内各月月末在产品成本均按年初在产品成本计算，各月月末、月初在产品的成本固定不变，也就是每年只在年末根据实地盘点法计算12月月末在产品成本，在次年1—11月，不论在产品数量是否发生变化，都固定地以上年12月月末的在产品成本作为各月在产品成本。在这种分配方法下，每月发生的生产费用就是该月完工产品的成本。其计算公式为

本月完工产品成本＝月初在产品成本＋本月发生生产费用－月末在产品成本
＝本月发生生产费用

在产品按固定成本计价法适用于各月月末之间在产品数量变化不大的产品。如炼钢、化工企业等有固定容器装置的在产品生产，在产品数量都较稳定，其月初、月末在产品之间的差额对完工产品成本影响不大，为了简化计算，月末在产品成本都可以固定不变。但在年末，应该根据实际盘点的在产品数量，具体确认年末在产品的实际成本，并据以计算12月的完工产品成本。将计算出的年末在产品成本，作为下一年度各月固定的在产品成本，以免相隔时间过长，使在产品成本与实际出入过大，影响产品生产成本计算的准确性。

（三）在产品按所耗直接材料费用计价法

在产品按所耗直接材料费用计价法是指月末在产品只计算其耗用的原材料费用，直接人工、制造费用等则全部计入完工产品成本。其计算公式为

完工产品成本＝期初在产品的原材料费用＋本期生产费用
－期末在产品所耗原材料费用

在产品按所耗直接材料费用计价法适用于各月月末在产品数量变化较大，同时原材料费用在总成本中所占比重较大的产品。为了简化计算，在产品可以不计算人工费用及制造费用，如纺织、造纸和酿酒等生产工业的产品，直接材料费用比重较大，都可以采用这种分配方法。

（四）约当产量比例法

所谓约当产量比例法，是指将月末实际盘存的在产品数量，按照在产品的完工程度或投料程度折算为相当于完工产品的产量，即约当产量，然后按照完工产品产量与在产品的约当产量的比例分配计算完工产品成本和月末在产品成本。其计算公式为

$$在产品约当产量=在产品数量\times完工程度(或投料程度)$$

$$某项费用分配率=\frac{月初在产品成本+本月生产费用}{完工产品数量+在产品约当产量}$$

$$完工产品费用分配额=完工产品数量\times费用分配率$$

$$月末在产品费用分配额=在产品约当产量\times费用分配率$$

由于各种产品投料方式不同，各项费用发生的时间也不一致，因此必须按不同的成本项目计算约当产量。直接材料成本项目的约当产量应按投料程度计算；直接人工、制造费用等其他成本项目的约当产量应按完工程度计算。

约当产量比例法适用于月末在产品数量较大，各月月末在产品数量变化也较大，产品成本中原材料费用和直接人工等费用比重相差不多的产品。

（五）在产品按完工产品计价法

在产品按完工产品计价法是将在产品视同完工产品，根据完工产品和在产品的实际数量比例分配各项生产费用，从而确定月末完工产品成本和在产品成本的方法。

在产品按完工产品计价法适用于月末在产品已经接近完工，或者产品已经加工完毕，但尚未验收或包装入库的产品。

（六）在产品按定额成本计价法

在产品按定额成本计价法是指月末在产品成本按照预先制定的定额成本计算，即月末在产品成本按其数量和单位定额成本计算。其计算公式为

$$期末在产品成本=期末在产品数量\times在产品单位定额成本$$

$$完工产品成本=期初在产品成本+本期生产费用-期末在产品成本$$

在产品按定额成本计价法适用于定额管理基础比较好，各项消耗定额或费用定额比较准确、稳定，而且各月在产品数量变动不大的产品。因为对于这种产品来说，不仅月初和月末单件在产品费用脱离定额的差异都不会大，而且月初在产品费用脱离定额差异总额与月末在产品费用脱离定额差异总额的差额也不会大，因而月末在产品按定额成本计价，不计算成本差异，对完工产品成本的影响不大。为了简化产品成本计算工作，可以采用在产品按定额成本计价法进行计算。

（七）定额比例法

定额比例法是指按照完工产品和月末在产品的定额消耗量或定额费用的比例分配计算完工产品成本和月末在产品成本的方法。一般情况下，直接材料按定额消耗量、定额费用比例分配，直接人工、制造费用按定额工时、定额费用比例分配。

定额比例法适用于定额管理基础较好，各项消耗定额或费用定额比较准确、稳定，各月月末在产品数量变动较大的产品。

四、课业组织安排

(1) 学生利用计算机对指定案例材料进行上机操作。

(2) 学生完成计算分析后，利用网络资源展示自己的学习成果，其他学生给出评价。

(3) 教师对学生的成果进行全面点评。

五、课业范例

约当产量比例法下电算化模型的创建

资料：江海电器有限公司生产甲产品，201×年9月生产甲产品1 800件。其中完工1 000件，月末在产品800件。在产品完工程度为40%。原材料费用在生产过程开始时一次投入。月初在产品成本及当月发生的制造费用如表4-6所示。

表4-6　月初在产品成本及当月发生的制造费用　　　单位：元

项　　目	原材料	燃料和动力	工资及福利费	制造费用
月初在产品成本	356	245	188	252
本月发生生产费用	1 624	877	1 396	1 596
合　　计	1 980	1 122	1 584	1 848

在Excel电子工作表中，创建完工产品和在产品成本计算电算化模型的步骤如下。

第一步，启动Excel电子工作表。

将案例资料以及需要计算的有关指标录入Excel电子工作表，如图4-1所示。

	A	B	C	D	E	F	G
1	江海电器有限公司						
2	约当产量计算表						
3	月份：9月		在产品数量：800			在产品完工程度：40%	
4	项目		原材料	燃料和动力	工资及福利费	制造费用	合计
5	月初在产品成本		356	245	188	252	1 041
6	本月发生生产费用		1 624	877	1 396	1 596	5 493
7	生产费用合计		1 980	1 122	1 584	1 848	6 534
8	本月完工产品数量						
9	在产品约当产量						
10	单位产品成本						
11	完工产品成本						
12	在产品成本						

图　4-1

第二步，录入完工产品数量。

用鼠标单击C8单元格，输入“1 000”，单击Excel电子工作表任意一处，就在C8单元格中录入了本月完工产品数量。将鼠标指针指向C8单元格的右下角，待鼠标指针变为黑色实心“十”时，按住鼠标左键拖向D8：F8单元格区域，将本月完工产品数量复制到以上单元格区域，如图4-2所示。

	A	B	C	D	E	F	G
1	江海电器有限公司						
2	约当产量计算表						
3	月份：9月		在产品数量：800			在产品完工程度：40%	
4	项目		原材料	燃料和动力	工资及福利费	制造费用	合计
5	月初在产品成本		356	245	188	252	1 041
6	本月发生生产费用		1 624	877	1 396	1 596	5 493
7	生产费用合计		1 980	1 122	1 584	1 848	6 534
8	本月完工产品数量		1000	1000	1000	1000	
9	在产品约当产量						
10	单位产品成本						
11	完工产品成本						
12	在产品成本						

图　4-2

第三步，计算月末在产品约当产量。

1. 计算分配原材料费用的约当产量

由于原材料是在生产过程开始时一次投入，所以在分配原材料费用时，一个在产品就相当于一个完工产品。用鼠标单击 C9 单元格，输入"＝"(等号)或直接用鼠标单击公式栏内的"＝"按钮，然后用鼠标单击 D3 单元格，如图 4-3 所示。

	A	B	C	D	E	F	G
1	江海电器有限公司						
2	约当产量计算表						
3	月份：9月		在产品数量:	800		在产品完工程度：40%	
4	项目		原材料	燃料和动力	工资及福利费	制造费用	合计
5	月初在产品成本		356	245	188	252	1 041
6	本月发生生产费用		1 624	877	1 396	1 596	5 493
7	生产费用合计		1 980	1 122	1 584	1 848	6 534
8	本月完工产品数量		1000	1000	1000	1000	
9	在产品约当产量		=D3				
10	单位产品成本						
11	完工产品成本						
12	在产品成本						

图　4-3

用鼠标单击"确定"按钮，分配原材料费用的期末在产品的约当产量就计算出来了，本例分配原材料费用的在产品约当产量为 800 件。

2. 计算分配加工费用的约当产量

用鼠标单击 D9 单元格，输入"＝"(等号)或直接用鼠标单击公式栏内的"＝"按钮，然后用鼠标单击 D3 单元格，同时按下 Fn 键和 F4 键将"D3"转换为"＄D＄3"输入运算符"＊"(乘号)，再用鼠标单击 G3 单元格，同时按下 Fn 键和 F4 键将"G3"转换为"＄G＄3"，在公式栏内就显示出我们所输入的公式"＝＄D＄3＊＄G＄3"，如图 4-4 所示。

用鼠标单击"确定"按钮，分配燃料和动力费用的在产品约当产量就计算出来了，本例分配燃料和动力费用的月末在产品约当产量为 320 件。然后，将鼠标指针指向 D9 单元格的右下角，待鼠标指针变为黑色实心"＋"时，按住鼠标左键拖向 E9：F9 单元格区域，分配其他成本项目的月末在产品约当产量也就计算出来了，如图 4-5 所示。

第四步，计算单位产品成本。

用鼠标单击 C10 单元格，输入"＝"(等号)或直接用鼠标单击公式栏内的"＝"按钮，

SUM　=$D$3*$G$3

	A	B	C	D	E	F	G
1	江海电器有限公司						
2	约当产量计算表						
3	月份：9月		在产品数量：	800		在产品完工程度：	40%
4	项目		原材料	燃料和动力	工资及福利费	制造费用	合计
5	月初在产品成本		356	245	188	252	1 041
6	本月发生生产费用		1 624	877	1 396	1 596	5 493
7	生产费用合计		1 980	1 122	1 584	1 848	6 534
8	本月完工产品数量		1000	1000	1000	1000	
9	在产品约当产量		800	=$D$3*$G$3			
10	单位产品成本						
11	完工产品成本						
12	在产品成本						

图　4-4

D9　=$D$3*$G$3

	A	B	C	D	E	F	G
1	江海电器有限公司						
2	约当产量计算表						
3	月份：9月		在产品数量：	800		在产品完工程度：	40%
4	项目		原材料	燃料和动力	工资及福利费	制造费用	合计
5	月初在产品成本		356	245	188	252	1 041
6	本月发生生产费用		1 624	877	1 396	1 596	5 493
7	生产费用合计		1 980	1 122	1 584	1 848	6 534
8	本月完工产品数量		1000	1000	1000	1000	
9	在产品约当产量		800	320	320	320	
10	单位产品成本						
11	完工产品成本						
12	在产品成本						

图　4-5

然后用鼠标单击C7单元格，输入运算符“/”(除号)，输入“(”，再用鼠标单击C8单元格，输入运算符“＋”(加号)，再用鼠标单击C9单元格，输入“)”，在公式栏内就显示出我们所输入的公式“＝C7/(C8＋C9)”，如图4-6所示。

SUM　=C7/(C8+C9)

	A	B	C	D	E	F	G
1	江海电器有限公司						
2	约当产量计算表						
3	月份：9月		在产品数量：	800		在产品完工程度：	40%
4	项目		原材料	燃料和动力	工资及福利费	制造费用	合计
5	月初在产品成本		356	245	188	252	1 041
6	本月发生生产费用		1 624	877	1 396	1 596	5 493
7	生产费用合计		1 980	1 122	1 584	1 848	6 534
8	本月完工产品数量		1000	1000	1000	1000	
9	在产品约当产量		800	320	320	320	
10	单位产品成本		=C7/(C8+C9)				
11	完工产品成本						
12	在产品成本						

图　4-6

用鼠标单击“确定”按钮，原材料费用项目的单位成本就计算出来了，本例原材料费用项目的单位成本为1.1元。然后，将鼠标指针指向C10单元格的右下角，待鼠标指针变为黑色实心“十”时，按住鼠标左键拖向D10：F10单元格区域，其他加工费用各项目的单位成本也就计算出来了，如图4-7所示。

C10　=C7/(C8+C9)

	A	B	C	D	E	F	G
1	江海电器有限公司						
2	约当产量计算表						
3	月份：9月		在产品数量：	800		在产品完工程度：	40%
4	项目		原材料	燃料和动力	工资及福利费	制造费用	合计
5	月初在产品成本		356	245	188	252	1 041
6	本月发生生产费用		1 624	877	1 396	1 596	5 493
7	生产费用合计		1 980	1 122	1 584	1 848	6 534
8	本月完工产品数量		1000	1000	1000	1000	
9	在产品约当产量		800	320	320	320	
10	单位产品成本		1.1	0.85	1.2	1.4	
11	完工产品成本						
12	在产品成本						

图　4-7

第五步，计算完工产品成本。

用鼠标单击C11单元格，输入"＝"(等号)或直接用鼠标单击公式栏内的"＝"按钮，然后用鼠标单击C8单元格，输入运算符"＊"(乘号)，再用鼠标单击C10单元格，在公式栏内就显示出我们所输入的公式"＝C8＊C10"，如图4-8所示。

SUM　=C8*C10

	A	B	C	D	E	F	G
1	江海电器有限公司						
2	约当产量计算表						
3	月份：9月		在产品数量：	800		在产品完工程度：	40%
4	项目		原材料	燃料和动力	工资及福利费	制造费用	合计
5	月初在产品成本		356	245	188	252	1 041
6	本月发生生产费用		1 624	877	1 396	1 596	5 493
7	生产费用合计		1 980	1 122	1 584	1 848	6 534
8	本月完工产品数量		1000	1000	1000	1000	
9	在产品约当产量		800	320	320	320	
10	单位产品成本		1.1	0.85	1.2	1.4	
11	完工产品成本		=C8*C10				
12	在产品成本						

图　4-8

用鼠标单击"确定"按钮，完工产品应负担的原材料费用就计算出来了。本例完工产品应负担的原材料费用为1 100元。然后，将鼠标指针指向C11单元格的右下角，待鼠标指针变为黑色实心"十"时，按住鼠标左键拖向D11:F11单元格区域，完工产品负担其他成本项目的费用也就计算出来了，如图4-9所示。

C11　=C8*C10

	A	B	C	D	E	F	G
1	江海电器有限公司						
2	约当产量计算表						
3	月份：9月		在产品数量：	800		在产品完工程度：	40%
4	项目		原材料	燃料和动力	工资及福利费	制造费用	合计
5	月初在产品成本		356	245	188	252	1 041
6	本月发生生产费用		1 624	877	1 396	1 596	5 493
7	生产费用合计		1 980	1 122	1 584	1 848	6 534
8	本月完工产品数量		1000	1000	1000	1000	
9	在产品约当产量		800	320	320	320	
10	单位产品成本		1.1	0.85	1.2	1.4	
11	完工产品成本		1100	850	1200	1400	
12	在产品成本						

图　4-9

第六步，计算在产品成本。

用鼠标单击 C12 单元格，输入“＝”(等号)或直接用鼠标单击公式栏内的“＝”按钮，然后用鼠标单击 C9 单元格，输入运算符“＊”(乘号)，再用鼠标单击 C10 单元格，在公式栏内就显示出我们所输入的公式“＝C9＊C10”，如图 4-10 所示。

SUM　fx　=C9*C10

	A	B	C	D	E	F	G
1	江海电器有限公司						
2	约当产量计算表						
3	月份：9月		在产品数量:	800		在产品完工程度:	40%
4	项目		原材料	燃料和动力	工资及福利费	制造费用	合计
5	月初在产品成本		356	245	188	252	1 041
6	本月发生生产费用		1 624	877	1 396	1 596	5 493
7	生产费用合计		1 980	1 122	1 584	1 848	6 534
8	本月完工产品数量		1000	1000	1000	1000	
9	在产品约当产量		800	320	320	320	
10	单位产品成本		1.1	0.85	1.2	1.4	
11	完工产品成本		1100	850	1200	1400	
12	在产品成本		=C9*C10				

图　4-10

用鼠标单击“确定”按钮，月末在产品应负担的原材料费用就计算出来了，本例月末在产品应负担的原材料费用为 880 元。然后，将鼠标指针指向 C12 单元格的右下角，待鼠标指针变为黑色实心“十”时，按住鼠标左键拖向 D12:F12 单元格区域，月末在产品成本应负担的其他成本项目的费用也就计算出来了，如图 4-11 所示。

C12　fx　=C9*C10

	A	B	C	D	E	F	G
1	江海电器有限公司						
2	约当产量计算表						
3	月份：9月		在产品数量:	800		在产品完工程度:	40%
4	项目		原材料	燃料和动力	工资及福利费	制造费用	合计
5	月初在产品成本		356	245	188	252	1 041
6	本月发生生产费用		1 624	877	1 396	1 596	5 493
7	生产费用合计		1 980	1 122	1 584	1 848	6 534
8	本月完工产品数量		1000	1000	1000	1000	
9	在产品约当产量		800	320	320	320	
10	单位产品成本		1.1	0.85	1.2	1.4	
11	完工产品成本		1100	850	1200	1400	
12	在产品成本		880	272	384	448	

图　4-11

注意，在本例中分配率都不是无限小数，所以我们可以直接计算出完工产品成本和在产品成本，而且二者之和正好等于生产费用合计，这里不存在尾差问题，如果分配率是无限小数，为了防止出现尾差，我们可以先计算出完工产品成本，再用生产费用合计减去完工产品成本得出在产品成本，或先计算出在产品成本，再用生产费用合计减去在产品成本得出完工产品成本。

第七步，计算产品成本合计。

用鼠标单击 G10 单元格，再用鼠标单击常用工具栏内的自动求和按钮“∑”，在公式栏内就显示出我们所输入的函数“＝SUM(C10:F10)”，如图 4-12 所示。

SUM　=SUM(C10:F10)

	A	B	C	D	E	F	G	H
1	江海电器有限公司							
2	约当产量计算表							
3	月份：9月		在产品数量：800			在产品完工程度：40%		
4	项目		原材料	燃料和动力	工资及福利费	制造费用	合计	
5	月初在产品成本		356	245	188	252	1 041	
6	本月发生生产费用		1 624	877	1 396	1 596	5 493	
7	生产费用合计		1 980	1 122	1 584	1 848	6 534	
8	本月完工产品数量		1000	1000	1000	1000		
9	在产品约当产量		800	320	320	320		
10	单位产品成本		1.1	0.85	1.2	1.4	=SUM(C10:F10)	
11	完工产品成本		1100	850	1200	1400	SUM（数值1，...）	
12	在产品成本		880	272	384	448		

图　4-12

用鼠标单击"√"按钮，单位产品成本的合计数就计算出来了，本例单位产品成本的合计数为 4.55 元；然后，将鼠标指针指向 G10 单元格的右下角，待鼠标指针变为黑色实心"十"时，按住鼠标左键拖向 G11:G12 单元格区域，完工产品成本和在产品成本的合计数就全部计算出来了，如图 4-13 所示。

G10　=SUM(C10:F10)

	A	B	C	D	E	F	G
1	江海电器有限公司						
2	约当产量计算表						
3	月份：9月		在产品数量：800			在产品完工程度：40%	
4	项目		原材料	燃料和动力	工资及福利费	制造费用	合计
5	月初在产品成本		356	245	188	252	1 041
6	本月发生生产费用		1 624	877	1 396	1 596	5 493
7	生产费用合计		1 980	1 122	1 584	1 848	6 534
8	本月完工产品数量		1000	1000	1000	1000	
9	在产品约当产量		800	320	320	320	
10	单位产品成本		1.1	0.85	1.2	1.4	4.55
11	完工产品成本		1100	850	1200	1400	4550
12	在产品成本		880	272	384	448	1984

图　4-13

至此，按约当产量比例法计算期末完工产品和在产品成本的电算化模型就创建完成了。

课后练习

一、名词解释

在产品　　约当产量比例法　　约当产量　　在产品按完工产品计价法
在产品按定额成本计价法　　定额比例法　　完工产品

二、单项选择题

1. 某企业生产产品经过 2 道工序，各道工序的工时定额分别为 30 小时和 40 小时，则第二道工序在产品的完工率约为(　　)。

A. 68%　　B. 69%

C. 70%　　D. 71%

2. 采用约当产量比例法计算在产品成本时，影响在产品成本准确性的关键因素是(　　)。

A. 在产品的数量　　B. 在产品的完工程度

C. 完工产品的数量　　D. 废品的数量

3. 定额管理基础较好，各项消耗定额或费用定额比较准确、稳定，但各月月末在产品数量变化较大的企业，在产品成本的计算通常采用(　　)。

A. 定额成本法　　B. 定额比例法

C. 原材料费用法　　D. 约当产量比例法

4. 对于各项消耗定额或费用比较准确、稳定，而且各月月末在产品数量变化不大的产品，其月末在产品成本的计算方法可采用(　　)。

A. 在产品按定额成本计价法　　B. 在产品按完工产品计价法

C. 在产品按约当产量比例法　　D. 在产品按所耗直接材料费用计价法

5. 通过对在产品成本的计算，从而计算出完工产品的生产成本，然后将其转入(　　)。

A. "库存商品"科目　　B. "原材料"科目

C. "生产成本"科目　　D. "主营业务成本"科目

三、多项选择题

1. 在产品成本的计算方法主要有(　　)。

A. 约当产量比例法　　B. 定额比例法

C. 定额成本法　　D. 所耗直接材料费用计价法

E. 工时比例法

2. 企业在选择在产品成本计算方法时应考虑的因素主要有(　　)。

A. 在产品数量的多少　　B. 各月在产品数量变化的大小

C. 各项费用比重的大小　　D. 定额管理基础的好坏

E. 成本计算程序的繁简

3. 采用约当产量比例法计算在产品成本时，一般适用于(　　)的分配。

A. 销售费用　　B. 一次投入的原材料费用

C. 管理费用　　D. 工资等加工费用

E. 随生产进度陆续投料的原材料费用

4. 采用约当产量比例法计算完工产品和在产品成本时，应具备的条件有(　　)。

A. 月末在产品数量较大

B. 月末在产品数量较小

C. 各月月末在产品变化较大

D. 产品成本中原材料和加工费用的比重相差不大

E. 产品成本中原材料和加工费用的比重相差较大

5. 采用定额比例法计算在产品成本时，所使用的定额主要有(　　)。

A. 材料定额消耗量　　B. 材料定额费用

C. 工时定额消耗量　　D. 材料计划单位成本

E. 产品产量定额

四、填空题

1. 月初在产品费用＋本月生产费用＝________＋________。

2. 完工产品经验收入库后，其成本应从“________”账户的________方，转入“________”账户的________方。

3. 生产费用在完工产品和在产品之间的分配方法主要有________、________、________、________、________、________、________等。

4. 约当产量是指期末在产品的数量按其________或________折算为完工产品的数量。

5. 工业企业应根据月末在产品数量的大小，各月月末在产品数量变化的大小，________的大小，以及________是否比较准确、稳定等具体条件，采用适当的方法分配生产费用。

五、思考题

1. 在产品盘盈、盘亏应如何进行账务处理？

2. 在产品成本的计算方法有几种？在选择在产品成本计算方法时应考虑哪些因素？

3. 约当产量比例法适用于什么条件下采用？应注意哪些问题？

4. 采用定额比例法计算完工产品和在产品成本适用于什么条件？应如何计算？应注意哪些问题？

5. 试比较各种不同在产品成本计算方法适用条件的不同。

同步思考参考答案

4-1 解析

在产品包括广义在产品和狭义在产品。广义在产品是指从投产开始至尚未制成最终入库产品的产品，包括正在加工过程中的在制品、正在返修过程中的废品、已完成一个或几个生产步骤还需继续加工的半成品、已完工但尚未入库的完工产品、等待返修的可修复废品等。狭义在产品仅指正在各个生产车间处于相关生产步骤进行加工的在制品。根据在产品的含义，上述事项②③④属于广义的在产品，事项①属于狭义的在产品。

4-2 解析

盘盈的处理：

借：生产成本——基本生产成本——A 产品　　50

　贷：待处理财产损溢——待处理流动资产损溢　　50

批准后转销：

借：待处理财产损溢——待处理流动资产损溢　　50

　贷：制造费用　　50

盘亏、毁损的处理：

借：待处理财产损溢——待处理流动资产损溢　　120

　贷：生产成本——基本生产成本——B 产品　　120

批准后：

借：其他应收款——李林　　80

　　制造费用　　40

　贷：待处理财产损溢——待处理流动资产损溢　　120

4-3 解析

在产品按固定成本计价法适用于各月月末之间在产品数量稳定、变化不大的产品，虽然月末在产品核算时考虑了各项成本项目，但由于各月末在产品数量的变化将导致各月末成本不一，因而李同学的观点是不对的。在产品按所耗直接材料费用计价法适用于各月在产品数量多，各月在产品数量变化较大，且直接材料费用在产品成本中所占比重较大的产品。因为在产品的成本构成中，如果材料费用占绝大比重，不计算在产品应负担的直接人工费用与制造费用，对正确计算完工产品成本影响不大。为了简化计算，在产品可以不计算人工费用及制造费用。如纺织、造纸和酿酒等生产工业的产品，直接材料费用比重较大都可以采用这种分配方法。所以王同学的观点是正确的。

第五章 成本计算方法概述

学习目标

1. 了解企业生产类型的分类。

2. 掌握影响产品成本计算的因素。

3. 掌握成本计算的基本方法和辅助方法及每种方法适用范围。

4. 在实际工作中能够正确选择适合本企业的成本核算方法。

基本概念

大量生产　　成批生产　　成本计算对象　　成本计算期

第一节 生产特点和管理要求对产品成本计算的影响

企业产品成本计算的过程，就是对生产经营过程中所发生的费用，按照一定的对象归集和分配，计算出产品的总成本和单位成本的过程。为了准确计算单位产品成本，企业必须根据其生产特点，并考虑成本管理的要求，选择适当的成本计算方法。因此，在研究产品成本计算方法之前，首先要了解企业的生产类型及其对成本计算方法的影响。

一、企业的生产类型及其特点

在成本计算中，生产类型就是指产品的生产特点、企业的产品生产特点不同，成本核算的方法也不同。企业的生产类型可以按照生产工艺流程的特点和生产组织的特点进行划分。

（一）按工艺过程特点划分

工艺过程是指产品从投料到完工的生产工艺、加工制造过程。其主要表现为投料到完工是一步完成还是分步完成，生产过程是否可以间断，生产是否可以分散进行。工业企业的生产，按其生产工艺过程的特点，可以分为单步骤生产和多步骤生产两种类型。

1. 单步骤生产

单步骤生产的生产工艺过程不能间断（如供水、发电企业水电的生产），或由于工作地点限制不便分散在几个不同地点进行的生产（如采掘业煤炭采选、石油和天然气开采、金属矿采选），生产周期较短，工艺较简单。通常没有其他中间产品或半成品，而且产品由于工艺技术过程的特点决定了产品的生产只能由一个企业或一个车间独立完成。所以这种类型的生产也称简单生产。简单生产的企业，成本计算对象一般按产品品种来确定。

2. 多步骤生产

多步骤生产是指生产工艺过程可以间断，可划分为两个或两个以上的生产步骤的生产。其生产活动可在不同的时间、地点进行，可由一个企业的多个车间进行，也可由不同的企业合作完成。多步骤生产按生产加工方式的不同，可以分为连续式多步骤生产和装配式多步骤生产。

(1) 连续式多步骤生产。原材料投入生产到产品完工，要经过若干连续的生产步骤，前一步骤生产的半成品要转移到下一步骤继续加工，直到最后一个步骤形成成品，其生产步骤不能颠倒。如纺织企业的原料棉花，分为纺纱、织布、印染三个步骤进行加工，钢铁企业从铁矿石到铁锭再到钢产品的生产，生产分为加热、轧制、精整三道工序。

(2) 装配式多步骤生产。投入的原材料可由不同生产部门同时生产出零部件，再装配成产成品的生产。各个步骤是同时或平行进行的，一般在会计期末各个步骤都有期末在产品。如汽车制造，大多数的母厂都会将大部分的零件外包给各卫星工厂来承造，只保留少数关键性的零件由自己来设计制造。汽车的雏形完成后，再将各部件进行组装，内饰部门组装仪表、玻璃、座椅、线路等，底盘部门将发动机、变速器、驱动桥、轮胎等装在底盘上，经过调试等后续工作，最终完成。

（二）按生产组织特点划分

生产组织是指企业生产的专业化程度，表现为在一定时期内的生产产品的品种多少、同种产品生产产量的大小及其重复程度。工业企业的生产，按照生产组织特点划分，可以分为大量生产、成批生产和单件生产三种类型。

1. 大量生产

大量生产是指不断地大量重复生产相同产品的生产。其特点是产量大、品种少、品种稳定、采用专用设备连续重复生产，专业水平高。在这种生产的企业或车间，产品的品种较少，每种产品的产量较大而且比较稳定，如采掘、纺织、面粉等的生产。

2. 成批生产

成批生产是指按规定的规格和数量每隔一定时期生产一种或若干种产品的生产。其特点是产品品种较多、产量较大，生产具有重复性。如服装、机械的生产。根据投产的批量大小，它又可分为大批生产和小批生产。

(1) 大批生产。大批生产由于产品批量大，往往在一段时期内不断重复地生产一种或若干种产品，因而性质上也同大量生产一样。大批生产往往集中投料，生产一批零部件供几批产品耗用，耗用量较多的零部件，也可以另行分批生产。

(2) 小批生产。小批生产的产品批量较小，一批产品一般可同时完工，性质上接近单件生产。

3. 单件生产

单件生产是根据订货单位的要求，生产某种规格、型号、性能等特定产品的生产。其特点是品种多，数量少，一般不重复生产，专业化程度不高，通常采用通用设备加工。如重型机械、船舶、飞机、精密仪器等。

（三）按工艺过程与生产组织的结合划分

前面介绍了企业生产按照工艺过程和生产组织的特点分类，这两种分类方式之间也存在一定的联系。不同的生产工艺技术和生产组织的结合，就形成不同类型的生产企业。

单步骤生产和连续式多步骤生产相结合一般是大量大批生产，可分别称为大量大批单步骤生产和大量大批连续式多步骤生产。装配式多步骤生产，可以是大量生产，也可以是成批生产，还可以是单件生产，前一种可称为大量大批装配式多步骤生产，后两种可统称为单件小批装配式多步骤生产。

企业采用何种成本计算方法，主要取决于企业的生产类型以及对成本的管理要求。因为不同的生产技术特点，要求采用不同的费用汇总与分配方法；生产组织不同，在很大程度上决定了在成本计算期内是否只要将成本在本期已完工产品和期末在产品之间进行分配；企业管理当局的要求则决定了是否需要计算半成品成本和在产品成本。

二、生产特点对产品成本计算的影响

生产特点是影响成本计算方法的决定性因素，因为生产特点影响着成本计算对象的确定，而成本计算对象又决定着产品成本计算期的确定、生产费用在完工产品和在产品之间的分配问题。

（一）生产特点对成本计算对象的影响

成本计算对象是为计算产品成本而确定的归集生产费用的各个对象，也就是成本的承担者。企业在进行成本核算时，首先应确定成本计算对象，按照确定的成本计算对象设置“基本生产成本明细账”和成本计算单，据以归集和分配每一个成本计算对象所发生的费用。

1. 从生产工艺过程特点看

(1) 单步骤生产：生产工艺不可间断，必须以产品品种为成本计算对象。

(2) 连续式多步骤生产：应以生产步骤为成本计算对象，既按步骤又按品种计算各步骤半成品和产成品成本。

(3) 装配式多步骤生产：因零部件无独立的核算意义，不需要按步骤计算半成品成本，而以产品品种为成本计算对象。

2. 从产品生产组织特点看

(1) 大量生产：连续不断的生产相同产品，只能以产品品种为成本计算对象。

(2) 大批生产：往往在几个月内不断重复生产相同产品，与大量生产一样，按产品品种计算产品成本。

(3) 单件、小批生产：一般根据客户的订单要求组织生产，一批产品一般可同时完工，可按产品批别计算产品成本。

（二）生产特点对成本计算期的影响

成本计算期是指每次计算成本的起止日期，即前后两次计算成本的时间间隔。不同生产类型的企业，产品成本计算期也有不同。值得注意的是，计算产品的期间并不一定完全与产品的生产周期或会计结账期一致。一般来说，成本计算期主要取决于生产组织的特点。

1. 大量、大批生产

成本计算定期于月末进行，与生产周期不一致。

2. 单件、小批生产

产品成本只能在某批、某件产品完工后计算，故成本计算不定期，与生产周期一致。但企业与成本计算有关的业务，如费用的归集与分配都应按月进行，按月结账。

（三）生产特点对完工产品与在产品之间费用分配的影响

生产类型不同还影响每月月末要不要计算在产品成本，即是否将生产费用在完工产品和期末在产品之间进行分配。企业生产过程中发生的全部生产费用，经过费用要素的归集和分配，最终都集中在“基本生产成本”明细账和各种产品成本明细单中。若该种产品期末在产品数量很少或没有在产品，则归集在“基本生产成本”明细账和各种产品成本明细单中的所有生产费用，就是完工产品的总成本。若该产品期末在产品数量很多时，费用额也较大，这时就应该将“基本生产成本”明细账和各种产品成本明细单中归集的费用采用适当的方法在完工产品和在产品之间进行分配。

1. 单步骤大量、大批生产

生产过程不能间断，生产周期短，在产品很少或没有，因而计算产品成本时，生产费用不必在完工产品与在产品之间进行分配。

2. 多步骤大量、大批生产

经常有在产品，需要将生产费用在完工产品与在产品之间进行分配。

3. 多步骤单件、小批生产

成本计算期通常与生产周期一致，在每批、每件产品完工前，产品成本明细账的月末余额就是月末在产品的成本；完工后，产品成本明细账所归集的费用就是完工产品的成本。

以上三个方面是相互联系、相互影响的，其中对成本计算对象的影响是主要的，它制约和影响成本计算期与在产品成本的计算，因此成本计算对象的确定，是正确计算产品成本的前提，也是区别各种计算方法的主要标志。

综上所述，生产特点对成本计算对象的影响有以下三种：

(1) 以产品品种为成本计算对象；

(2) 以产品批别为成本计算对象；

(3) 以产品生产步骤为成本计算对象。

生产特点对成本计算期的影响也有两种：

(1) 成本计算期与会计报告期一致；

(2) 成本计算期与生产周期一致。

生产特点对在产品成本计算的影响也有两种：

(1) 不计算在产品成本，即生产费用不在完工产品与在产品之间进行分配；

(2) 计算在产品成本，即生产费用在完工产品与在产品之间进行分配。

三、管理要求对产品成本计算方法的影响

成本计算对象的确定还要考虑管理要求。一个企业究竟采用什么方法计算产品成本，除了受生产类型特点的影响外，还必须根据企业成本管理的要求，来选择适合本企业的成本计算方法。

(1) 单步骤生产或管理上不要求分步骤计算成本的多步骤生产,以品种或批别为成本计算对象,采用品种法或分批法。

(2) 管理上要求分步骤计算成本的多步骤生产,以生产步骤为成本计算对象,采用分步法。

(3) 在产品品种、规格繁多的企业,管理上要求尽快提供成本资料,简化成本计算工作,可采用分类法计算产品成本。

(4) 在定额管理基础较好的企业,为加强定额管理工作,可采用定额法。

总之,产品成本计算方法的选择不仅取决于产品的生产特点,同时也需要考虑企业成本管理的要求,两者缺一不可。

同步思考 5-1

资料:某火力发电厂除生产电力外还生产一部分热力,生产技术过程不能间断,没有在产品和半成品。火力发电是利用燃料燃烧所发生的高热,使锅炉里的水变成蒸汽,推动汽轮机速旋转,借以带动发电机转动,产生电力。因而火力发电厂一般设有下列基本生产分场(车间):①燃料分场;②锅炉分场;③汽机分场;④电气分场。由于产电兼供热,汽机分场还划分为两个部分,即电力化部分和热力化部分。此外,还设有机械修配等辅助生产分场和企业管理部门。

问题:请你根据该厂的实际情况,分析该厂生产工艺特点和生产组织特点及其对成本计算的影响。

第二节 成本计算方法

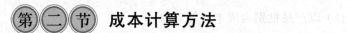

成本计算方法是指将一定时期所发生的生产费用对象化到成本计算对象上,求得各最终成本计算对象成本的方法。按其独立性不同,可以分为基本方法和辅助方法两类。基本方法是可以独立完成成本计算的方法,辅助方法则不能独立完成成本的计算,而要借助于基本方法才能完成最终产品成本的计算。

一、产品成本计算的基本方法

计算产品成本,首先要确定产品成本的计算对象。成本计算对象是生产费用归集、分配的客体,也是生产费用的承担者。只有确定了成本计算对象,才能开设成本计算单,并正确的归集、分配生产过程中所发生的各项费用。所以确定成本计算对象是成本计算的前提。但是,作为产品成本计算的基本方法来说,除了确定成本计算对象外,还要确定成本计算期、生产费用在完工产品和期末在产品之间是否需要分配以及如何进行分配。

成本计算对象、成本计算期、生产费用在完工产品和期末在产品之间的分配构成了产品成本计算方法的三个基本要素。

这三个要素的不同结合方式，就构成了不同的产品成本计算方法。在这三个要素中，起决定性因素的是成本计算对象，因为不同的产品成本计算对象决定了不同产品成本计算期和生产费用在完工产品与期末在产品之间的分配，这样就形成了以成本计算对象为标志的三种基本的成本计算方法——品种法、分批法和分步法。

（一）品种法

品种法是以产品品种为成本计算对象的产品成本计算方法。一般适用于单步骤大量、大批生产，如发电、采掘企业等；也可用于管理上不需要分步骤计算成本的多步骤大量、大批生产，如水泥厂等。

在大量、大批生产中，不可能等全部产品都完工后才计算其实际成本，成本计算期与会计报告期一致（定期按月），但与生产周期不一致。大量、大批生产往往月末有在产品，需要在本月完工产品和月末在产品之间分配生产费用。

（二）分批法

分批法是以产品批别为成本计算对象的产品成本计算方法。一般适用于单件、小批单步骤生产和管理上不要求分步骤计算成本的单件、小批多步骤生产的企业，如重型机械制造、船舶制造等。

在分批法下，由于成本核算对象是批别，在该批产品全部完工后才能计算出其实际总成本和单位成本，因此成本计算期与生产周期一致，而与会计报告期不一致。由于成本计算期与生产周期一致，因此一般不存在期末在产品，不需要将生产费用在完工产品与月末在产品之间进行分配。

（三）分步法

分步法是以产品生产步骤为成本计算对象的产品成本计算方法。一般适用于大量、大批且管理上要求分步骤计算成本的生产，如纺织、冶金等。

与品种法相同，分步法生产，尤其是大量、大批分步法生产，一般不可能在产品全部完工后才计算成本，只能定期按月计算步骤的成本，成本计算期与会计报告期一致，与生产周期不一致。月末有在产品，需要在本月完工产品和月末在产品之间分配生产费用。

以上各种产品成本计算方法的适用范围如表 5-1 所示。

表 5-1　产品成本计算的基本方法

产品成本计算方法	成本计算对象	生产类型		
		生产组织特点	生产工艺特点	成本管理
品种法	产品品种	大量、大批	单步骤、多步骤	不要求分步计算成本
分批法	产品批别	单件、小批	单步骤、多步骤	不要求分步计算成本
分步法	产品生产步骤	大量、大批	多步骤	要求分步计算成本

二、产品成本计算的辅助方法

辅助方法是为了满足适应各种不同情况下产品成本计算的需要在基本方法的基础上延伸出来的成本计算方法。辅助方法不能单独存在,必须结合基本方法使用。这些方法是为了解决成本计算或成本管理过程中的某一方面的问题而采用的,与生产特点无直接关系,不涉及成本计算对象,主要与简化成本计算工作和加强成本管理有联系,只有具备制造条件才能采用,从计算产品实际成本的角度来说,不是必不可少的成本计算方法。因此称为辅助方法。

(一) 分类法

分类法是以产品类别归集生产费用,计算各类产品成本,再按一定标准在同一类产品内计算各种产品成本的方法。它主要是在某些产品的品种、规格繁多的工业企业中,为了简化成本计算工作而采用的一种简便的产品成本计算方法。它适用于产品的品种和规格繁多,但每种产品的结构和所用的原材料生产工艺过程基本相同的企业。如灯泡厂、钉厂等,可简化成本计算。各类产品的实际总成本的计算需要运用品种法等基本成本计算方法计算得出,再求得各种品种产品的实际总成本和单位成本。

(二) 定额法

定额法是以产品的定额成本为基础,加、减脱离定额差异和定额变动差异,进而计算产品实际成本的方法。此方法目的在于加强成本管理,进行成本控制。

定额法是在管理比较好的企业,为了加强生产费用和产品成本的定额管理,加强成本控制而采用的成本计算方法。这种方法适用于定额管理制度健全,定额管理基础工作较好,产品生产定型,消耗定额合理、稳定的企业。

从一定意义上来说,定额法的出现,是成本计算方法的一种创新,传统的成本计算方法计算的是事后成本,致力于研究成本计算的准确、合理,定额法则将成本计算的时间从事后转入事前,在实际的成本尚未发生之前,就预先估计可能发生的成本数额即定额成本,在生产费用实际发生时,可及时提供实际数与定额数之间差异情况的信息,让管理者采取有效措施来控制成本的发生,这样把成本计算和成本控制完美地结合起来,以提高企业的管理水平,增强产品的市场竞争能力。

以上辅助方法在我国实际工作中应用广泛,在西方产品成本的辅助方法主要有变动成本法、标准成本法、作业成本法。

各种方法目的各不相同,变动成本法目的是向决策人提供经营决策数据,只将变动成本计入产品成本,固定成本计入当期损益。

标准成本法下的产品成本,则是产品的标准成本,而不是产品的实际成本。实际成本与标准成本的差异计入当期损益。因此,标准成本法主要是用来加强企业成本控制。从本质上来讲,它是一种成本管理的方法。这是标准成本法与其他成本计算方法的最根本的区别。

作业成本法简称ABC法。20世纪80年代后期,ABC法受到西方会计学界的普遍重视,开始在企业实际中应用。作业成本法提出的背景是基于间接费用的分配,尤其是先进的制造环境下,传统的成本计算方法都是以某一总量为基础,计算统一的间接费用分配率来分配间接费用。这种方法在间接费用成本中所占比重较小,在对成本管理要求不高的情况下是可行的。但随着生产自动化的日益发展,成本中间接费用的比重与日俱增,成本控制的重点由直接材料、直接人工逐步向制造费用转移。传统成本计算方法已不能适应客观要求。于是作业成本法逐渐在现代企业广泛应用。为改变将间接费用计入产品成本的标准,西方国家将以上三种方法划入管理会计的范围内,我国某些企业也正在推广。

同步思考5-2

资料:发电企业、纺织企业都要计算产品成本,但各自又都有不同的生产特点。发电企业只生产一种产品——电,而且生产过程在技术上不可间断,没有在产品和半成品;纺织企业可以生产毛坯布和多种花布,主要生产过程依次经过纺纱、织布和染整三个步骤。

问题:这两类企业通过不同工艺过程、不同生产组织形式生产的产品,能采用同样的方法计算产品成本吗?计算这些产品成本时应考虑哪些因素?

三、各种成本计算方法的实际应用

由于各种成本计算方法分别适用于有着不同特点和不同管理要求的企业,在实际工作中,在同一个企业里,或同一个车间里,由于其生产特点和管理要求不同,就可能在同一个企业或同一个车间采用几种不同的成本计算方法进行成本计算。有时在生产一种产品时,在该产品和各个生产步骤以及各种半成品、各成本项目之间进行结转,其生产特点和管理要求不一样,这样,在生产同一种产品时,也有可能同时采用几种成本计算方法计算产品成本。

(一)可同时采用几种成本计算方法

由于企业内生产的产品品种繁多,生产车间也很多,这样,就有可能产生几种成本计算方法同时使用的情况。同一企业或车间的不同产品可采用不同的成本计算方法;同一企业不同性质的车间也可采用不同的成本计算方法。

有的企业不止生产一种产品,而这些产品的特点不同,其生产类型也可能不同,应采用不同的成本计算方法计算产品成本。例如,在重型机械厂,一般采用分批法计算产品成本,但如果它有传统产品,属于大量生产的,也可采用品种法或分步法计算产品成本。

在企业里,一般都设有基本生产车间和辅助生产车间。基本生产车间和辅助生产车间生产的特点与管理的要求是不一样的,应采用不同的成本计算方法计算成本,例如,在钢铁企业里,其基本生产车间是炼铁、炼钢和轧钢,属于大量、大批复杂生产。根据其生产的特点和管理的要求可采用分步法计算产品成本。但企业内部的供热、供气、修理、运输等辅助生产车间则属于大量的简单生产类型，根据其特点应采用品种法计算成本。

（二）可结合采用几种成本计算方法

一种产品的不同生产步骤，由于生产特点和管理要求不同，可以结合运用几种不同的成本计算方法；在同一种产品的不同零件、部件之间，由于管理要求不同，也可以结合运用几种不同的成本计算方法；一种产品的不同成本项目可以结合采用几种不同的成本计算方法。此外，产品成本计算的辅助方法一般应与基本方法结合起来使用，而不能单独使用。

企业应采用什么方法来计算初产品成本，应根据企业的特点和成本管理要求来确定，应灵活掌握，不能生搬硬套书本理论，本着主要产品从细，次要产品从简的原则合理地加以确定。同时，在一个企业里，所采用的成本计算方法也不是一成不变的，应根据生产特点的变化和企业管理水平的提高，修改成本计算方法，以适应新形势的需要。

实务案例

钢铁厂成本计算方法的选择

资料：安徽合肥某钢铁厂设有炼铁、炼钢和轧钢三个基本生产车间。炼铁车间生产三种生铁：炼钢生铁、铸造生铁和锰铁。其中，炼钢生铁全部供应本厂炼钢耗用；铸造生铁和锰铁全部外售。炼钢车间生产高石灰镇静和低石灰镇静两种钢锭，全部供应本厂轧钢车间轧制钢材：高石灰钢轧制盘条，低石灰钢轧制圆钢。此外，该厂还设有供水、供电等辅助生产车间和企业管理部门。

问题：请根据该厂的实际情况，分析该厂生产工艺特点和生产组织特点，及它们对成本计算的影响，并说明该厂在成本核算中所应采取的成本计算方法。

分析：

(1) 该厂生产工艺是炼铁—炼钢—轧钢，因此生产工艺特点是多步骤生产，生产组织特点是大量、大批生产。

(2) 它们对成本计算的影响有以下三个方面。

① 对成本计算对象的影响。从总体上来看，是以炼铁、炼钢和轧钢三个步骤为成本计算对象，但具体来看，第一步是以炼钢生铁、铸造生铁和锰铁为成本计算对象，第二步是以高石灰钢轧制盘条、低石灰钢轧制圆钢为成本计算对象。

② 对成本计算期的影响。产品成本计算人为地分开，定期在每月月末进行。

③ 对生产费用分配的影响。由于生产连续不断地进行，而且经常存在在产品，因而在计算成本时，就需要采用适当的方法，将生产费用在完工产品与在产品之间进行分配。

(3) 根据以上分析可以得出以下结论：从总体上来看，该厂的生产特点是大量、大批多步骤生产，应该采用分步法计算产品成本。具体来看，炼铁车间宜采用品种法计算产品成本，炼钢和轧钢车间宜采用分步法计算产品成本。

本章没有讲解成本计算的具体方法，实践课业会结合以后章节进行。

课后练习

一、名词解释

大量生产　成批生产　单件生产　成本计算对象　成本计算期

二、单项选择题

1. 生产的特点和管理的要求对成本计算方法的影响主要表现在(　　)。

A. 生产组织的特点　　B. 工艺过程的特点

C. 生产管理的要求　　D. 产品成本计算对象的确定

2. 在大量生产的企业里，要求连续不断地重复生产一种或若干种产品，因而管理上只要求而且也只能按照(　　)计算成本。

A. 产品的批别　　B. 产品的品种

C. 产品的类别　　D. 产品的步骤

3. 在大量、大批管理上不要求计算步骤成本的多步骤生产的企业里，应采用的成本计算方法是(　　)。

A. 品种法　　B. 分批法

C. 分类法　　D. 分步法

4. 在大量、大批单步骤生产或管理上不要求分步骤计算成本的多步骤生产的企业里，应采用的成本计算方法是(　　)。

A. 品种法　　B. 分批法

C. 分类法　　D. 分步法

5. 最基本的成本计算方法是(　　)。

A. 品种法　　B. 分批法

C. 分步法　　D. 分类法

三、多项选择题

1. 工业企业的生产，按其生产组织特点划分，可分为(　　)。

A. 大量生产　　B. 成批生产

C. 单步骤生产　　D. 单件生产

E. 多步骤生产

2. 工业企业的生产，按其工艺过程的特点划分，可分为(　　)。

A. 大量生产　　B. 成批生产

C. 单步骤生产　　D. 单件生产

E. 多步骤生产

3. 在多步骤生产的企业里，为了计算各生产步骤的成本，加强各个生产步骤的生产管理，一般要求按照(　　)。

A. 产品的品种计算成本　　B. 产品的批别计算成本

C. 产品的类别计算成本　　D. 产品的生产步骤计算成本

E. 产品的件别计算成本

4. 为了适应各种生产的特点和管理的要求，在成本计算工作中有着以三种不同的产品成本计算对象为标志的三种不同的成本计算方法，即(　　)。

A. 品种法　　B. 分批法

C. 分类法　　D. 分步法

E. 定额法

5. 品种法的适用范围是(　　)。

A. 大量、大批生产

B. 小批、单件生产

C. 单步骤生产或管理上不要求分步骤计算成本的多步骤生产

D. 管理上要求分步骤计算成本的多步骤生产

E. 管理上要求分步骤计算成本的单步骤生产

四、填空题

1. 工业企业按照生产组织特点划分，可以分为大量生产、________和________三种类型。

2. 企业在确定成本计算方法时，必须从企业的具体情况出发，同时考虑企业的________特点和进行________的要求。

3. 工业企业的生产，按其工艺特点，可以分为________生产和________生产两种类型。

4. ________是产品成本计算基本方法中的最基本的方法。

5. 成本计算对象主要是根据企业产品生产的特点和成本管理的要求来确定的，一般有________、________、________等。

五、思考题

1. 企业的生产按工艺过程的特点划分可分为哪几类?

2. 企业的生产按生产组织的特点划分可分为哪几类?

3. 生产类型的特点对成本计算方法的影响表现在哪些方面?

4. 企业成本管理的要求对成本计算方法有什么影响?

5. 什么是成本计算的辅助方法?成本计算的辅助方法有哪几种?为什么在进行成本计算时要采用辅助方法?

同步思考参考答案

5-1 解析

该火力发电厂主要产品是电力,还生产一部分热力,且生产技术过程不能间断。因此,生产工艺特点是单步骤生产,生产组织特点是大量、大批生产;它们对成本计算的影响是以电力和热力为成本计算对象的,产品成本计算定期于每月月末进行,本月生产费用全部由完工产品——电力和热力负担。

5-2 解析

题中发电企业、纺织企业能否采用相同的成本核算方法,要视企业的生产特点和管理要求而定。

发电企业由于其生产过程在技术上的不可间断性,使其生产通常只能由一个步骤完成,不可能或者不需要按照生产步骤计算产品成本,只能按照生产产品的品种计算成本,也即采用品种法核算成本。以电力产品为成本计算对象,产品成本计算定期于每月月末进行,本月生产费用全部由完工产品——电力负担。所以采用品种法计算电力产品成本。

纺织企业生产工艺过程属于多步骤生产,若是大量、大批生产,总体上生产特点属于大量、大批多步骤生产,管理上若要求分步骤计算成本,应采用分步法计算产品成本。具体来看,纺纱车间宜采用品种法计算产品成本;织布车间宜采用分步法计算产品成本;染整车间宜采用分步法与分批法结合计算产品成本。题中的纺织企业若大量、大批生产且管理上不要求分步骤计算成本,也可以采用品种法计算产品成本;如生产量比较小且管理上不要求分步骤计算成本,可以采用分批法计算产品成本。

第六章　品　种　法

学习目标

1. 理解品种法的含义及适用范围。
2. 掌握品种法的成本计算程序和账务处理。
3. 能熟练运用品种法对企业实际成本进行核算。

基本概念

品种法　成本计算程序

第一节　品种法概述

无论具有什么特点的企业，无论生产什么类型的产品，也无论管理要求如何，最终都必须按照产品品种计算产品成本。也就是说，按照产品品种计算产品成本，是产品成本计算的最一般、最起码的要求，品种法是最基本的成本计算方法。

一、品种法的概念

产品成本计算的品种法，是按照产品的品种作为成本计算对象来归集生产费用、计算产品成本的方法，是最基本的成本计算方法。按照第五章生产特点与管理要求对成本计算的影响，我们知道它适用于单步骤大量、大批生产和管理上不要求分步骤计算产品成本的大量、大批多步骤生产。

二、品种法的特点

（一）成本计算对象

品种法以各种产品作为成本计算对象，并据以设置产品成本明细账，用于归集生产费用和计算产品成本。如果企业生产的产品不止一种，就需要以每种产品作为成本计算对象，分别设置产品成本明细账。

（二）成本计算期

由于大量、大批生产的企业，其生产是连续不断地进行的，为了按月计算损益，产品成本是定期按月计算的，与会计报告期一致，与产品生产周期不一致。

（三）完工产品与期末在产品成本计算

(1) 在单步骤生产中，没有在产品或在产品很少时，月末可不计算在产品成本；

(2) 在大量、大批多步骤生产中，月末在产品数量较多时，生产费用应在完工产品和在产品之间进行分配。

同步思考 6-1

资料：宏博火力发电厂只生产电力一种产品，设有燃料、锅炉、汽机和电气生产四个基本生产车间，设有一个机修辅助生产车间，为电力生产和企业管理部门提供修理服务。该发电厂按车间分别登记各个生产车间发生的生产费用，并按成本项目汇总登记基本生产成本二级账。该厂企业管理部门耗用机修车间的服务较少，不分配机修车间的生产费用。该发电厂所生产的电力除了对外销售以外，还有一部分供本企业使用。企业以电力为成本计算对象，采用品种法进行成本核算。

问题：该企业为什么采用品种法核算？运用品种法的特点、适用范围和管理要求理论进行回答。

三、品种法的成本计算程序

（一）按照产品品种设置有关成本明细账

企业应设置“基本生产成本”总分类账，同时按照成本核算对象（即产品品种），设置产品生产成本明细账（产品成本计算单），按照辅助生产提供的产品或劳务设置“辅助生产成本”总账和明细账，同时在“制造费用”总分类账户下，按生产单位（分厂、车间）设置制造费用明细账。基本生产成本和辅助生产成本明细账按成本项目设专栏，制造费用明细账按费用项目设专栏。

（二）归集和分配本月发生的各项费用

成本计算应该根据各项费用发生的原始凭证和其他有关凭证归集与分配材料费用、人工费用和其他各项费用。凡能直接记入生产成本明细账的应当直接记入，不能直接记入的应当按受益原则分配以后，分配记入有关生产成本明细账。各生产单位发生的制造费用，先通过制造费用明细账归集，记入有关制造费用明细账。直接计入当期损益的期间费用，应分别记入有关期间费用明细账，同时编制相应的会计分录。

（三）分配辅助生产费用

根据辅助生产成本明细账归集的本月辅助生产费用总额，按照企业确定的辅助生产费用分配的方法，编制“辅助生产费用分配表”分配辅助生产费用，编制相应的会计分录，分别记入基本生产成本、制造费用和期间费用明细账。

（四）分配制造费用

将归集在“制造费用”明细账上的间接计入费用，通过编制“制造费用分配表”，采用适当的分配方法分配记入基本生产成本明细账。

（五）计算本月完工产品实际总成本和单位成本

根据产品生产成本明细账归集的本月生产费用合计，在本月完工产品和月末在产品之间分配生产费用，计算出本月完工产品总成本和月末在产品成本，根据完工产品总成本和完工产品产量计算出本月完工产品单位成本。

（六）结转本月完工产品成本

根据产品成本计算结果，编制本月“完工产品成本汇总表”，编制结转本月完工产品成本的会计分录，并分别记入有关的基本生产成本明细账和库存商品明细账。

采用品种法计算产品成本时，其成本计算的具体程序如图 6-1 所示。

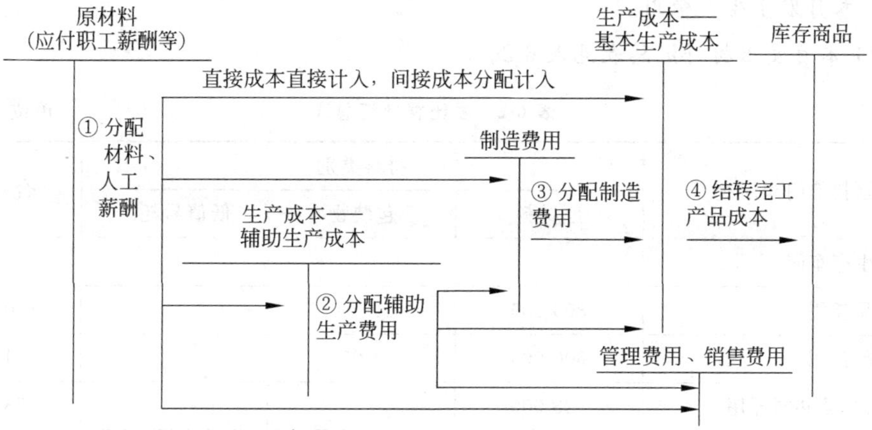

图 6-1　品种法成本计算程序

第二节　品种法的应用

本节主要说明品种法的具体应用。

【例题 6-1】　某厂设有一个基本生产车间和供电、机修两个辅助生产车间，大量生产甲、乙两种产品。甲、乙两种产品属于单步骤生产，根据生产特点和管理要求，甲、乙两种产品采用品种法计算产品成本。该企业“生产成本”总账下设“基本生产成本”和“辅助生产成本”两个二级账，“基本生产成本”二级账分甲、乙产品设置成本计算单，“辅助生产成本”二级账分设供电车间和机修车间明细账。“制造费用”核算基本生产车间发生的间接费用，本例题中供电车间和机修车间由于提供产品或服务单一，发生的间接费用直接记入“辅助生产成本”所属明细账。成本计算单下设“直接材料”“直接人工”“制造费用”三个成本项目。本月有关成本计算资料如下。

1. 8 月初在产品成本

甲、乙两种产品的月初在产品成本如表 6-1 所示。

表 6-1　甲、乙产品月初在产品成本资料表　　单位：元

摘　要	直接材料	直接人工	制造费用	合计
甲产品月初在产品成本	164 000	32 470	3 675	200 145
乙产品月初在产品成本	123 740	16 400	3 350	143 490

2. 本月生产数量

甲产品本月完工 500 件，月末在产品 100 件，实际生产工时 100 000 小时；乙产品本月完工 200 件，月末在产品 40 件，实际生产工时 50 000 小时。甲、乙两种产品的原材料都在生产开始时一次投入，加工费用发生比较均衡，月末在产品完工程度均为 50%。

3. 本月发生生产费用

(1) 本月发出材料汇总表见表 6-2。

表 6-2　发出材料汇总表　　单位：元

领料部门和用途	材料类别			合　计
	原材料	包装物	低值易耗品	
基本生产车间				
甲产品耗用	800 000	10 000		810 000
乙产品耗用	600 000	4 000		604 000
甲、乙产品共同耗用	28 000			28 000
车间一般耗用	2 000		100	2 100
供电车间耗用	1 000			1 000
机修车间耗用	1 200			1 200
厂部管理部门耗用	1 200		400	1 600
合　计	1 433 400	14 000	500	1 447 900

生产甲、乙两种产品共同耗用的材料按甲、乙两种产品直接耗用原材料的比例分配。

(2) 本月工资结算汇总表及职工福利费用计算表(简化格式)见表 6-3。

表 6-3　工资及福利费汇总表　　单位：元

人员类别	应付工资总额	应计提福利费	合　计
基本生产车间			
产品生产工人	420 000	58 800	478 800
车间管理人员	20 000	2 800	22 800
供电车间	8 000	1 120	9 120
机修车间	7 000	980	7 980
厂部管理人员	40 000	5 600	45 600
合　计	495 000	69 300	564 300

(3) 本月以现金支付的费用为 2 500 元，其中，基本生产车间办公费 250 元，市内交通费 65 元；供电车间市内交通费 145 元；机修车间外部加工费 480 元；厂部管理部门办公费 1 360 元，材料市内运输费 200 元。

(4) 本月以银行存款支付的费用为 14 700 元，其中，基本生产车间办公费 1 000 元，水费 2 000 元，差旅费 1 400 元，设计制图费 2 600 元；供电车间水费 500 元，外部修理费 1 800 元；机修车间办公费 400 元；厂部管理部门办公费 3 000 元，水费 1 200 元，招待费 200 元，市话费 600 元。

(5) 本月应计提固定资产折旧费22 000元,其中,基本生产车间10 000元,供电车间2 000元,机修车间4 000元,厂部6 000元。

(6) 根据"待摊费用"账户记录,本月应分摊财产保险费3 195元,其中,供电车间800元,机修车间600元,基本生产车间1 195元,厂部管理部门600元。

问题:根据上述资料,运用品种法核算产品成本。

解析:1. 设置有关成本费用明细账和成本计算单

按品种设置基本生产成本明细账(见表6-10和表6-11)和成本计算单(见表6-21和表6-22),按车间设置辅助生产成本明细账(见表6-12和表6-13)和制造费用明细账(见表6-14),其他与成本计算无关的费用明细账,如管理费用明细账等,此略。

2. 要素费用的分配

根据各项生产费用发生的原始凭证和其他有关资料,编制各项要素费用分配表,分配各项要素费用。

(1) 分配材料费用

其中,生产甲、乙两种产品共同耗用材料按甲、乙两种产品直接耗用原材料的比例分配。分配结果见表6-4和表6-5。

表6-4 甲、乙产品共耗材料分配表 单位:元

产品名称	直接耗用原材料	分配率	分配共耗材料
甲产品	800 000		16 000
乙产品	600 000		12 000
合计	1 400 000	0.02	28 000

表6-5 材料费用分配表 单位:元

会计科目	明细科目	原材料	包装物	低值易耗品	合计
生产成本——基本生产成本	甲产品	816 000	10 000		826 000
	乙产品	612 000	4 000		616 000
	小计	1 428 000	14 000		1 442 000
生产成本——辅助生产成本	供电车间	1 000			1 000
	机修车间	1 200			1 200
	小计	2 200			2 200
制造费用	基本生产车间	2 000		100	2 100
管理费用	修理费	1 200		400	1 600
合计		1 433 400	14 000	500	1 447 900

根据材料费用分配表，编制发出材料的会计分录如下。

借：生产成本——基本生产成本——甲产品　826 000

——乙产品　616 000

——辅助生产成本——供电车间　1 000

——机修车间　1 200

制造费用——基本生产车间　2 100

管理费用——修理费　1 600

贷：原材料　1 433 400

周转材料——包装物　14 000

——低值易耗品　500

(2) 分配工资及福利费用

其中，甲、乙两种产品应分配的工资及福利费按甲、乙两种产品的实际生产工时比例分配。分配结果见表 6-6。

表 6-6　人工费用分配表　　单位：元

分配对象		工资			福利费	
会计科目	明细科目	分配标准（工时）	分配率	分配金额	分配率	分配金额
生产成本——基本生产成本	甲产品	100 000		280 000		39 200
	乙产品	50 000		140 000		19 600
	小计	150 000	2.80	420 000	0.392	58 800
生产成本——辅助生产成本	供电车间			8 000		1 120
	机修车间			7 000		980
	小计			15 000		2 100
制造费用	基本生产车间			20 000		2 800
管理费用	工资、福利费			40 000		5 600
合　计				495 000		69 300

根据人工费用分配表，编制工资及福利费分配业务的会计分录如下。

借：生产成本——基本生产成本——甲产品　319 200

——乙产品　159 600

生产成本——辅助生产成本——供电车间　9 120

——机修车间　7 980

制造费用——基本生产车间　22 800

管理费用　45 600

贷：应付职工薪酬——工资　　495 000

——福利费　　69 300

(3) 计提固定资产折旧费用及摊销待摊费用。

分配结果见表 6-7 和表 6-8。

表 6-7 折旧费用计算表 单位：元

会计科目	明细科目	费用项目	分配金额
制造费用	基本生产车间	折旧费	10 000
生产成本——辅助生产成本	供电车间	折旧费	2 000
	机修车间	折旧费	4 000
管理费用		折旧费	6 000
合　计			22 000

根据折旧费用计算表,编制计提折旧的会计分录如下。

借：制造费用——基本生产车间　　10 000

生产成本——辅助生产成本——供电车间　　2 000

——机修车间　　4 000

管理费用——折旧费　　6 000

贷：累计折旧　　22 000

表 6-8 待摊费用(财产保险费)分配表 单位：元

会计科目	明细科目	费用项目	分配金额
制造费用	基本生产车间	保险费	1 195
生产成本——辅助生产成本	供电车间	保险费	800
	机修车间	保险费	600
管理费用		保险费	600
合　计			3 195

根据待摊费用(财产保险费)分配表,编制会计分录如下。

借：制造费用——基本生产车间　　1 195

生产成本——辅助生产成本——供电车间　　800

——机修车间　　600

管理费用——保险费　　600

贷：待摊费用　　3 195

(4) 分配本月现金和银行存款支付费用

分配结果见表 6-9。

表 6-9　其他费用分配表　　　　单位：元

会计科目	明细科目	现金支付	银行存款支付	合　计
制造费用	基本生产车间	315	7 000	7 315
生产成本——辅助生产成本	供电车间	145	2 300	2 445
	机修车间	480	400	880
管理费用		1 560	5 000	6 560
合　计		2 500	14 700	17 200

根据其他费用分配表，编制会计分录如下。

借：制造费用——基本生产车间　　7 315

　　生产成本——辅助生产成本——供电车间　　2 445

　　　　　　　　　　　　　　——机修车间　　880

　　管理费用　　6 560

　贷：银行存款　　14 700

　　　库存现金　　2 500

(5) 登记明细账

根据各项要素费用分配表及编制的会计分录，登记有关基本生产成本明细账（表 6-10 和表 6-11）、辅助生产成本明细账（表 6-12 和表 6-13）和制造费用明细账（表 6-14）。

表 6-10　基本生产成本明细账(1)

产品名称：甲产品　　　　单位：元

201×年 月	201×年 日	凭证字号	摘　要	直接材料	直接人工	制造费用	合　计
7	31		月末在产品成本	164 000	32 470	3 675	200 145
8	31	略	材料费用分配表	826 000			826 000
	31		工资福利费分配表		319 200		319 200
	31		生产用电分配表	6 120			6 120
	31		制造费用分配表			37 300	37 300
	31		本月生产费用合计	832 120	319 200	37 300	1 188 620
	31		本月累计	996 120	351 670	40 975	1 388 765
	31		结转完工入库产品成本	−830 100	−319 700	−37 250	−1 187 050
	31		月末在产品成本	166 020	31 970	3 725	201 715

表 6-11　基本生产成本明细账(2)

产品名称：乙产品　　　　单位：元

201×年		凭证字号	摘　　要	直接材料	直接人工	制造费用	合　计
月	日						
7	31		月末在产品成本	123 740	16 400	3 350	143 490
8	31	略	材料费用分配表	616 000			616 000
	31		工资福利费分配表		159 600		159 600
	31		生产用电分配表	3 060			3 060
	31		制造费用分配表			18 650	18 650
	31		本月生产费用合计	619 060	159 600	18 650	797 310
	31		本月累计	742 800	176 000	22 000	940 800
	31		结转完工入库产品成本	－619 000	－160 000	－20 000	－799 000
	31		月末在产品成本	123 800	16 000	2 000	141 800

表 6-12　辅助生产成本明细账(1)

车间名称：供电车间　　　　单位：元

201×年		凭证字号	摘　　要	直接材料	直接人工	制造费用	合　计
月	日						
略	略	略	材料费用分配表	1 000			1 000
			人工费用分配表		9 120		9 120
			转入制造费用			5 245	5 245
			本期发生额合计	1 000	9 120	5 245	15 365
			结转各受益部门	－1 000	－9 120	－5 245	－15 365

表 6-13　辅助生产成本明细账(2)

车间名称：机修车间　　　　单位：元

201×年		凭证字号	摘　　要	直接材料	直接人工	制造费用	合　计
月	日						
略	略	略	材料费用分配表	1 200			1 200
			人工费用分配表		7 980		7 980
			转入制造费用			5 480	5 480
			本期发生额合计	1 200	7 980	5 480	14 660
			结转各受益部门	－1 200	－7 980	－5 480	－14 660

表 6-14 制造费用明细账

车间名称：基本生产车间　　　　　　　　　　　　　　　　　　　　　单位：元

201×年 月	日	凭证字号	摘　　要	材料费	人工费	折旧费	修理费	水电费	保险费	其他	合　计
略	略	略	材料费用分配表	2 100							2 100
			人工费用分配表		22 800						22 800
			折旧费用计算表			10 000					10 000
			待摊费用分配表						1 195		1 195
			其他费用分配表							7 315	7 315
			辅助生产分配表				10 500	2 040			12 540
			本期发生额	2 100	22 800	10 000	10 500	2 040	1 195	7 315	55 950
			期末结转制造费用	−2 100	−22 800	−10 000	−10 500	−2 040	−1 195	−7 315	−55 950

3. 分配辅助生产费用

(1) 根据各辅助生产车间制造费用明细账汇集的制造费用总额，分别转入该车间辅助生产成本明细账。本例题供电车间和机修车间提供单一产品或服务，未单独设置制造费用明细账，车间发生的间接费用直接记入各车间辅助生产成本明细账。

(2) 根据辅助生产成本明细账(表 6-12 和表 6-13)归集的待分配辅助生产费用和辅助生产车间本月劳务供应量，采用计划成本分配法分配辅助生产费用(表 6-16)，并据以登记有关生产成本明细账或成本计算单和有关费用明细账。

本月供电车间和机修车间提供的劳务量见表 6-15。

每度电的计划成本为 0.34 元，每小时机修费的计划成本为 3.50 元；成本差异全部由管理费用负担。按车间生产甲、乙两种产品的生产工时比例分配，其中，甲产品的生产工时为 100 000 小时；乙产品的生产工时为 50 000 小时。分配记入产品成本计算单中“直接材料”成本项目，分配结果见表 6-17。

表 6-15 供电车间和机修车间提供的劳务量表

受益部门	供电车间/(°)	机修车间/小时
供电车间		400
机修车间	3 000	
基本生产车间	33 000	3 000
产品生产	27 000	
一般耗费	6 000	3 000
厂部管理部门	10 000	1 100
合　计	79 000	7 500

表 6-16 辅助生产费用分配表

201×年 8 月 单位：元

受益部门	供电(单位成本 0.34 元)		机修(单位成本 3.50 元)	
	用电度数/(°)	计划成本	机修工时/小时	计划成本
供电车间			400	1 400
机修车间	3 000	1 020		
基本生产车间	33 000	11 220	3 000	10 500
产品生产	27 000	9 180		
一般耗费	6 000	2 040	3 000	10 500
厂部管理部门	10 000	3 400	1 100	3 850
合 计	79 000	26 860	7 500	15 750
实际成本		16 765		15 680
成本差异		1 125		−70

表 6-17 产品生产用电分配表

201×年 8 月 单位：元

产品	生产工时/小时	分配率	分配金额
甲产品	100 000		6 120
乙产品	50 000		3 060
合 计	150 000	0.061 2	9 180

供电车间实际成本＝15 365＋1 400＝16 765(元)

机修车间实际成本＝14 660＋1 020＝15 680(元)

辅助生产费用分配的会计分录如下。

(1) 结转辅助生产计划成本

借：生产成本——辅助生产成本——供电车间 1 400
——机修车间 1 020
生产成本——基本生产成本——甲产品 6 120
——乙产品 3 060
制造费用——基本生产车间 12 540
管理费用 7 250
贷：生产成本——辅助生产成本——供电车间 15 640
——机修车间 15 750

(2) 结转辅助生产成本差异，成本差异全部由管理费用负担

借：管理费用 1 055
贷：生产成本——辅助生产成本——供电车间 1 125
——机修车间 −70

4. 分配制造费用

根据基本生产车间制造费用明细账(表 6-14)归集的制造费用总额,编制制造费用分配表,并登记基本生产成本明细账和有关成本计算单。

本例题按甲、乙两种产品的生产工时比例分配制造费用,分配结果见表 6-18。

表 6-18　制造费用分配表

车间名称：基本生产车间　　　　　　　　　　　　　　　　　　　　单位：元

产品	生产工时/小时	分配率	分配金额
甲产品	100 000		37 300
乙产品	50 000		18 650
合　计	150 000	0.373	55 950

制造费用分配的会计分录如下。

借：生产成本——基本生产成本——甲产品　　　37 300

　　　　　　　　　　　　　——乙产品　　　18 650

　贷：制造费用——基本生产车间　　　　　　　　55 950

5. 在完工产品与在产品之间分配生产费用

根据各产品成本计算单归集的生产费用合计数和有关生产数量记录,在完工产品和月末在产品之间分配生产费用。

该企业本月甲产品完工入库 500 件,月末在产品 100 件;乙产品完工入库 200 件,月末在产品 40 件。按约当产量比例法分别计算甲、乙两种产品的完工产品成本和月末在产品成本。月末在产品约当产量计算情况见表 6-19 和表 6-20。

表 6-19　在产品约当产量计算表(1)

产品名称：甲产品　　　　　　　　　　　　　　　　　　　　　　单位：件

成本项目	在产品数量	投料程度(加工程度)/%	约当产量
直接材料	100	100	100
直接人工	100	50	50
制造费用	100	50	50

表 6-20　在产品约当产量计算表

产品名称：乙产品　　　　　　　　　　　　　　　　　　　　　　单位：件

成本项目	在产品数量	投料程度(加工程度)/%	约当产量
直接材料	40	100	40
直接人工	40	50	20
制造费用	40	50	20

根据甲、乙两种产品的月末在产品约当产量,采用约当产量比例法在甲、乙两种产品的完工产品与月末在产品之间分配生产费用。具体分配情况见表 6-21 和表 6-22。

表 6-21 产品成本计算单(1)

产品名称：甲产品　　产成品：500 件　　在产品：100 件

摘　要	直接材料	直接人工	制造费用	合　计
月初在产品成本	164 000	32 470	3 675	200 145
本月发生生产费用	832 120	319 200	37 300	1 188 620
生产费用合计	996 120	351 670	40 975	1 388 765
完工产品数量	500	500	500	
在产品约当量	100	50	50	
总约当产量	600	550	550	
分配率(单位成本)	1 660.20	639.40	74.50	2 374.10
完工产品总成本	830 100	319 700	37 250	1 187 050
月末在产品成本	166 020	31 970	3 725	201 715

表 6-22 产品成本计算单(2)

产品名称：乙产品　　产成品：200 件　　在产品：40 件

摘　要	直接材料	直接人工	制造费用	合　计
月初在产品成本	123 740	16 400	3 350	143 490
本月发生生产费用	619 060	159 600	18 650	797 310
生产费用合计	742 800	176 000	22 000	940 800
完工产品数量	200	200	200	
在产品约当量	40	40	40	
总约当产量	240	220	220	
分配率(单位成本)	3 095	800	100	
完工产品总成本	619 000	160 000	20 000	799 000
月末在产品成本	123 800	16 000	2 000	141 800

6. 编制完工产品成本汇总表

根据表 6-21 和表 6-22 中的分配结果，编制完工产品成本汇总表(表 6-23)，并据以结转完工产品成本。

表 6-23 完工产品成本汇总表　　单位：元

成本项目	甲产品(500 件)		乙产品(200 件)	
	总成本	单位成本	总成本	单位成本
直接材料	830 100	1 660.20	619 000	3 095
直接人工	319 700	639.40	160 000	800
制造费用	37 250	74.50	20 000	100
合　计	1 187 050	2 374.10	799 000	3 995

根据完工产品成本汇总表或成本计算单及成品入库单，结转完工入库产品的生产成本。编制会计分录如下。

借：库存商品——甲产品　　1 187 050

　　　　　——乙产品　　799 000

　贷：生产成本——基本生产成本——甲产品　　1 187 050

　　　　　　　　　　　　　　——乙产品　　799 000

同步思考 6-2

资料：吴方刚大学毕业，回到家乡某地级市的一家小型水泥厂从事成本会计核算工作。吴方通过一周时间的学习，知道了水泥的生产工艺流程分别是原料破碎和粉磨、生料制备和均化、水泥熟料的烧成、水泥粉磨、水泥包装五道工序。根据水泥生产流程，吴方认为该水泥厂生产的水泥尽管是典型的分步骤生产，但由于该水泥厂是小型企业，属于大量、大批多步骤生产，管理上不要求按步骤计算产品成本，因此，将该水泥厂成本核算方法确定为品种法。

问题：吴方确定成本的核算方法是否科学合理？实际成本核算时应如何具体实施呢？

第三节　实践课业

一、课业任务

学生通过学习产品成本计算的品种法，根据以下资料，运用 Excel 创建品种法成本计算电算化模型，用产品成本计算的品种法计算出完工产品成本和在产品成本。

资料：新华厂仅生产 A、B 两种产品，201×年 8 月初投产 A、B 两种产品，分别为 600 件和 400 件。成本项目的分配方法如下：材料费用按材料消耗定额进行分配、电力费用按生产工时进行分配、辅助生产费用用交互分配法分配、制造费用按生产工人工资的比例分配。9 月其他有关资料如下。

(1) 共同耗用甲材料 5 880 千克，该材料单位计划成本 100 元，成本差异率为 2%，单位消耗定额 A、B 产品分别为 4 千克、8 千克，车间一般耗用材料 4 000 元。

(2) A、B 产品共同耗用燃料费用 41 983.2 元。

(3) A、B 产品共耗用电力费用 48 600 元，A、B 两种产品的单位生产工时分别为 100 小时和 120 小时，车间照明等用电 3 000 元。应付工资总额为 150 000 元，其中生产 A、B 两种产品的工人工资分别为 40 000 元和 60 000 元，车间管理人员工资 10 000 元，企业管理人员工资 40 000 元，并按规定比例提取职工福利费、工会经费和教育经费。

(4) 生产车间固定资产折旧费 6 000 元,办公等费用 4 000 元。

(5) 设有供水和机修两车间,发生的费用总额分别为 27 000 元和 23 000 元,供应的对象和数量为供水车间用机修 200 小时,基本生产车间用机修 3 000 小时,机修车间用水 500 吨,基本生产车间用水 9 500 吨。

二、课业目标

(1) 理解品种法的含义及适用范围。

(2) 掌握品种法的成本计算程序和账务处理。

(3) 能够合理地选择产品成本计算方法,熟练使用 Excel 建立模型进行计算。

(4) 能根据业务资料进行产品成本分配的账务处理。

三、理论指导

(一) 品种法的特点

1. 成本计算对象

品种法以各种产品作为成本计算对象,并据以设置产品成本明细账归集生产费用和计算产品成本。如果企业生产的产品不止一种,就需要以每种产品作为成本计算对象,分别设置产品成本明细账。

2. 成本计算期

由于大量、大批生产的企业,其生产是连续不断地进行的,为了按月计算损益,产品成本是定期按月计算的,与会计报告期一致,与产品生产周期不一致。

3. 完工产品与期末在产品成本计算

(1) 在单步骤生产中,没有在产品或在产品很少时,月末可不计算在产品成本;

(2) 在大量、大批多步骤生产中,月末在产品数量较多时,生产费用应在完工产品和在产品之间进行分配。

(二) 品种法的计算程序

品种法的计算程序如下。

(1) 按照产品品种设置有关成本明细账;

(2) 归集和分配本月发生的各项费用;

(3) 分配辅助生产费用;

(4) 分配制造费用;

(5) 计算本月完工产品实际总成本和单位成本;

(6) 结转本月完工产品成本。

四、课业组织安排

(1) 学生利用计算机对指定案例材料进行上机操作。

(2) 学生完成计算分析后，利用网络资源展示自己的学习成果，其他学生给出评价。

(3) 教师对学生的成果进行全面点评。

五、课业范例

品种法成本计算电算化模型的创建

资料：江海电器有限公司201×年1月生产甲、乙、丙三种产品。第一生产车间生产甲、乙两种产品；第二生产车间生产丙种产品，产品的生产成本按照品种法计算。甲、乙两种产品的期末在产品只负担原材料费用，不负担加工费用，原材料费用按照完工产品数量和月末在产品数量比例计算。丙产品期末在产品成本按约当产量计算。原材料在生产过程开始时一次投入，甲、乙两种产品共同耗用的原材料费用按照单位材料消耗定额资料计算，蒸汽费用按照蒸汽消耗定额计算，其他费用按照生产工时比例分配。加工费用随加工程度陆续发生，月末在产品加工程度平均为50%，固定资产折旧按年限法计算，辅助生产费用按照一次交互分配法分配。不可修复废品成本按定额成本计算。公司设有机修和蒸汽两个辅助生产车间为基本生产与管理部门提供劳务及产品。其他有关资料将在下面给出。

(1) 本月产量记录、投料及加工程度资料，如图6-2所示。

	A	B	C	D	E	F	G	H	I	J
1	江海电器有限公司									
2	201×年									
3	月份：01月									
4	(1) 产量记录、投料及加工程度：									
5	项目	甲产品			乙产品			丙产品		
6		件	投料	加工	件	投料	加工	件	投料	加工
7	月初在产品数量	440	100%	100%	0	100%	50%	1 000	100%	50%
8	本月投产数量	1 560			606			4 000		
9	本月完工数量	2 000			404			3 000		
10	本月废品数量	0			6					
11	月末在产品数量	0	100%	100%	200	100%	50%	2 000	100%	50%

图 6-2

(2) 本月工时记录资料，如图6-3所示。

13	(2) 工时记录			
14	项目	甲产品	乙产品	丙产品
15	月初在产品工时	535		3 000
16	本月投产工时	4 625	9 250	7 800
17	可修复废品工时		1 125	
18	不可修复废品工时		120	

图 6-3

(3) 本月月初在产品成本资料，如图6-4所示。

20	(3) 月初在产品成本			
21	项目	甲产品	乙产品	丙产品
22	直接材料	10 365	0	26 000
23	燃料和动力	86	0	1 508
24	直接人工	473	0	3 140
25	制造费用	630	0	4 350
26	合计	11 554	0	34 998

图 6-4

(4) 本月发生材料费资料,如图 6-5 所示。

	A	B C D	E F	G H	I J
28	(4) 本月发生材料费用				
29	用途	原料及主要材料	辅助材料	燃料	低值易耗品
30	甲产品		1 435	294	
31	乙产品			1 470	
32	两种产品共同耗用*	119 700			
33	丙产品	105 925	3 075	1 225	
34	废品损失	95	205		
35	第一生产车间	3 135	5 740		576
36	第二生产车间	1 900	2 460		840
37	机修车间	95	82	49	144
38	蒸汽车间			392	48
39	管理部门		492	245	960
40	待摊费用				12 960
41	合计	230 850	13 489	3 675	15 528
42	*按甲、乙两种产品定额消耗量比例分配				

图 6-5

(5) 本月发生外购动力费用资料,如图 6-6 所示。

44	(5) 本月发生外购动力费用			
45	车间或部门	用途	数量(度)	电费支出(元)
46	第一生产车间	生产产品耗用*	30 000	
47		车间照明	1 000	
48	第二生产车间	生产产品耗用	25 000	
49		车间照明	2 200	
50	机修车间	车间耗用	850	
51	蒸汽车间	车间耗用	450	
52	管理部门	厂部照明	2 600	
53	合计		62 100	6 210
54	*按甲、乙两种产品和废品工时比例分配			

图 6-6

(6) 本月发生工资、福利费及工会经费资料,如图 6-7 所示。

56	(6) 本月发生工资、福利费及工会经费			
57	车间或部门	工资	福利费	工会经费
58	第一生产车间:生产工人*	18 000	2 520	
59	管理人员	425	59.5	
60	第二生产车间:生产工人	9 000	1 260	
61	管理人员	275	38.5	
62	机修车间	500	70	
63	蒸汽车间	350	49	
64	管理部门	1 250	175	596
65	合计	29 800	4 172	596
66	*按甲、乙两种产品和废品工时比例分配			

图 6-7

(7) 本月固定资产折旧费资料,如图 6-8 所示。

68	(7) 本月固定资产折旧费			
69	车间或部门	固定资产原值	净残值	预计使用年限
70	第一生产车间	900 000	42 000	10
71	第二生产车间	600 000	38 400	12
72	机修车间	40 000	1 120	12
73	蒸汽车间	25 800	600	14
74	管理部门	60 100	2 500	6

图 6-8

(8) 本月辅助生产费用资料,如图 6-9 所示。

76	(8) 本月辅助生产产品和劳务耗用情况及单位产品消耗定额		
77	项目	机修(工时)	蒸汽(立方米)
78	机修车间	–	400
79	蒸汽车间	300	–
80	第一生产车间:生产产品耗用		440
81	车间一般耗用	600	120
82	第二生产车间:生产产品耗用		720
83	车间一般耗用	1 000	240
84	管理部门耗用	400	80
85	合计	2 300	2 000
86	甲产品蒸汽消耗定额		0.1667
87	乙产品蒸汽消耗定额		0.3334
88	*按甲、乙两种产品蒸汽消耗定额标准分配		

图 6-9

(9) 本月产品定额资料,如图 6-10 所示。

90	(9) 定额资料									
91	项目	甲产品			乙产品			丙产品		
92		数量	单耗	成本	数量	单耗	成本	数量	单耗	成本
93	直接材料		23.308	0	6	150	900.00			
94	燃料和动力			0	6	6.75	40.50			
95	直接人工			0	6	21	126.00			
96	制造费用			0	6	32	192.00			
97	合计			0			1258.50			
98	不可修复废品料入库价值						412.5			

图 6-10

(10) 本月应摊销的待摊费用资料,如图 6-11 所示。

100	(10) 本月应摊销的待摊费用			
101	车间或部门	低值易耗品	保险费	包装物
102	第一生产车间	920	500	
103	第二生产车间	1 500	1 000	
104	机修车间	100	320	
105	蒸汽车间	30	40	
106	管理部门	690		1 750
107	合计	3 240	1 860	1 750

图 6-11

(11) 本月应提取的预提费用资料,如图 6-12 所示。

109	(11) 本月应提取的预提费用			
110	车间或部门	大修理费	租赁费	利息费用
111	第一生产车间	4 000	700	
112	第二生产车间	2 600		
113	机修车间	186		
114	蒸汽车间	64		
115	管理部门		500	700
116	合计	6 850	1 200	700

图 6-12

(12) 本月用银行存款支付的其他费用资料,如图 6-13 所示。

根据以上资料,在 Excel 电子工作表中,创建品种法成本计算电算化模型的步骤如下。

(1) 启动 Excel 表,录入有关资料

启动 Excel 电子工作表,将案例按品种法计算产品成本的有关资料录入 Excel 电子

118	（12）本月用银行存款支付的其他费用			
119	车间或部门	办公费	差旅费	保险费
120	第一生产车间	380	748	
121	第二生产车间	550	1057.5	
122	机修车间	280	119	
123	蒸汽车间	20	12	
124	管理部门	2 300	1 271	
125	待摊费用			11 370
126	合计	3 530	3207.5	11 370

图　6-13

工作表Sheet1的A1:J126单元格区域，参见图6-1～图6-12，并将该工作表的标签Sheet1重命名为“资料”。

(2) 创建材料费用分配电算化模型

① 输入材料费用分配的相关资料。在工作表Sheet2中输入材料费用分配的相关项目，同时将该表重命名为“材料分配”，如图6-14所示。

	A	B	C	D	E	F
1	江海电器有限公司					
2	材料费用分配表					
3	201×年					
4	月份：01月					
5	项目	实际产量（件）	单位消耗定额（千克）	定额消耗量（千克）	分配率	材料成本（元）
6	甲产品					
7	乙产品					
8	丙产品					
9	合计					

图　6-14

② 链接“资料”工作表获取资料。用鼠标单击B6单元格，输入“＝”(等号)或直接用鼠标单击公式栏内的“＝”按钮，作为链接“资料”的开始，然后单击屏幕左下方工作表的“资料”标签，进入“资料”工作表，单击B8单元格(即“产量记录、投料及加工程度”中的甲产品本月的实际投产量)，然后按下“确定”按钮，甲产品的产量资料就被链接到“材料分配”模型的B6单元格，如图6-15所示。

B6　fx　=资料!B8

	A	B	C	D	E	F
1	江海电器有限公司					
2	材料费用分配表					
3	201×年					
4	月份：01月					
5	项目	实际产量（件）	单位消耗定额（千克）	定额消耗量（千克）	分配率	材料成本（元）
6	甲产品	1560				
7	乙产品					
8	丙产品					
9	合计					

图　6-15

用同样的方法将甲产品的单位消耗定额、乙产品的实际产量、乙产品的单位消耗定额及甲、乙两种产品共同耗用的材料成本合计，从“资料”工作表链接到“材料分配”工作表的模型中，如图6-16所示。

③ 输入公式计算定额消耗量。用鼠标单击D6单元格，输入“＝”(等号)或直接用鼠标单击公式栏内的“＝”按钮，然后用鼠标单击B6单元格，输入运算符“＊”(乘号)，再用

鼠标单击 C6 单元格，在公式栏内就显示出我们所输入的公式"＝B6＊C6"，如图 6-17 所示。

F9　=资料!B32

	A	B	C	D	E	F
1	江海电器有限公司					
2	材料费用分配表					
3	201×年					
4	月份：01月					
5	项目	实际产量（件）	单位消耗定额（千克）	定额消耗量（千克）	分配率	材料成本（元）
6	甲产品	1560	23.308			
7	乙产品	606	150			
8	丙产品					
9	合计					119700

图　6-16

SUM　=B6*C6

	A	B	C	D	E	F
1	江海电器有限公司					
2	材料费用分配表					
3	201×年					
4	月份：01月					
5	项目	实际产量（件）	单位消耗定额（千克）	定额消耗量（千克）	分配率	材料成本（元）
6	甲产品	1560	23.308	=B6*C6		
7	乙产品	606	150			
8	丙产品					
9	合计					119700
10						

图　6-17

按下"确定"按钮，甲产品的定额消耗量就计算出来了，同理可计算出乙产品的定额消耗量。本例甲、乙产品的定额消耗量分别为 36 360.48 千克和 90 900 千克。接着用鼠标单击 D9 单元格，然后单击常用工具栏内的"自动求和"按钮"$\sum$"，求出甲、乙两种产品定额消耗量合计数。本例甲、乙两种产品定额消耗量合计为 127 260.48 千克，如图 6-18 所示。

D9　=SUM(D6:D7)

	A	B	C	D	E	F
1	江海电器有限公司					
2	材料费用分配表					
3	201×年					
4	月份：01月					
5	项目	实际产量（件）	单位消耗定额（千克）	定额消耗量（千克）	分配率	材料成本（元）
6	甲产品	1560	23.308	36360.48		
7	乙产品	606	150	90900		
8	丙产品					
9	合计			127260.48		119700
10						

图　6-18

④ 输入公式计算材料费用分配率。用鼠标单击 E9 单元格，输入"＝"(等号)或直接用鼠标单击公式栏内的"＝"按钮，然后用鼠标单击 F9 单元格，输入运算符"/"(除号)，再用鼠标单击 D9 单元格，在公式栏内就显示出我们所输入的公式"＝F9/D9"，如图 6-19 所示。

用鼠标单击"确定"按钮，按公式"＝F9/D9"计算的材料分配率就计算出来了，本例材料费用分配率为 0.940 590 512。

SUM =F9/D9

	A	B	C	D	E	F
1	江海电器有限公司					
2	材料费用分配表					
3	201×年					
4	月份：01月					
5	项目	实际产量（件）	单位消耗定额（千克）	定额消耗量（千克）	分配率	材料成本（元）
6	甲产品	1560	23.308	36360.48		
7	乙产品	606	150	90900		
8	丙产品					
9	合计			127260.48	=F9/D9	119700

图 6-19

⑤ 输入公式计算甲、乙两种产品各自应负担的材料费用。用鼠标单击 F6 单元格，输入“＝”(等号)或直接用鼠标单击公式栏内的“＝”按钮，然后用鼠标单击 D6 单元格，输入运算符“＊”(乘号)，再用鼠标单击 E9 单元格，在公式栏内就显示出我们所输入的公式“＝D6＊E9”，同时按下 Fn 键和 F4 键，将 E9 转换为绝对引用“＄E＄9”，如图 6-20 所示。

SUM =D6*$E$9

	A	B	C	D	E	F
1	江海电器有限公司					
2	材料费用分配表					
3	201×年					
4	月份：01月					
5	项目	实际产量（件）	单位消耗定额（千克）	定额消耗量（千克）	分配率	材料成本（元）
6	甲产品	1560	23.308	36360.48		=D6*$E$9
7	乙产品	606	150	90900		
8	丙产品					
9	合计			127260.48	0.940590512	119700

图 6-20

用鼠标单击“确定”按钮，按公式“＝D6＊＄E＄9”，计算的甲产品应负担的材料费用就计算出来了，本例甲产品应负担的材料费用为 34 200.322 49 元。接着将鼠标指针指向 F6 单元格的右下角，待鼠标指针变为黑色实心“十”时，按住鼠标左键拖向 F7 单元格，计算出乙产品应负担的材料费用。本例乙产品应负担的材料费用为 85 499.677 51 元，如图 6-21 所示。

F6 =D6*$E$9

	A	B	C	D	E	F
1	江海电器有限公司					
2	材料费用分配表					
3	201×年					
4	月份：01月					
5	项目	实际产量（件）	单位消耗定额（千克）	定额消耗量（千克）	分配率	材料成本（元）
6	甲产品	1560	23.308	36360.48		34200.32249
7	乙产品	606	150	90900		85499.67751
8	丙产品					
9	合计			127260.48	0.940590512	119700

图 6-21

至此，“材料费用分配电算化模型”的创建及材料费用分配工作就完成了。

(3) 创建动力费用分配电算化模型

① 输入动力费用分配的相关资料。在工作表 Sheet3 中输入动力费用分配的相关项

目，同时将该表重命名为“动力分配”，参见图 6-21。

② 链接“资料”工作表获取资料。用鼠标单击 C9 单元格，输入“＝”（等号）或直接用鼠标单击公式栏的“＝”按钮，作为链接“资料”的开始，然后单击屏幕左下方工作表的“资料”标签，进入“资料”工作表，单击 E6 单元格（即“本月发生外购动力费用”中的第一生产车间生产产品耗用的动力数量），然后按下“确定”按钮，第一生产车间产品生产耗用的动力资料就被链接到“动力分配”模型的 C9 单元格。接着将动力费用分的其他资料从“资料”工作表链接到“动力分配”模型的相应单元格。同时按下 Ctrl 键和～键，显示公式形式，如图 6-22 所示。

	A	B	C	D	E	F	G
1			江海电器有限公司				
2			材料费用分配表				
3			201×年				
4	月份：01月						
5	项目	受益产品或部门	耗用动力（度数）	分配率	耗用工时	分配率	动力费用
6	第一生产车间	甲产品			=资料!B16		
7		乙产品			=资料!E16		
8		可修复产品			=资料!E17		
9	小计		=资料!E46				
10	第二生产车间	丙产品	=资料!E48				
11	小计						
12	第一生产车间		=资料!E47				
13	第二生产车间		=资料!E49				
14	小计						
15	机修车间	机修工时	=资料!E50				
16	蒸汽车间	蒸汽	=资料!E51				
17	小计						
18	管理部门	水电费	=资料!E52				
19	合计						=资料!H53

图 6-22

③ 调用“自动求和”函数，计算动力耗用量合计。用鼠标单击 C11 单元格，然后单击常用工具栏内的自动求和按钮“$\sum$”，求出甲、乙、丙三种产品耗用的动力小计数。用同样的方法计算出生产车间、辅助生产车间耗用的动力数的小计数及全厂耗用动力的合计数，如图 6-23 所示。

	A	B	C	D	E	F	G
1			江海电器有限公司				
2			材料费用分配表				
3			201×年				
4	月份：01月						
5	项目	受益产品或部门	耗用动力（度数）	分配率	耗用工时	分配率	动力费用
6	第一生产车间	甲产品			=资料!B16		
7		乙产品			=资料!E16		
8		可修复产品			=资料!E17		
9	小计		=资料!E46				
10	第二生产车间	丙产品	=资料!E48				
11	小计		=SUM(C9:C10)				
12	第一生产车间		=资料!E47				
13	第二生产车间		=资料!E49				
14	小计		=SUM(C12:C13)				
15	机修车间	机修工时	=资料!E50				
16	蒸汽车间	蒸汽	=资料!E51				
17	小计		=SUM(C15:C16)				
18	管理部门	水电费	=资料!E52				
19	合计		=SUM(C11+C14+C17+C18)				=资料!H53

图 6-23

④ 输入公式计算动力费用分配率。用鼠标单击 D19 单元格，输入“＝”(等号)或直接用鼠标单击公式栏内的“＝”按钮，然后用鼠标单击 G19 单元格，输入运算符“/”(除号)，再用鼠标单击 C19 单元格，在公式栏内就显示出我们所输入的公式“＝G19/C19”。用鼠标单击“确定”按钮，按公式“＝G19/C19”计算的动力费用分配率就计算出来了，本例动力费用分配率为 0.1。再次同时按下 Ctrl 键和～键，显示公式计算结果，如图 6-24 所示。

D19　fx　=G19/C19

	A	B	C	D	E	F	G
1	江海电器有限公司						
2	材料费用分配表						
3	201×年						
4	月份：01月						
5	项目	受益产品或部门	耗用动力（度数）	分配率	耗用工时	分配率	动力费用
6	第一生产车间	甲产品			4625		
7		乙产品			9250		
8		可修复产品			1125		
9	小计		30000				
10	第二生产车间	丙产品	25000				
11	小计		55000				
12	第一生产车间		1000				
13	第二生产车间		2200				
14	小计		3200				
15	机修车间	机修工时	850				
16	蒸汽车间	蒸汽	450				
17	小计		1300				
18	管理部门	水电费	2600				
19	合计		62100	0.1			6210

图　6-24

⑤ 输入公式计算产品和部门应负担的动力费用。用鼠标单击 G9 单元格，输入“＝”(等号)或直接用鼠标单击公式栏内的“＝”按钮，然后用鼠标单击 C9 单元格，输入运算符“＊”(乘号)，再用鼠标单击 D19 单元格，在公式栏内就显示出我们所输入的公式“＝C9＊D19”，同时按下 Fn 键和 F4 键，将 D19 转换为绝对引用“＄D＄19”，如图 6-25 所示。

SUM　fx　=C9*$D$19

	A	B	C	D	E	F	G
1	江海电器有限公司						
2	材料费用分配表						
3	201×年						
4	月份：01月						
5	项目	受益产品或部门	耗用动力（度数）	分配率	耗用工时	分配率	动力费用
6	第一生产车间	甲产品			4625		
7		乙产品			9250		
8		可修复产品			1125		
9	小计		30000				=C9*$D$19
10	第二生产车间	丙产品	25000				
11	小计		55000				
12	第一生产车间		1000				
13	第二生产车间		2200				
14	小计		3200				
15	机修车间	机修工时	850				
16	蒸汽车间	蒸汽	450				
17	小计		1300				
18	管理部门	水电费	2600				
19	合计		62100	0.1			6210

图　6-25

用鼠标单击“确定”按钮，按公式“＝C9＊＄D＄19”计算的第一生产车间产品生产应负担的动力费用就计算出来了，本例第一生产车间产品生产应负担的动力费用为 3 000 元。

接着将鼠标指针指向G9单元格的右下角，待鼠标指针变为黑色实心“十”时，按住鼠标左键向G10:G18单元格区域拖动，计算出丙产品和各部门应负担的动力费用，如图6-26所示。

G9　=C9*$D$19

	A	B	C	D	E	F	G
1	江海电器有限公司						
2	材料费用分配表						
3	201×年						
4	月份：01月						
5	项目	受益产品或部门	耗用动力（度数）	分配率	耗用工时	分配率	动力费用
6	第一生产车间	甲产品			4625		
7		乙产品			9250		
8		可修复产品			1125		
9	小计		30000				3000
10	第二生产车间	丙产品	25000				2500
11	小计		55000				5500
12	第一生产车间		1000				100
13	第二生产车间		2200				220
14	小计		3200				320
15	机修车间	机修工时	850				85
16	蒸汽车间	蒸汽	450				45
17	小计		1300				130
18	管理部门	水电费	2600				260
19	合计		62100	0.1			6210

图　6-26

现在分配到第一生产车间生产产品用的动力费用3 000元是为生产甲、乙两种产品和修理废品而发生的，根据案例要求应该按照耗用工时比例，将动力费用在甲、乙两种产品和废品之间进行分配。

用鼠标单击E9单元格，然后单击常用工具栏内的自动求和按钮“$\sum$”，求出甲、乙两种产品和废品耗用工时的小计数。然后用鼠标单击F9单元格，输入“＝”(等号)或直接用鼠标单击公式栏内的“＝”按钮，然后用鼠标单击G9单元格，输入运算符“/”(除号)，再用鼠标单击E9单元格，在公式栏内就显示出我们所输入的公式“＝G9/E9”。用鼠标单击“确定”按钮，按公式“＝G9/E9”计算的动力费用分配率就计算出来了，如图6-27所示。

SUM　=G9/E9

	A	B	C	D	E	F	G
1	江海电器有限公司						
2	材料费用分配表						
3	201×年						
4	月份：01月						
5	项目	受益产品或部门	耗用动力（度数）	分配率	耗用工时	分配率	动力费用
6	第一生产车间	甲产品			4625		
7		乙产品			9250		
8		可修复产品			1125		
9	小计		30000		15000	=G9/E9	
10	第二生产车间	丙产品	25000				2500
11	小计		55000				5500
12	第一生产车间		1000				100
13	第二生产车间		2200				220
14	小计		3200				320
15	机修车间	机修工时	850				85
16	蒸汽车间	蒸汽	450				45
17	小计		1300				130
18	管理部门	水电费	2600				260
19	合计		62100	0.1			6210

图　6-27

用鼠标单击 G6 单元格，输入“＝”(等号)或直接用鼠标单击公式栏内的“＝”按钮，然后用鼠标单击 E6 单元格，输入运算符“＊”(乘号)，再用鼠标单击 F9 单元格，在公式栏内就显示出我们所输入的公式“＝E6＊F9”，同时按下 Fn 键和 F4 键，将 F9 转换为绝对引用“＄F＄9”，用鼠标单击“确定”按钮，按公式“＝E6＊＄F＄9”计算甲产品应负担的动力费用就计算出来了。接着将鼠标指针指向 G6 单元格的右下角，待鼠标指针变为黑色实心“十”时，按住鼠标左键向 G7：G8 单元格区域拖动，计算出乙产品和废品应负担的动力费用。

注意，如果分配率是无限小数，可能会产生尾差，这时可将尾差全部计入废品中。在本例中，如果存在无限小数，可先分别计算出甲、乙两种产品应负担的动力费用，然后用 3 000 元减去甲、乙两种产品应负担的动力费用，即为废品应负担的动力费用，如图 6-28 所示。

G6　fx　=E6*$F$9

	A	B	C	D	E	F	G
1			江海电器有限公司				
2			材料费用分配表				
3			201×年				
4	月份：01月						
5	项目	受益产品或部门	耗用动力（度数）	分配率	耗用工时	分配率	动力费用
6	第一生产车间	甲产品			4625		925
7		乙产品			9250		1850
8		可修复产品			1125		225
9	小计		30000		15000	0.2	3000
10	第二生产车间	丙产品	25000				2500
11	小计		55000				5500
12	第一生产车间		1000				100
13	第二生产车间		2200				220
14	小计		3200				320
15	机修车间	机修工时	850				85
16	蒸汽车间	蒸汽	450				45
17	小计		1300				130
18	管理部门	水电费	2600				260
19	合计		62100	0.1			6210

图　6-28

至此，“动力费用分配电算化模型”创建及动力费用分配工作就完成了(参见第二章直接材料费用分配电算化模型)。

(4) 创建工资及福利费用分配电算化模型

① 输入工资及福利费用分配的相关资料。插入工作表，输入工资及福利费用分配的相关项目，同时将该表重命名为“工资分配”，参见图 6-29。

	A	B	C	D	E	F
1			江海电器有限公司			
2			工资费用分配表			
3			201×年			
4	月份：01月					
5	产品名称	实际工时	工资分配率	工资费用	福利费用	合计
6	甲产品	=资料!B16				
7	乙产品	=资料!E16				
8	可修复废品	=资料!E17				
9	合计			=资料!B58		

图　6-29

② 链接“资料”工作表获取资料。用鼠标单击B6单元格，输入“=”(等号)或直接用鼠标单击公式栏内的“=”按钮，作为链接工作表的开始，然后单击屏幕左下方工作表的“资料”标签进入“资料”工作表，单击B16单元格(即“工时记录”中甲产品本月的实际工时)，然后按下“确定”按钮，甲产品的实际工时资料就被链接到“工资分配”模型的B6单元格。用同样的方法将乙产品和可修复废品的实际工时以及甲、乙两种产品和可修复废品共同耗用的工资费用合计数，从“资料”工作表链接到“工资分配”模型中，同时按下Ctrl键和～键，模型中所有公式转换为公式显示，如图6-29所示。

③ 输入公式计算工资分配率。用鼠标单击B9单元格，然后单击常用工具栏内的自动求和按钮“$\sum$”，求出甲、乙两种产品和可修复废品实际工时的合计数。用鼠标单击C9单元格，输入“=”(等号)或直接用鼠标单击公式栏内的“=”按钮，然后用鼠标单击D9单元格，输入运算符“/”(除号)，再用鼠标单击B9单元格，在公式栏内就显示出我们所输入的公式“=D9/B9”。按下“确定”按钮，工资分配率就计算出来了，如图6-30所示。

	A	B	C	D	E	F
1	江海电器有限公司					
2	工资费用分配表					
3	201×年					
4	月份：01月					
5	产品名称	实际工时	工资分配率	工资费用	福利费用	合计
6	甲产品	=资料!B16				
7	乙产品	=资料!E16				
8	可修复废品	=资料!E17				
9	合计	=SUM(B6:B8)	=D9/B9	=资料!B58		

图 6-30

④ 输入公式计算甲、乙两种产品和废品各自应负担的工资及福利费用。用鼠标单击D6单元格，输入“=”(等号)或直接用鼠标单击公式栏内的“=”按钮。然后用鼠标单击B6单元格，输入运算符“*”(乘号)，再用鼠标单击C9单元格，同时按下Fn键和F4键，将C9转换为绝对引用“$C$9”，在公式栏内就显示出我们所输入的公式“=B6*$C$9”。单击“确定”按钮，甲产品应负担的工资费用就计算出来了，如图6-31所示。

	A	B	C	D	E	F
1	江海电器有限公司					
2	工资费用分配表					
3	201×年					
4	月份：01月					
5	产品名称	实际工时	工资分配率	工资费用	福利费用	合计
6	甲产品	=资料!B16		=B6*$C$9		
7	乙产品	=资料!E16				
8	可修复废品	=资料!E17		=B8*$C$9		
9	合计	=SUM(B6:B8)	=D9/B9	=资料!B58		

图 6-31

接着将鼠标指针指向D6单元格的右下角，待鼠标指针变为黑色实心“十”时，按住鼠标左键向D8单元格拖动，计算出乙产品和可修复废品应负担的工资费用。

用同样的方法可以计算出甲、乙两种产品和可修复废品应负担的福利费用。用鼠标单击E6单元格，输入“=”(等号)或直接用鼠标单击公式栏内的“=”按钮，然后用鼠标单击 D6 单元格，输入运算符"＊"(乘号)，再输入 14%，在公式栏内就显示出我们所输入的公式"＝D6＊14%"。单击"确定"按钮，甲产品应负担的福利费就计算出来了，接着将鼠标指针指向 F6 单元格的右下角，待鼠标指针变为黑色实心"十"时，按住鼠标左键拖向 F7:E8单元格区域，计算出乙产品和可修复废品应负担的福利费用，如图 6-32 所示。

	A	B	C	D	E	F
1	江海电器有限公司					
2	工资费用分配表					
3	201×年					
4	月份：01月					
5	产品名称	实际工时	工资分配率	工资费用	福利费用	合计
6	甲产品	=资料!B16		=B6*$C$9	=D6*14%	=SUM(D6:E6)
7	乙产品	=资料!E16		=B7*$C$9	=D7*14%	=SUM(D7:E7)
8	可修复废品	=资料!E17		=B8*$C$9	=D8*14%	=SUM(D8:E8)
9	合计	=SUM(B6:B8)	=D9/B9	=资料!B58	=D9*14%	=SUM(D9:E9)

图　6-32

再次，同时按下 Ctrl 键和～键，显示公式计算结果，如图 6-33 所示。

	A	B	C	D	E	F
1	江海电器有限公司					
2	工资费用分配表					
3	201×年					
4	月份：01月					
5	产品名称	实际工时	工资分配率	工资费用	福利费用	合计
6	甲产品	4625		5550	777	6327
7	乙产品	9250		11100	1554	12654
8	可修复废品	1125		1350	189	1539
9	合计	15000	1.2	18000	2520	20520

图　6-33

至此，"工资及福利费用分配电算化模型"的创建和工资及福利费用的分配工作就完成了。

(5) 创建固定资产折旧计算电算化模型

① 输入计算固定资产折旧的相关资料。插入工作表，输入计算固定资产折旧的相关项目，同时将该表重命名为"折旧"，如图 6-34 所示。

	A	B	C
1	江海电器有限公司		
2	固定资产折旧（使用年限法）计算表		
3	201×年		
4	月份：01月		
5	部门		折旧额
6	第一生产车间		=SLN(资料!B70,资料!E70,资料!H70)/12
7	第二生产车间		
8	机修车间		
9	蒸汽车间		
10	管理部门		
11	合计		

图　6-34

② 调用函数计算固定资产月折旧额。用鼠标单击 C6 单元格，单击工具栏内的"fx"即"粘贴函数"按钮，弹出"粘贴函数"对话框，单击"函数分类(C)"栏选择"财务"类，在"函数名(N)"栏选择"SLN"函数名，调出"SLN"函数。

按下“确定”按钮，弹出 SLN 函数计算年折旧额的“参数”编辑对话框。单击参数 Cost 编辑对话框右边的红色箭头“折叠”对话框按钮，折叠“粘贴函数”对话框，然后单击工作表左下方标有“资料”的标签，进入“资料”工作表，单击 B70 单元格(即第一生产车间的“本月固定资产折旧资料”的原值)，然后按下“确定”按钮，第一生产车间固定资产原值资料就被链接到“折旧”模型中，再次单击“折叠”对话框按钮右边的红色箭头，回到 SLN 函数计算年折旧额的“参数”编辑对话框。单击 Salvage 编辑对话框右边的红色箭头“折叠”对话框按钮，然后单击工作表左下方标有“资料”的标签，进入“资料”工作表，单击 E70 单元格，然后按下“确定”按钮，第一生产车间固定资产残值资料就被链接到“折旧”模型中，再次单击“折叠”对话框按钮右边的红色箭头，回到 SLN 函数计算年折旧额的“参数”编辑对话框。单击 Life 编辑对话框右边的红色箭头“折叠对话框”按钮，然后单击工作表左下方标有“资料”的标签，进入“资料”工作表，单击 H70 单元格，然后按下“确定”按钮，第一生产车间固定资产预计使用年限资料就被链接到“折旧”模型中，再次单击“折叠”对话框按钮右边的红色箭头，回到 SLN 函数计算年折旧额的“参数”编辑对话框，单击“确定”按钮后，在 C6 单元格中内就会显示出计算固定资产年折旧额的函数“＝SLN(资料!B70，资料!E70，资料!H70)”。注意，这里我们是按年计算的折旧额，所以在上述 0 函数之后再除以 12 即可得到月折旧额，如图 6-34 所示。

接着将鼠标指针指向 C6 单元格的右下角，待鼠标指针变为黑色实心“十”时，按住鼠标左键拖向 C7:C10 单元格区域，计算出第二生产车间、机修车间、蒸汽车间和管理部门的月折旧额。最后使用自动求和工具计算出折旧费用的合计数，如图 6-35 所示。

	A	B	C
1	江海电器有限公司		
2	固定资产折旧（使用年限法）计算表		
3	201×年		
4	月份：01月		
5	部门		折旧额
6	第一生产车间		=SLN(资料!B70,资料!E70,资料!H70)/12
7	第二生产车间		=SLN(资料!B71,资料!E71,资料!H71)/12
8	机修车间		=SLN(资料!B72,资料!E72,资料!H72)/12
9	蒸汽车间		=SLN(资料!B73,资料!E73,资料!H73)/12
10	管理部门		=SLN(资料!B74,资料!E74,资料!H74)/12
11	合计		=SUM(C6:C10)

图 6-35

再次同时按下 Ctrl 键和～键，模型中所有公式显示转换为计算结果，各个部门的折旧费用及其合计就计算出来了，如图 6-36 所示。

至此，“折旧计算电算化模型”的创建及折旧费用的分配工作就完成了。

(6) 创建辅助生产费用分配电算化模型分配辅助生产费用

① 链接分配辅助生产费用的相关资料。插入工作表，建立辅助生产费用分配(交互分配法)模型，并将该表重命名为“辅助生产分配”，参见图 6-37。

② 链接“资料”工作表获取资料。将辅助生产车间向各受益单位提供的劳务数量和发生的费用链接到辅助生产费用分配模型中，将“资料”工作表“本月辅助生产产品和劳

C11 =SUM(C6:C10)

	A	B	C
1	江海电器有限公司		
2	固定资产折旧（使用年限法）计算表		
3	201×年		
4	月份：01月		
5	部门		折旧额
6	第一生产车间		7150.00
7	第二生产车间		3900.00
8	机修车间		270.00
9	蒸汽车间		150.00
10	管理部门		800.00
11	合计		12270
12			

图 6-36

C7 =资料!B37+资料!E37+资料!G37+资料!I37+动力分配!G15+资

	A	B	C	D	E	F
1	江海电器有限公司					
2	辅助生产费用（交互分配法）分配表					
3	201×年					
4	月份：01月					
5	项目	机修车间		蒸汽车间		费用合计
6		机修工时	费用	供汽数量	费用	
7	交互分配前	=资料!B85	=资料!B37+	=资料!E85	=资料!B38	
8	分配率					
9	交互分配					
10	机修车间			=资料!E78		
11	蒸汽车间	=资料!B79				
12						
13	交互分配后					
14	分配率					
15	对外分配					
16	第一生产车间：产品用	=资料!B80		=资料!E80		
17	管理用	=资料!B81		=资料!E81		
18	第二生产车间：产品用	=资料!B82		=资料!E82		
19	管理用	=资料!B83		=资料!E83		
20	管理部门	=资料!B84		=资料!E84		
21	合计					

图 6-37

务耗用情况及单位产品消耗定额”资料中的机修工时和供气数量分别链接到B7与D7单元格；将“资料”工作表中机修车间本月耗用的材料费用、动力费用、工资和福利费用、折旧费用、本月应摊销的低值易耗品及保险费用、提取的大修理费用、发生的办公费用和差旅费用（即资料!B37＋资料!E37＋资料!G37＋资料!I37＋动力分配!G15＋资料!B62＋资料!E62＋折旧!C8＋资料!B104＋资料!E104＋资料!B113＋资料!B122＋资料!E122）链接到C7单元格，同理将“资料”工作表中蒸汽车间本月耗用的材料费用、动力费用、工资和福利费用、折旧费用、本月应摊销的低值易耗品及保险费用、提取的大修理费用、发生的办公费用和差旅费用（资料!B38＋资料!E38＋资料!G38＋资料!I38＋动力分配!G16＋资料!B63＋资料!E63＋折旧!C9＋资料!B105＋资料!E105＋资料!B114＋资料!B123＋资料!E123）链接到E7单元格；将机修车间向蒸汽车间提供的劳务数量链接到B11，将蒸汽车间向机修车间提供的产品数量链接到D10；然后再将机修车间向辅助生产车间以外的受益单位提供的劳务数量链接到B16:B20，将蒸汽车间向辅助生产车间以外的受益单位提供的产品数量链接到D16:D20，如图6-37所示。

③ 对内分配辅助生产费用。根据各辅助生产车间发生的总费用和提供的劳务或产

品的总数量，计算出一个辅助生产费用分配率在相互提供劳务或产品的辅助生产车间之间进行第一次分配。

在C8单元格输入公式"＝C7/B7"，计算出机修车间的内部分配率，本例内部分配率为1，在C11单元格输入公式"＝B11＊C8"，计算出按内部分配率机修车间应分配给蒸汽车间的费用；在E8单元格输入公式"＝E7/D7"，计算出蒸汽车间的内部分配率，本例内部分配率为0.6，在E10单元格输入公式"＝D10＊E8"，计算出按内部分配率蒸汽车间应分配给机修车间的费用。在交互分配之后栏内输入公式分别计算出机修车间和蒸汽车间应对外分配的产品、劳务的数量和金额，如图6-38所示。

	A	B	C	D	E	F
1	江海电器有限公司					
2	辅助生产费用（交互分配法）分配表					
3	201×年					
4	月份：01月					
5	项目	机修车间		蒸汽车间		费用合计
6		机修工时	费用	供汽数量	费用	
7	交互分配前	=资料!B85	=资料!B37+资	=资料!E85	=资料!B38+资	
8	分配率		=C7/B7		=E7/D7	
9	交互分配					
10	机修车间			=资料!E78	=D10*E8	
11	蒸汽车间	=资料!B79	=B11/C8			
12						
13	交互分配后	=B7-B11	=C7-C11+E10	=D7-D10	=E7+C11-E10	
14	分配率					
15	对外分配					
16	第一生产车间：产品用	=资料!B80		=资料!E80		
17	管理用	=资料!B81		=资料!E81		
18	第二生产车间：产品用	=资料!B82		=资料!E82		
19	管理用	=资料!B83		=资料!E83		
20	管理部门	=资料!B84		=资料!E84		
21	合计					

图 6-38

④ 对外分配辅助生产费用。根据辅助生产车间经过交互分配后的费用（即各辅助生产车间交互分配前发生的费用加上交互分配转入的费用，再减去交互分配转出的费用）和对辅助生产车间以外各受益单位提供的劳务或产品的数量，再计算出一个分配率，然后按该分配率将各辅助生产车间的费用分配到辅助生产车间以外的受益单位。

在C14单元格输入公式"＝C13/B13"，计算出机修车间的对外分配率，本例对外分配率为1.12，在C16单元格输入公式"＝B16＊C14"，并同时按下Fn键和F4键将C14转换为"$C$14"计算出机修车间应分配给第一生产车间生产产品用的修理费用，然后将鼠标指针指向C16单元格的右下角，待鼠标指针变为黑色实心"十"时，按住鼠标左键拖向C17:C20单元格区域，计算出机修车间分配给其他外部受益单位的费用。同理，在E14单元格输入公式"＝E13/D13"，计算出蒸汽车间的对外分配率，本例对外分配率为0.787 5，在E16单元格输入公式"＝D16＊E14"，并同时按下Fn键和F4键将E14转换为"$E$14"计算出蒸汽车间应分配给第一生产车间生产产品用的蒸汽费用，然后将鼠标指针指向E6单元格的右下角，待鼠标指针变为黑色实心"十"时，按住鼠标左键拖向E17:E20单元格区域，计算出蒸汽车间分配给其他外部受益单位的费用，如图6-39所示。

⑤ 计算费用合计。用鼠标单击F7单元格，输入公式"＝SUM(C7＋E7)"。用鼠标

	A	B	C	D	E	F
1	江海电器有限公司					
2	辅助生产费用（交互分配法）分配表					
3	201×年					
4	月份：01月					
5	项目	机修车间		蒸汽车间		费用合计
6		机修工时	费用	供汽数量	费用	
7	交互分配前	=资料!B85	=资料!B37+资	=资料!E85	=资料!B38+资	
8	分配率		=C7/B7		=E7/D7	
9	交互分配					
10	机修车间			=资料!E78	=D10*E8	
11	蒸汽车间	=资料!B79	=B11/C8			
12						
13	交互分配后	=B7-B11	=C7-C11+E10	=D7-D10	=E7+C11-E10	
14	分配率		=C13/B13		=E13/D13	
15	对外分配					
16	第一生产车间：产品用	=资料!B80	=B16*$C$14	=资料!E80	=D16*$E$14	
17	管理用	=资料!B81	=B17*$C$14	=资料!E81	=D17*$E$14	
18	第二生产车间：产品用	=资料!B82	=B18*$C$14	=资料!E82	=D18*$E$14	
19	管理用	=资料!B83	=B19*$C$14	=资料!E83	=D19*$E$14	
20	管理部门	=资料!B84	=B20*$C$14	=资料!E84	=D20*$E$14	
21	合计					

图 6-39

单击“确定”按钮，交互分配之前的机修费用和蒸汽费用的合计数就计算出来了。同理，用鼠标单击 F16 单元格，输入公式“=SUM(C16+E16)”。用鼠标单击“确定”按钮，第一生产车间产品生产应负担的机修费用和蒸汽费用的合计数就计算出来了。用鼠标指针指向 F16 单元格的右下角，待鼠标指针变为黑色实心“十”时，按住鼠标左键拖向F17:F20 单元格区域，计算出其他受益部门应负担的机修费用和蒸汽费用的合计数，如图 6-40 所示。

	A	B	C	D	E	F
1	江海电器有限公司					
2	辅助生产费用（交互分配法）分配表					
3	201×年					
4	月份：01月					
5	项目	机修车间		蒸汽车间		费用合计
6		机修工时	费用	供汽数量	费用	
7	交互分配前	=资料!B85	=资料!B37+资料	=资料!E85	=资料!B38+资	=SUM(C7+E7)
8	分配率		=C7/B7		=E7/D7	
9	交互分配					=SUM(C9+E9)
10	机修车间			=资料!E78	=D10*E8	=SUM(C10+E10)
11	蒸汽车间	=资料!B79	=B11/C8			=SUM(C11+E11)
12						=SUM(C12+E12)
13	交互分配后	=B7-B11	=C7-C11+E10	=D7-D10	=E7+C11-E10	=SUM(C13+E13)
14	分配率		=C13/B13		=E13/D13	=SUM(C14+E14)
15	对外分配					=SUM(C15+E15)
16	第一生产车间：产品用	=资料!B80	=B16*$C$14	=资料!E80	=D16*$E$14	=SUM(C16+E16)
17	管理用	=资料!B81	=B17*$C$14	=资料!E81	=D17*$E$14	=SUM(C17+E17)
18	第二生产车间：产品用	=资料!B82	=B18*$C$14	=资料!E82	=D18*$E$14	=SUM(C18+E18)
19	管理用	=资料!B83	=B19*$C$14	=资料!E83	=D19*$E$14	=SUM(C19+E19)
20	管理部门	=资料!B84	=B20*$C$14	=资料!E84	=D20*$E$14	=SUM(C20+E20)
21	合计		=SUM(C16:C20)		=SUM(E16:E20)	=SUM(C21+E21)

图 6-40

同时按下 Ctrl 键和～键，模型中所有公式显示转换为计算结果，如图 6-41 所示。

由于分配到第一生产车间的蒸汽费用是用于生产甲、乙两种产品共同发生的，因此需要将蒸汽费用在甲、乙两种产品之间进行分配，在辅助生产费用(交互分配法)分配表下建立蒸汽费用分配表，其分配过程如图 6-42 所示。

同时按下 Ctrl 键和～键，模型中所有公式显示转换为计算结果，如图 6-43 所示。

	A	B	C	D	E	F
1	江海电器有限公司					
2	辅助生产费用（交互分配法）分配表					
3	201×年					
4	月份：01月					
5	项目	机修车间		蒸汽车间		费用合计
6		机修工时	费用	供汽数量	费用	
7	交互分配前	2300	2300	2000	1200	3500
8	分配率		1		0.6	
9	交互分配					0
10	机修车间			400	240	240
11	蒸汽车间	300	300			300
12						0
13	交互分配后	2000	2240	1600	1260	3500
14	分配率		1.12		0.7875	
15	对外分配					0
16	第一生产车	0	0	440	346.5	346.5
17		600	672	120	94.5	766.5
18	第二生产车	0	0	720	567	567
19		1000	1120	240	189	1309
20	管理部门	400	448	80	63	511
21	合计	2000	2240	1600	1260	3500

图 6-41

	A	B	C	D	E	F
23	蒸汽费用分配表					
24	201×年1月					
25	产品名称	投产量	单耗定额	定额耗用量	分配率	金额
26	甲产品	=资料!B8	=资料!E86	=B26*C26		=$E$28*D26
27	乙产品	=资料!E8	=资料!E87	=B27*C27		=$E$28*D27
28	合计	=SUM(B26:B27)		=SUM(D26:D27)	=F28/D28	=F16

图 6-42

	A	B	C	D	E	F
23	蒸汽费用分配表					
24	201×年1月					
25	产品名称	投产量	单耗定额	定额耗用量	分配率	金额
26	甲产品	1560	0.1667	260.05		195.00
27	乙产品	606	0.3334	202.04		151.50
28	合计	2166		462.09	0.75	346.50

图 6-43

至此，“辅助生产费用分配电算化模型”的创建及辅助生产费用的分配工作就完成了。

(7) 创建制造费用分配电算化模型分配制造费用

① 链接分配制造费用的相关资料。插入工作表，建立制造费用分配电算化模型，并将该表重命名为“制造费用分配”，参见图 6-43。将生产车间发生的制造费用链接到制造费用分配电算化模型中，将“资料”工作表本月第一生产车间发生制造费用，包括材料费用、动力费用、工资和福利费用、折旧费用、本月应摊销的低值易耗品及保险费、提取的大修理费用、发生的办公费用和差旅费用等即“SUM(资料!B35:J35)＋动力分配!G12＋资料!B59＋资料!E59＋资料!H59＋折旧!C6＋辅助生产分配!F17＋资料!B102＋资料!E102＋资料!H102＋资料!B111＋资料!E111＋资料!H111＋资料!B120＋资料!E120＋资料!H120)”加总并链接到 E11 单元格，同理将“资料”工作表中的甲、乙两种产品和废品的工时记录分别链接到 C7、C8 和 C9 单元格，作为分配制造费用的分配标准，如图 6-44 所示。

E11 =SUM(资料!B35:J35)+动力分配!G12+资料!B59+资料!E59+
料!E111+资料!H111+资料!B120+资料!E120+资料!H120

	A	B	C	D	E
1	江海电器有限公司				
2	制造费用分配表				
3	201×年				
4	第一生产车间				
5	月份:	01月			
6	产品名称	成本项目	分配标准（工时）	分配率	金额
7	甲产品	制造费用	=资料!B16		
8	乙产品	制造费用	=资料!E16		
9	废品		=资料!E17		
10					
11	合计				=SUM(资料!B35:J35)

图 6-44

② 分配第一生产车间的制造费用。根据本月发生的制造费用总额和分配标准(工时)总量,计算出一个制造费用分配率。即在D11单元格输入公式“=E11/C11”,计算出本例制造费用分配率0.6,然后根据分配率将制造费用分配到甲、乙两种产品,如图6-45所示。

E11 =SUM(资料!B35:J35)+动力分配!G12+资料!B59+资
料!E111+资料!H111+资料!B120+资料!E120+资料!

	A	B	C	D	E
1	江海电器有限公司				
2	制造费用分配表				
3	201×年				
4	第一生产车间				
5	月份:	01月			
6	产品名称	成本项目	分配标准（工时）	分配率	金额
7	甲产品	制造费用	=资料!B16		=C7*$D$11
8	乙产品	制造费用	=资料!E16		=C8*$D$11
9	废品		=资料!E17		=C9*$D$11
10					=C10*$D$11
11	合计		=SUM(C7:C10)	=E11/C11	=SUM(资料!B35:J35)

图 6-45

同时按下Ctrl键和～键,模型中所有公式显示转换为计算结果,如图6-46所示。

	A	B	C	D	E
1	江海电器有限公司				
2	制造费用分配表				
3	201×年				
4	第一生产车间				
5	月份:	01月			
6	产品名称	成本项目	分配标准（工时）	分配率	金额
7	甲产品	制造费用	4625		7770.00
8	乙产品	制造费用	9250		15540.00
9	废品		1125		1890.00
10					0.00
11	合计		15000	1.68	25200.00

图 6-46

③ 分配第二生产车间的制造费用。因第二生产车间只生产丙产品,因此该车间发生的所有间接成本都应计入制造费用,将“资料”工作表本月第二生产车间发生制造费用,包括材料费用、动力费用、工资和福利费用、折旧费用、本月应摊销的低值易耗品及保险费用、提取的大修理费用、发生的办公费用和差旅费用等即“SUM(资料!B36:J36)+动力分配!G13+资料!B61+资料!E61+资料!H61+折旧!C7+辅助生产分配!F19+资料!

B103＋资料!E103＋资料!B112＋资料!E112＋资料!H112＋资料!B121＋资料!E121”加总并链接到 E18 单元格，如图 6-47 所示。

E18 =SUM(资料!B36:J36)+动力分配!G13+资料!B61+资料!E61+资料!H61

	A	B	C	D	E
12					
13					
14			第二生产车间		
15	月份：	01月			
16	产品名称	成本项目	分配标准（工时）	分配率	金额
17	丙产品	制造费用	=资料!H16		=C17*D18
18	合计		=SUM(C17:C17)	=E18/C18	=SUM(资料!B36:J36)+动

图 6-47

同时按下 Ctrl 键和～键，模型中所有公式显示转换为计算结果，如图 6-48 所示。

	A	B	C	D	E
12					
13					
14			第二生产车间		
15	月份：	01月			
16	产品名称	成本项目	分配标准（工时）	分配率	金额
17	丙产品	制造费用	7800		17650
18	合计		7800	2.26282051	17650

图 6-48

至此，“制造费用分配电算化模型”的创建及制造费用分配的工作就完成了。

(8) 创建计算在产品约当产量电算化模型，计算丙产品的约当产量

在本例中由于江海电器有限公司第一生产车间生产的甲、乙两种产品期末在产品成本按照所耗原材料费用计算，不负担加工费用，第二生产车间生产的丙产品期末在产品成本按约当产量计算。因此，这里我们只要计算出丙产品期末在产品的约当产量就可以了。

其步骤如下：插入工作表，建立约当产量计算电算化模型，并将该表重命名为“约当产量”。将计算丙产品约当产量的有关资料从“资料”工作表链接到“约当产量”计算工作表中，然后输入公式计算出丙产品期末在产品的约当产量，如图 6-49 所示。

	A	B	C	D	E
1			江海电器有限公司		
2			约当产量计算表		
3			201×年		
4	月份：	01月			
5			第二生产车间		
6	项目	丙产品	完工程度	原材料	加工费用
7	完工产品产量	=资料!H9	=资料!I7	=B7*C7	=B7*C7
8	在产品产量	=资料!H11	=资料!J7		
9	材料费用约当产量			=B8*C7	
10	加工费用约当产量				=B8*C8
11	约当产量合计			=SUM(D7:D10)	=SUM(E7:E10)

图 6-49

同时按下 Ctrl 键和～键，模型中所有公式显示转换为计算结果，如图 6-50 所示。

至此，“在产品约当产量的计算电算化模型”的创建和在产品约当产量的计算工作就完成了。

	A	B	C	D	E
1	江海电器有限公司				
2	约当产量计算表				
3	201×年				
4	月份:	01月			
5	第二生产车间				
6	项目	丙产品	完工程度	原材料	加工费用
7	完工产品产量	3000	100%	3000	3000
8	在产品产量	2000	50%		
9	材料费用约当产量			2000	
10	加工费用约当产量				1000
11	约当产量合计			5000	4000

图　6-50

(9) 计算完工产品和在产品成本

经过以上成本计算工作,现在到了计算产品成本的最后阶段。在本例中要求计算出江海电器有限公司第一生产车间生产的甲、乙两种产品的产品成本和期末在产品成本以及第二生产车间生产的丙产品的产品成本和期末在产品成本。插入工作表,建立产品成本计算模型,并将该表重命名为"成本计算"。

首先,计算第一生产车间甲、乙两种产品的产品成本。

计算甲产品成本的步骤如下:创建成本计算电算化模型并将计算甲产品成本的有关资料,从"资料"工作表链接到"成本计算"工作表第一生产车间的"甲产品成本计算单"中,然后输入公式计算出甲产品的完工产品成本、单位产品成本和在产品成本,如图 6-51 所示。

	A	B	C	D	E	F	G	H	I	J
1	江海电器有限公司									
2	201×年									
3	月份:		01月							
4	第一生产车间成本计算单									
5	产品名称:			甲产品		完工产品:	2000	在产品:	0	
6	201×年		凭证		直接	燃料和	直接	制造	废品	
7	月	日	号码	摘要	材料	动力	人工	费用	损失	合计
8	01	1		月初在产品成本	=资料!B22	=资料!B23	=资料!B24	=资料!B25		=SUM(E8:I8)
9		31		分配材料费用	=材料分配!F6+资料!E30	=资料!G30				=SUM(E9:I9)
10				分配外购动力费		=动力分配!G6				=SUM(E10:I10)
11				分配工资、福利费			=工资分配!F6			=SUM(E11:I11)
12				分配辅助生产费用		=辅助生产分配!F26				=SUM(E12:I12)
13				分配制造费用				=制造费用分配!E7		=SUM(E13:I13)
14				不可修复废品损失转出	=-资料!D93	=-资料!D94	=-资料!D95	=-资料!D96		=SUM(E14:I14)
15				可修复废品损失转入						=SUM(E15:I15)
16				合计	=SUM(E8:E15)	=SUM(F8:F15)	=SUM(G8:G15)	=SUM(H8:H15)		=SUM(E16:I16)
17	=A8	=B9		完工转出产品成本	=E16-E19	=F16-F19	=G16-G19	=H16-H19		=SUM(E17:I17)
18				单位产品成本	=E17/$G$5	=F17/$G$5	=G17/$G$5	=H17/$G$5		=SUM(E18:I18)
19	=A17	=B17		月末在产品成本	=I5/(G5+I5)*E16					

图　6-51

同时按下 Ctrl 键和～键,甲产品成本计算单中所有公式显示转换为计算结果,如图 6-52 所示。

计算乙产品成本的步骤如下:在甲产品成本计算单的下方,建立乙产品成本计算单。创建成本计算电算化模型并将计算乙产品成本的有关资料,从"资料"工作表链接到"成本计算"工作表第一生产车间的"乙产品成本计算单"中,然后输入公式计算出乙产品的完工产品成本、单位产品成本和在产品成本。由于该企业单独计算废品损失,因此在乙产品成本计算单的下面建立乙产品废品损失成本计算单,计算出废品损失,如图 6-53 所示。

	A	B	C	D	E	F	G	H	I	J
1					江海电器有限公司					
2					201×年					
3	月份：	01月								
4					第一生产车间成本计算单					
5	产品名称：			甲产品		完工产品:	2000	在产品:	0	
6	201×年		凭证		直接	燃料和	直接	制造	废品	
7	月	日	号码	摘要	材料	动力	人工	费用	损失	合计
8	01	1		月初在产品成本	10365.00	86.00	473.00	630.00		11554.00
9		31		分配材料费用	35635.32	294.00				35929.32
10				分配外购动力费		925.00				925.00
11				分配工资、福利费			6327.00			6327.00
12				分配辅助生产费用		195.00				195.00
13				分配制造费用				7770.00		7770.00
14				不可修复废品损失转出	0.00	0.00	0.00	0.00		0.00
15				可修复废品损失转入						0.00
16				合计	46000.32	1500.00	6800.00	8400.00		62700.32
17	01	31		完工转出产品成本	46000.32	1500.00	6800.00	8400.00		62700.32
18				单位产品成本	23.00	0.75	3.40	4.20		31.35
19	01	31		月末在产品成本	0.00	0.00	0.00	0.00	0.00	0.00

图 6-52

	A	B	C	D	E	F	G	H	I	J
21	产品名称：		乙产品			完工产品：	=资料!E9	在产品：	=资料!E11	
22	201×年		凭证		直接	燃料和	直接	制造	废品	
23	月	日	号码	摘要	材料	动力	人工	费用	损失	合计
24	01	1		月初在产品成本	0	0	0	0		=SUM(E24:I24)
25				分配材料费用	=材料分配!F7	=资料!G31				=SUM(E25:I25)
26				分配外购动力费		=动力分配!G7				=SUM(E26:I26)
27				分配工资、福利费			=工资分配!F7			=SUM(E27:I27)
28				分配辅助生产费用		=辅助生产分配!F2				=SUM(E28:I28)
29				分配制造费用				=制造费用分配!E8		=SUM(E29:I29)
30				不可修复废品损失转出	=-资料!G93	=-资料!G94	=-资料!G95	=-资料!G96		=SUM(E30:I30)
31				可修复废品损失转入						=SUM(E31:I31)
32				合计	=SUM(E24:E31)	=SUM(F24:F31)	=SUM(G24:G31	=SUM(H24:H31)		=SUM(E32:I32)
33	=A24	=B17		完工转出产品成本	=E32-E34	=F32-F34	=G32-G34	=H32-H34		=SUM(E33:I33)
34	=A33	=B33		月末在产品成本	=I21/(G21+I21)*E3					
35										
36	产品名称：		乙产品废品损失					废品：	=资料!E10	
37	201×年		凭证		直接	燃料和	直接	制造	废品	
38	月	日	号码	摘要	材料	动力	人工	费用	损失	合计
39	01	1		分配材料费用	=资料!B34+资料!E34					=SUM(E39:I39)
40				分配外购动力费		=动力分配!G8				=SUM(E40:I40)
41				分配工资、福利费			=工资分配!F8			=SUM(E41:I41)
42				分配制造费用				=制造费用分配!E9		=SUM(E42:I42)
43				可修复废品损失小计	=SUM(E39:E42)	=SUM(F39:F42)	=SUM(G39:G42	=SUM(H39:H42)		
44				不可修复废品损失转入	=E30	=F30	=G30	=H30		=SUM(E44:I44)
45				废品残料入库	=资料!G98					=SUM(E45:I45)
46				合计	=E43-E44-E45	=F43-F44	=G43-G44	=H43-H44		=SUM(E46:I46)
47	=A39	=B32		分配转出废品净损失	=E46	=F46	=G46	=H46		=SUM(E47:I47)

图 6-53

同时按下 Ctrl 键和～键，乙产品和废品损失计算单中所有公式显示转换为计算结果，如图 6-54 所示。

其次，计算第二车间丙产品的产品成本。

计算丙产品成本的步骤如下：在废品损失成本计算单的下面，建立丙产品成本计算单，并将计算丙产品成本有关资料，从“资料”工作表链接到“丙产品成本计算单”中，然后输入公式计算出丙产品的完工产品成本、单位产品成本和在产品成本，如图 6-55 所示。

同时按下 Ctrl 键和～键，丙产品成本计算单中所有公式显示转换为计算结果，如图 6-56 所示。

(10) 创建完工产品成本汇总计算表

在完成所有成本计算工作之后，我们应当编制“完工产品成本汇总计算表”，集中反映企业当月生产的各种产品的总成本和单位成本。

	A	B	C	D	E	F	G	H	I	J
20										
21	产品名称：		乙产品			完工产品：	404	在产品：	200	
22	201×年		凭证		直接	燃料和	直接	制造	废品	
23	月	日	号码	摘要	材料	动力	人工	费用	损失	合计
24	01	1		月初在产品成本	0.00	0.00	0.00	0.00		0.00
25				分配材料费用	85499.68	1470.00				86969.68
26				分配外购动力费		1850.00				1850.00
27				分配工资、福利费			12654.00			12654.00
28				分配辅助生产费用		151.50				151.50
29				分配制造费用				15540.00		15540.00
30				不可修复废品损失转出	-900.00	-40.50	-126.00	-192.00		-1258.50
31				可修复废品损失转入						0.00
32				合计	84599.68	3431.00	12528.00	15348.00		115906.68
33	01	31		完工转出产品成本	56586.54	3431.00	12528.00	15348.00		87893.54
34	01	31		月末在产品成本	28013.14					
35										
36	产品名称：		乙产品废品损失					废品：	6	
37	201×年		凭证		直接	燃料和	直接	制造	废品	
38	月	日	号码	摘要	材料	动力	人工	费用	损失	合计
39	01	1		分配材料费用	300.00					300.00
40				分配外购动力费		225.00				225.00
41				分配工资、福利费			1539.00			1539.00
42				分配制造费用				1890.00		1890.00
43				可修复废品损失小计	300.00	225.00	1539.00	1890.00		
44				不可修复废品损失转入	-900.00	-40.50	-126.00	-192.00		-1258.50
45				废品残料入库	412.50					412.50
46				合计	787.50	265.50	1665.00	2082.00		4800.00
47	01	0		分配转出废品净损失	787.50	265.50	1665.00	2082.00		4800.00

图　6-54

	A	B	C	D	E	F	G	H	I	J
50	第二生产车间成本计算单									
51	产品名称：		丙产品			完工产品：	=资料!H9	在产品约当产量：		=约当产量!E10
52	201×年		凭证		直接	燃料和	直接	制造	废品	
53	月	日	号码	摘要	材料	动力	人工	费用	损失	合计
54	01	1		月初在产品成本	=资料!H22	=资料!H23	=资料!H24	=资料!H25		=SUM(E54:I54)
55				分配材料费用	=资料!B33+资料!E33	=资料!G33				=SUM(E55:I55)
56				分配外购动力费		=动力分配!G10				=SUM(E56:I56)
57				分配工资、福利费			=资料!B60+资料!E60			=SUM(E57:I57)
58				分配辅助生产费用		=辅助生产分配!F18				=SUM(E58:I58)
59				分配制造费用				=制造费用分配!E18		=SUM(E59:I59)
60				合计	=SUM(E54:E59)	=SUM(F54:F59)	=SUM(G54:G59)	=SUM(H54:H59)		=SUM(E60:I60)
61				约当产量	=约当产量!D11	=约当产量!$E$11	=约当产量!$E$11	=约当产量!$E$11		
62				单位成本	=E60/E61	=F60/F61	=G60/G61	=H60/H61		=SUM(E62:I62)
63	=A54	=B47		转出完工产品成本	=E60-E64	=F60-F64	=G60-G64	=H60-H64		=SUM(E63:I63)
64	=A63	=B63		月末在产品成本	=约当产量!D9*E62	=$J$51*F62	=$J$51*G62	=$J$51*H62		=SUM(E64:I64)

图　6-55

	A	B	C	D	E	F	G	H	I	J
50	第二生产车间成本计算单									
51	产品名称：		丙产品			完工产品：	3000	产品约当产量：		1000
52	201×年		凭证		直接	燃料和	直接	制造	废品	
53	月	日	号码	摘要	材料	动力	人工	费用	损失	合计
54	01	1		月初在产品成本	26000.00	1508.00	3140.00	4350.00		34998.00
55				分配材料费用	109000.00	1225.00				110225.00
56				分配外购动力费		2500.00				2500.00
57				分配工资、福利费			10260.00			10260.00
58				分配辅助生产费用		567.00				567.00
59				分配制造费用				17650.00		17650.00
60				合计	135000.00	5800.00	13400.00	22000.00		176200.00
61				约当产量	5000.00	4000.00	4000.00	4000.00		
62				单位成本	27.00	1.45	3.35	5.50		37.30
63	01	31		转出完工产品成本	81000.00	4350.00	10050.00	16500.00		111900.00
64	01	31		月末在产品成本	54000.00	1450.00	3350.00	5500.00		64300.00

图　6-56

建立“完工产品成本汇总计算表”的步骤如下：插入工作表，并将该表重命名为“成本汇总”。输入“完工产品成本汇总计算表”的有关指标，同时将甲产品、乙产品和丙产品的总成本与其他有关资料，从“成本计算”工作表链接到“成本汇总”工作表中，然后输入公式计算出各种产品的单位产品成本和成本合计。在“完工产品成本汇总计算表”中输入的有关公式和链接的相关资料，如图 6-57 所示。

	A	B	C	D	E	F	G	H
1	江海电器有限公司							
2	完工产品成本汇总计算表							
3	201×年							
4	月份：	01月						
5	项目	甲产品		乙产品		丙产品		
6	产量	=成本计算!G5		=成本计算!G21		=成本计算!G51		合计
7		总成本	单位成本	总成本	单位成本	总成本	单位成本	
8	直接材料	=成本计算!E17	=B8/$B$6	=成本计算!E33	=D8/$D$6	=成本计算!E63	=F8/$F$6	=B8+D8+F8
9	燃料和动力	=成本计算!F17	=B9/$B$6	=成本计算!F33	=D9/$D$6	=成本计算!F63	=F9/$F$6	=B9+D9+F9
10	直接人工	=成本计算!G17	=B10/$B$6	=成本计算!G33	=D10/$D$6	=成本计算!G63	=F10/$F$6	=B10+D10+F10
11	制造费用	=成本计算!H17	=B11/$B$6	=成本计算!H33	=D11/$D$6	=成本计算!H63	=F11/$F$6	=B11+D11+F11
12	废品损失			=成本计算!I33	=D12/$D$6			=B12+D12+F12
13	合计	=SUM(B8:B12)	=SUM(C8:C12)	=SUM(D8:D12)	=SUM(E8:E12)	=SUM(F8:F12)	=SUM(G8:G12)	=SUM(H8:H12)

图 6-57

同时按下 Ctrl 键和～键，“完工产品成本汇总计算表”中所有公式显示转换为计算结果，如图 6-58 所示。

	A	B	C	D	E	F	G	H
1	江海电器有限公司							
2	完工产品成本汇总计算表							
3	201×年							
4	月份：	01月						
5	项目	甲产品		乙产品		丙产品		
6	产量	2000		404		3000		合计
7		总成本	单位成本	总成本	单位成本	总成本	单位成	
8	直接材料	46000.32	23.00016	56586.539	140.06569	81000	27	183586.86
9	燃料和动力	1500	0.75	3431	8.4925743	4350	1.45	9281
10	直接人工	6800	3.4	12528	31.009901	10050	3.35	29378
11	制造费用	8400	4.2	15348	37.990099	16500	5.5	40248
12	废品损失			0	0			0
13	合计	62700.32	31.35016	87893.539	217.55827	111900	37.3	262493.86

图 6-58

至此，“品种法成本计算电算化模型”的创建和成本计算工作就全部完成了。

课后练习

一、名词解释

品种法　　约当产量比例法　　约当产量

二、单项选择题

1. 产品成本计算的品种法，是一种(　　)计算产品成本的方法。

   A. 按产品品种、不按产品批别、按各生产步骤的各种产品

   B. 按产品类别、不按产品批别和产品生产步骤

   C. 按产品品种、不按产品批别和产品生产步骤

   D. 按产品品种、产品批别和产品生产步骤

2. 品种法就是(　　)。

   A. 简易成本计算法

   B. 按照产品品种和生产步骤计算产品成本的方法

   C. 按照产品品种计算产品成本的方法

   D. 单一法

3. 品种法适用于(　　)。

   A. 大量生产

   B. 成批生产

   C. 单件小批生产

   D. 大量、大批单步骤生产和管理上不要求分步骤计算成本的大量、大批多步骤生产

4. 品种法的根本特点是(　　)。

   A. 以产品品种为成本计算对象

   B. 成本计算一般要按月进行

   C. 月末一般应根据具体情况处理在产品成本

   D. 不分步骤计算产品成本

5. 品种法的成本计算期与(　　)是不一致的，一般是按月进行的。

   A. 生产周期　　B. 会计核算期

   C. 会计分期　　D. 生产日期

三、多项选择题

1. 品种法适用于(　　)。

   A. 单件单步骤生产

   B. 大量、大批生产规模较小的多步骤生产

   C. 大量、大批单步骤生产

   D. 大量、大批按流水线组织的多步骤生产

   E. 小批单步骤生产

2. 品种法可用于(   )。

A. 小批单件生产

B. 大量、大批单步骤生产

C. 管理上不要求分步骤计算成本的多步骤生产

D. 多步骤生产

3. 品种法适用于(   )。

A. 多步骤但管理上不要求分步骤计算成本的单件生产

B. 多步骤但管理上不要求分步骤计算成本的大批生产

C. 大量、大批生产的单步骤生产

D. 多步骤生产,管理上要求分步骤计算成本的大批生产

4. 下列企业中,适合运用品种法计算产品成本的有(   )。

A. 糖果厂　　B. 饼干厂

C. 拖拉机厂　　D. 造船厂

5. 下列有关品种法的计算程序叙述中,正确的有(   )。

A. 如果只生产一种产品,只需为这种产品开设一张产品成本明细账

B. 如果生产多种产品,要按照产品的品种分别开设产品成本明细账

C. 发生的各项直接费用直接记入各产品成本明细账

D. 发生的间接费用则采用适当的分配方法在各种产品之间进行分配

四、填空题

1. 品种法从生产组织方面说,适用于________生产;从生产工艺上说,适用于________生产或管理上不要求分步骤计算成本的多步骤生产。

2. 产品成本计算的品种法是以________作为成本计算对象,来归集生产费用,计算产品成本的一种方法。

五、思考题

1. 什么是品种法? 其适用范围如何?

2. 品种法有哪些特点?

3. 简述品种法的成本计算程序。

同步思考参考答案

6-1 解析

因为品种法广泛应用于大量、大批单步骤生产的企业。发电厂属于大量、大批单步骤生产的企业,由于发电厂自燃料等投入燃料车间。生产后,生产过程就不间断地进行,直至最终生产出电力产品为止,企业以电力为成本计算对象,设置生产成本明细账(产品

成本计算单），成本计算定期按月进行，期末没有在产品。所以，企业采用品种法核算产品成本。

6-2 解析

本任务中吴方确定的成本核算方法科学合理，因为对于大量、大批多步骤生产可以采用分步法核算成本，若管理上不要求分步法核算成本也可以采用品种法核算，本任务中管理上未做要求，所以吴方的核算方法是科学合理的。

实际成本核算中应将产品生产过程中所发生的各项费用，按照财务会计制度上的有关规定，进行审核、归集和分配，计算完工产品成本和在产品成本。具体实施参照品种法的成本核算程序。

第七章　分　批　法

学习目标

1. 了解分批法的特点及适用范围。
2. 掌握分批法的计算原理及成本计算程序。
3. 掌握一般分批法的特点及具体应用方法。
4. 掌握简化分批法的特点及具体应用方法。
5. 了解一般分批法与简化分批法的异同点。

基本概念

分批法　　当月分配法　　累计分配法

第一节 分批法概述

成本计算的分批法是按产品的批别归集生产费用，计算产品成本的一种方法。在小批、单件生产的企业中，产品的品种和每批产品的批量往往根据用户的订单确定，因而按照产品批别计算产品成本，往往也就是按照订单计算产品成本，因此产品成本计算的分批法，又被称为订单法。

一、分批法的适用范围

分批法通常适用于小批、单件生产，这种小批、单件生产企业往往根据客户的要求生产特殊规格、规定数量的产品，比如，造船厂的船舶制造、重型机器厂的专用设备、重型机械的制造，它可以是单件，也可以是几件；有些企业的生产必须根据市场的需要不断改变产品品种和数量，一般不可能大批量生产，如高档时装的生产；又如，机械修理厂，通常按每项修理业务计算产品成本；还适用于新产品的试制和辅助生产的工具模具的制造等；也适用于咨询公司、会计师事务所等服务性企业。

二、分批法的特点

（一）成本计算对象

分批法下，以产品的批别或订单作为成本计算对象。产品成本明细账要按照产品的批别或订货单位的订单来设置，并分别按成本项目来归集各批产品所发生的生产费用。

因为在单件、小批单步骤生产的企业中，生产活动一般是按照产品的批别或订单的要求来组织生产的，因而，按批、按件计算产品成本也就是按订单计算产品成本。每一张订单可能是一种产品，也可能是几种不同的产品，或者几张订单要求的都是相同的产品。这时，为了便于考核、分析各种产品成本计划的完成情况并便于进行生产管理，企业可以将几张订单的产品分批进行生产。如在同一期间，企业可将不同订货单位要求生产同一种产品的几张订单，合并为一批进行生产。如果属于大型复杂的产品，价值较大、生产周期较长，也可以按产品的组成部分分批组织生产。

采用分批法计算产品成本的企业在生产开始时，由生产计划部门根据产品批别或订单所要求的产品品种、数量、投产日期、完成日期，签发“生产任务通知单”（或称“工作命令单”），通知车间、供应部门和会计部门。车间根据“生产任务通知单”组织安排生产，供应部门及时准备材料，会计部门据以进行产品成本核算。

（二）成本计算期

分批法是以每批或每件产品的生产周期为成本计算期进行成本计算的，成本计算期与产品的生产周期相一致，而与会计报告期不一致。所以，在分批法下，完工产品的成本，不仅包括报告月份发生的成本费用，还包括以前月份所发生的成本费用。

（三）生产费用在完工产品与在产品之间的分配

在小批、单件生产下，由于完工产品成本计算期与生产周期一致，因而在月末计算产品成本时，一般不存在生产费用在完工产品和在产品之间进行分配的问题。

但在实际工作中，有些按批别组织生产、核算成本的企业，有时会发生批内产品一部分在这个月完工，另一部分在下个月完工的情况，也就是所谓批内产品跨月完工的情况。这部分先完工的产品一般由生产车间转入成品仓库，其成本也要从生产成本账户结转至库存商品账户。如果这部分产品先发售给订货人，还需将其成本从产成品账转入主营业务成本账。由于该批产品尚未完全完工，无法计算该批产品的总成本和单位成本，所以需要对这部分先完工产品的成本进行估计。部分完工产品成本的估算有以下几种方法。

(1) 以计划成本或定额成本作为实际成本，从生产成本明细账转出。

(2) 以近期生产同类产品的实际成本进行估计。在估算时，应考虑产品结构、生产条件等因素，并结合本批产品实际生产情况，加以适当调整。

(3) 按约当产量计算。对尚未完工产品，直接材料成本项目要对还需投料的成本做出估计，直接人工和制造费用等成本项目则按照完工程度折算约当产量进行分配。

【例题 7-1】 某企业 F106 订单生产甲仪器 30 台，其中 18 台已完工，12 台尚未完工，完工程度为 70%。已发生的直接材料、直接人工和制造费用分别为 40 000 元、23 760 元、18 480 元，估计还有 8 000 元材料尚未投入。其计算如下：

每台甲仪器的直接材料成本＝(40 000＋8 000)÷30＝1 600(元)

每台甲仪器的直接人工成本＝23 760÷(18＋12×70%)＝900(元)

每台甲仪器的制造费用＝18 480÷(18＋12×70%)＝700(元)

完工 18 台甲仪器成本＝(1 600＋900＋700)×18＝57 600(元)

12 台在产品成本＝(40 000＋23 760＋18 480)－57 600＝24 640(元)

据此，可编制如下部分产品完工入库的会计分录。

借：库存商品　　57 600

　贷：生产成本　　57 600

不论采用上述哪种方法计算部分完工产品的成本，都带有估计性质，因此，当该批产品全部完工时，还应重新计算全部产品的实际成本和单位成本。但对已经转账的完工产品成本，可不作账面调整。也就是说，当该批产品全部完工时，只需将生产成本明细账上的余额转出即可。为了减少部分完工产品成本估算的困难，在合理组织生产的前提下，可适当缩小产品的批量，以使同一批产品尽量在同一个月内完工。

三、分批法的分类

分批法因其采用的间接计入费用的分配方法不同，分成一般分批法和简化分批法。

（一）一般分批法

采用当月分配法来分配间接计入费用的分批法称为一般分批法。当月分配法是指分配间接费用（主要为制造费用）时，不论各批次或各订单产品是否完工，都要按当月分配率分配其应负担的间接费用。采用这种分配法，各月月末间接费用明细账没有余额，未完工批次或订单也要按月结转间接费用。现以制造费用为例，假定制造费用按工时进行分配，则可按下列公式进行计算。

制造费用分配率＝本月制造费用实际发生额÷本月发生的工时合计数

某批产品应负担的制造费用＝该批产品本月发生的工时数×制造费用分配率

制造费用的实际分配率法与预定分配率法都属于当月分配法。当月分配法一般适用于生产周期比较短的单件、小批生产的企业。

（二）简化分批法

简化分批法也称为累计分配法，是指每月发生的各项间接费用，不是按月在各批产品之间进行分配，而是将这些间接费用先分别累计起来，到某批产品完工时，按照完工产品的累计工时的比例，在各批完工产品与全部在产品之间再进行分配。尚未完工的各批产品应负担的间接计入费用，可设置一待分配间接费用账予以归集，不对其进行分配。待产品完工后，与新发生的费用累计后再予以分配。现还以制造费用为例，假定制造费用按工时进行分配，其计算公式为

制造费用累计分配率＝各批产品累计制造费用总额÷各批产品累计工时总数

完工批次产品应负担的制造费用＝该批产品累计工时数×制造费用累计分配率

四、分批法的成本计算程序

（一）按批别开设成本明细账

根据产品订单或产品生产通知单开设产品成本明细账（即产品成本计算单）。产品成本明细账可按车间、成本项目分设专栏，把有关该项订单的直接成本或间接成本全部计入。为了分析、考核各车间的工作成绩，加强车间成本管理，除会计部门设置的产品成本明细账外，各车间也可按每一订单或每一批产品开设不同产品成本明细账，记录每一订单在本车间发生的费用情况。

（二）归集与分配生产费用

1. 分配各种要素费用

直接费用要根据费用发生时取得或填制的原始凭证上的订单号、生产通知单号、批别号，记入有关的产品成本明细账。辅助生产成本、各车间制造费用，要按原始凭证填明

的发生地点、费用明细项目，通过直接材料、职工薪酬等费用分配表，汇总记入辅助生产成本、制造费用等明细账。月终根据各项要素费用分配表，以及辅助生产费用分配表、制造费用分配表，分别登记各产品成本明细账。

2. 分配辅助生产费用

把各订单、生产通知单、各批产品直接耗用的辅助生产产品、劳务的成本，直接记入各有关产品成本明细账内。各车间和企业管理部门一般消耗的辅助生产产品、劳务的成本，直接记入各车间的制造费用及管理费用明细账。

3. 分配基本生产车间制造费用

月末企业应根据各车间的制造费用明细账汇总的费用总额，按照规定的分配方法，分配记入有关的产品成本明细账。

（三）计算完工产品成本

月末加计完工批别成本明细账中所归集的费用，计算完工产品的实际总成本和单位成本；月末各批未完工产品成本明细账中归集的生产费用即为月末在产品成本；若月末有部分完工，部分未完工，要采用适当的方法在完工产品和月末在产品之间分配费用。

同步思考 7-1

资料：中信重工机械股份有限公司是中国建材设备的领先制造企业和成套设备出口制造基地，具备日产 6 000～10 000 吨水泥厂主机设备成套制造能力，可承接日产 5 000 吨以下成套水泥厂交钥匙工程，长期和丹麦史密斯公司、德国莱歇公司等世界知名公司合作与技术交流。主机产品大型回转窑、大型磨机和辊压机产品荣获“中国品牌”，在建材行业享有很高的知名度，市场占有率 65%以上。该企业根据客户的订单组织生产，以生产批号为成本计算对象，采用分批法计算产品成本。设有原材料、工资、制造费用等成本项目，费用按月汇总，产品成本是在一张订单的全部产品完工后才进行结算。如果一张订单有分月陆续完工情况，则按计划成本转出，待该产品全部完工后，再重新结算完工产品的总成本和单位成本。

问题：企业为什么采用分批法核算？运用分批法的特点、适用范围来回答。

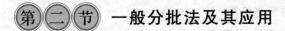

第二节 一般分批法及其应用

如前所述，分批法分为一般分批法和简化分批法，本节主要说明一般分批法在制造业与服务业中的具体应用。

一、一般分批法在制造业中的应用

【例题 7-2】 某公司201×年9月1日投产甲产品100件,批号为901#,在9月全部完工;9月10日投产乙产品150件,批号为902#,当月完工40件;9月15日投产丙产品200件,批号为903#,尚未完工。

1. 本月发生的各项费用

(1) 901#产品耗用原材料125 000元;902#产品耗用原材料167 000元;903#产品耗用原材料226 000元;生产车间一般耗用原材料8 600元。

(2) 生产工人工资19 600元;车间管理人员工资2 100元。

(3) 车间耗用外购的水电费2 400元,以银行存款付讫。

(4) 计提车间负担的固定资产折旧费3 800元。

(5) 车间负担的其他费用250元,以银行存款付讫。

2. 其他有关资料

(1) 该企业的职工福利费按工资总额的14%计提。

(2) 原材料采用计划成本计价,差异率为+4%。

(3) 生产工人工资按耗用工时比例进行分配,其中,901#产品工时为18 000小时;902#产品工时为20 000小时;903#产品工时为11 000小时。

(4) 制造费用也按耗用工时比例进行分配。

(5) 902#产品完工40件按定额成本转出,902#产品定额单位成本为直接材料1 100元,直接人工75元,制造费用60元。

问题:根据上述资料,运用一般分批法核算产品成本。

解析:

(1) 设置成本计算单

在一般分批法下,成本计算单应按产品的投产批别分别设置,见表7-5~表7-7。

(2) 分配各项费用要素

根据资料,编制费用分配表来分配各费用要素,编制会计分录如下。

① 编制原材料费用分配表,见表7-1。

根据原材料费用分配表,编制会计分录如下。

借:生产成本——基本生产成本——901#产品　　125 000
　　　　　　　　　　　　　——902#产品　　167 000
　　　　　　　　　　　　　——903#产品　　226 000
　制造费用——基本生产车间　　8 600
　贷:原材料　　526 600

表 7-1　原材料费用分配表

201×年 9 月　　　　　　　　　　　　　　　　　　　　　　　　单位：元

应借账户		成本或费用项目	计划成本	材料差异额	材料实际成本
基本生产成本	901＃产品	直接材料	125 000	5 000	130 000
	902＃产品	直接材料	167 000	6 680	173 680
	903＃产品	直接材料	226 000	9 040	235 040
	小　计		518 000	20 720	538 720
制造费用	机物料消耗	材料费	8 600	344	8 944
合　计			526 600	21 064	547 664

借：生产成本——基本生产成本——901＃产品　　5 000
　　　　　　　　　　　　　　——902＃产品　　6 680
　　　　　　　　　　　　　　——903＃产品　　9 040
　　制造费用——基本生产车间　　　　　　　　344
　贷：材料成本差异　　　　　　　　　　　　　　21 064

② 编制工资及职工福利费分配表，见表 7-2。

表 7-2　工资及职工福利费分配表

201×年 9 月　　　　　　　　　　　　　　　　　　　　　　　　单位：元

应借账户		工资				职工福利费(14%)	合　计
		生产工人		其他人员	合　计		
		工时	分配金额（分配率：0.40）				
基本生产成本	901＃产品	18 000	7 200		7 200	1 008	8 208
	902＃产品	20 000	8 000		8 000	1 120	9 120
	903＃产品	11 000	4 400		4 400	616	5 016
	小　计	49 000	19 600		19 600	2 744	22 344
制造费用				2 100	2 100	294	2 394
合　计			19 600	2 100	21 700	3 038	24 738

根据工资及职工福利费分配表，编制会计分录如下。

借：生产成本——基本生产成本——901＃产品　　7 200
　　　　　　　　　　　　　　——902＃产品　　8 000
　　　　　　　　　　　　　　——903＃产品　　4 400
　　制造费用——基本生产车间　　　　　　　　2 100
　贷：应付职工薪酬——工资　　　　　　　　　　21 700

借：生产成本——基本生产成本——901＃产品　　1 008

——902#产品 1 120

——903#产品 616

制造费用——基本生产车间 294

贷：应付职工薪酬——福利费 3 038

③ 折旧费、水电费及其他费用的核算

A. 支付本月的水电费

借：制造费用——基本生产车间 2 400

贷：银行存款 2 400

B. 提取固定资产折旧费

借：制造费用——基本生产车间 3 800

贷：累计折旧 3 800

C. 本月发生的其他费用

借：制造费用——基本生产车间 250

贷：银行存款 250

(3) 归集和分配基本生产车间的制造费用，见表 7-3 和表 7-4。

表 7-3 制造费用明细账

201×年 9 月 单位：元

201×年		摘 要	材料费	工资	福利费	水电费	折旧费	其他	合计
月	日								
9	30	消耗材料	8 600						8 600
	30	结转成本差异	344						344
	30	结算工资		2 100					2 100
	30	计提福利费			294				294
	30	支付水电费				2 400			2 400
	30	计提折旧					3 800		3 800
	30	其他费用						250	250
	30	本月合计	8 944	2 100	294	2 400	3 800	250	17 788
	30	分配转出	−8 944	−2 100	−294	−2 400	−3 800	−250	−17 788

根据制造费用明细账，编制会计分录如下。

借：生产成本——基本生产成本——901#产品 6 534

——902#产品 7 260

——903#产品 3 994

贷：制造费用——基本生产车间 17 788

(4) 计算并结转完工产品成本，见表 7-5～表 7-7。

表 7-4　制造费用分配表

201×年 9 月　　　　　　　　　　　　　　　　　　　　　　　　　　　　单位：元

应借账户		成本项目	实用工时/小时	分配率	应分配金额
基本生产成本	901＃产品	制造费用	18 000		6 534
	902＃产品	制造费用	20 000		7 260
	903＃产品	制造费用	11 000		3 994
合　计			49 000	0.363 0	17 788

表 7-5　基本生产成本明细账(1)

批号：901＃　　　　　单位：元　　　　　　　　　　　开工日期：9 月 1 日

产品名称：甲产品　　　批量：100 件　　　完工：100 件　　　完工日期：9 月 30 日

201×年		凭证		摘　要	直接材料	直接人工	制造费用	合　计
月	日	种类	号数					
9	30			材料分配表	130 000			130 000
	30			工资福利分配表		8 208		8 208
	30		略	制造费用分配表			6 534	6 534
	30			合计	130 000	8 208	6 534	144 742
	30			结转完工产品成本	−130 000	−8 208	−6 534	−144 742
	30			单位成本	1 300	82.08	65.34	1 447.42

表 7-6　基本生产成本明细账(2)

批号：902＃　　　　　单位：元　　　　　　　　　　　开工日期：9 月 10 日

产品名称：乙产品　　　批量：150 件　　　完工：40 件　　　完工日期：

201×年		凭证		摘　要	直接材料	直接人工	制造费用	合　计
月	日	种类	号数					
9	30			材料分配表	173 680			173 680
	30			工资福利分配表		9 120		9 120
	30		略	制造费用分配表			7 260	7 260
	30			合计	173 680	9 120	7 260	190 060
	30			结转完工产品成本	−44 000	−3 000	−2 400	−49 400
	30			月末在产品成本	129 680	6 120	4 860	140 660

注：完工产品成本采用定额成本法计算，其中，直接材料 40×1 100＝44 000(元)；直接人工 40×5＝2 000(元)；制造费用 40×60＝2 400(元)。

表 7-7　基本生产成本明细账(3)

批号：903＃　　　　单位：元　　　　开工日期：9 月 15 日

产品名称：丙产品　　批量：200 件　　完工：　　　　完工日期：

201×年		凭证		摘　要	直接材料	直接人工	制造费用	合　计
月	日	种类	号数					
9	30			材料分配表	235 040			235 040
	30		略	工资福利分配表		5 016		5 016
	30			制造费用分配表			3 994	3 994
	30			合计	235 040	5 016	3 994	244 050

根据成本计算单编制结转 901＃、902＃完工产品成本的会计分录如下。

借：库存商品——901＃产品　　　　144 742

　　　　　　——902＃产品　　　　49 400

　贷：生产成本——基本生产成本——901＃产品　　　　144 742

　　　　　　　　　　　　　　——902＃产品　　　　49 400

二、一般分批法在服务业中的应用

服务性企业为客户提供的是服务或无形产品。在服务业中，各个批别在耗用的资源、花费的时间以及所用技术的复杂性方面往往有着较大的差异，如法律咨询服务、审计服务、冰箱维修等服务。这些差异应引起我们的关注。

服务性企业一般比制造企业耗用的直接材料少，有的甚至不消耗直接材料。在这两类性质的企业中，分批成本计算程序基本上是相同的。由于我们已具备较为复杂的制造企业的分批成本计算的基础，因而对分批法在服务性企业的具体应用，仅以下例做简单说明。

【例题 7-3】　江中会计师事务所的专业审计人员对雷明公司、凡尔公司等单位的 201×年度报表提供审计服务。江中会计师事务所采用分批法计算各审计项目的成本，具体成本计算步骤如下。

(1) 确定成本计算对象。江中会计师事务所是以各公司年度报表审计业务为工作批次(可称作一项委托或项目)，在本例中，工作批次是雷明公司、凡尔公司等单位的年度报表审计业务。

(2) 确定成本项目。江中会计师事务所设置两个成本项目：直接成本和间接成本。专业人工成本作为直接成本；水电费、折旧费、保险费等计入间接成本。直接成本和间接成本都按专业人员的实际工作小时进行分配。

(3) 分别归集直接成本和间接成本。假定江中会计师事务所当月归集的直接成本和间接成本分别为 385 000 元与 280 000 元。

(4) 按工作批次统计专业审计人员的实际工作小时,并对直接成本和间接成本进行分配。

假定江中会计师事务所当月发生的审计小时为 3 500 小时,其中对雷明公司的审计业务耗用了 200 小时,则:

直接成本分配率=385 000÷3 500=110(元/小时)

间接成本分配率=280 000÷3 500=80(元/小时)

对雷明公司审计批次的直接成本=110×200=22 000(元)

对雷明公司审计批次的间接成本=80×200=16 000(元)

(5) 计算对雷明公司审计业务的总成本:

对雷明公司审计业务的总成本=22 000+16 000=38 000(元)

从以上江中会计师事务所对雷明公司审计业务的成本计算程序我们可以发现,服务性企业的分批成本计算与制造企业基本相同,只要将成本分配结果登记到各审计批次的成本计算单中,就可以反映出各审计批次的总成本。对其他公司审计业务的成本计算与雷明公司相同,此处省略。

同步思考 7-2

资料:某厂根据客户订单组织生产,采用一般分批法计算产品成本。该厂有两个基本生产车间,原材料是在第一生产车间生产开始时一次投入,有关资料如下。

1. 07 批甲产品 11 月的有关资料

直接材料 10 500 元,直接人工 18 900 元,制造费用 6 050 元。

2. 12 月各批产品耗用材料情况

08 批乙产品耗用材料 40 500 元,09 批丙产品耗用材料 9 500 元。

3. 12 月的直接人工费用资料

单位:元

项目	一车间	二车间
07 批产品	9 900	4 000
08 批产品	4 950	5 010
09 批产品	3 300	3 750

4. 12 月的制造费用资料

一车间 5 500 元,二车间 6 120 元。制造费用按生产工时比例在各批产品之间进行分配。

5. 计算完工产品的要求

该厂对单内跨月陆续完工的产品,月末计算成本时,对完工产品按计划成本转出,待全部完工后再重新计算完工产品实际总成本和单位成本。本题中07批甲产品11月末完工10台，按计划成本结转，其中原材料计划单位成本500元，工资计划单位成本950元，制造费用计划单位成本300元。

6. 各批产品的生产情况

产品批号	产品名称	开工日期	批量/台	完工产量/台		本月耗用工时/小时	
				11月	12月	一车间	二车间
07	甲	11月	20	10	10	3 000	1 600
08	乙	12月	15		15	1 500	2 000
09	丙	12月	10			1 000	1 500

问题：请采用一般分批法计算完工产品成本。

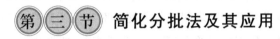

第三节 简化分批法及其应用

一、简化分批法的概念与特点

（一）简化分批法的概念

简化分批法也称为简单分批法，是指每月发生的各项间接计入费用，不按月在各批产品之间进行分配，而是将这些费用先分别累计起来，到某批产品完工时，按照完工产品的累计工时的比例，在各批完工产品之间再进行分配。它是在成本核算的具体运用中，考虑到企业的一些特殊情况，在一般分批法核算的基础上，减少一些计算程序，从而达到简化核算过程、减少核算工作的目的。

它的主要思路是：在单件、小批生产的企业或车间中，如果同一月内投产的批数很多，往往有几十批甚至上百批，但到月终时，完工产品的批数则较少，在这种情况下，各种间接计入费用在各批产品之间按月进行分配的工作量就极为繁重。因此，为了简化核算工作，在投产批数较多而完工批数较少的企业，可采用一种简化的分批法（又叫"不分批计算在产品成本的分批法"），以减少计算间接计入费用分配的工作量。

在一些企业中，产品投产的批次较多，使得在各批产品之间分配间接计入费用成为一项较为繁杂的工作。因而在月末时，如果该企业的完工产品不多或没有完工产品，则各批产品的在产品不分配间接计入费用，也不计算在产品的成本；直到有完工产品时，再根据累计的间接计入费用分配率对完工产品进行间接计入费用的分配。

（二）简化分批法的特点

简化分批法除具备一般分批法的基本特点外，还具有以下特点。

1. 必须设立"基本生产成本"二级账

采用简化分批法，需要按批别设立生产成本明细账（产品生产计算单），同时必须设立"基本生产成本"二级账。

在各批产品完工之前，产品成本明细账（产品生产计算单）只需按月登记直接费用（如直接材料）和生产工时，而不必按月分配、登记各项间接计入费用，计算各批在产品成本。

2. 增设生产工时专栏

为了计算完工批次的产品成本，在生产成本明细账和"基本生产成本"二级账中，应增设生产工时专栏，以反映各批产品的累计生产工时情况。

3. 各项间接计入费用只有在有完工产品的月份才进行分配

每月发生的各项间接计入费用（如直接人工、制造费用），不是按月在各批产品之间进行分配，而是先通过"基本生产成本"二级账进行归集，按成本项目累计起来，仅在有完工产品的月份，将"基本生产成本"二级账中的间接计入费用，按照本月完工产品占全部累计工时的比例，在各批完工产品之间进行分配。对未完工的在产品则不分配间接计入费用，所负担的间接计入费用仍保留在"基本生产成本"二级账中。

4. 通过计算累计费用分配率来分配间接计入费用

对各批次完工产品分配累计间接费用，一般按照完工产品累计生产工时比例，通过计算全部产品累计间接计入费用分配率来完成。

二、简化分批法的成本计算程序

（1）按产品批别设立产品成本明细账（或产品生产计算单）和"基本生产成本"二级账。在账内增设生产工时专栏。

（2）根据要素费用分配表和有关的工时记录，分别登记"基本生产成本"二级账，并根据有关费用汇总表，登记产品成本明细账的直接材料和生产工时数。

（3）月末如果有完工产品，应根据"基本生产成本"二级账上的数据资料，计算累计间接计入费用分配率。

（4）根据各批完工产品的累计生产工时和累计间接计入费用分配率，计算各批次完工产品应负担的费用，将其加计汇总，计算出完工产品的成本。

（5）根据"基本生产成本"二级账记录的完工成本生产工时和应负担的间接计入费用，汇总登记"基本生产成本"二级账应转出的完工产品的成本和生产工时数。

（6）根据产品成本明细账和产品入库单，编制产成品入库的会计分录。

三、简化分批法的具体应用

【例题 7-4】 某工厂 201×年 8 月各批产品生产成本的有关资料如下。

(1) 8 月生产批号如下。

① 7720 批号：甲产品 8 件，7 月投产，8 月全部完工；

② 7721 批号：乙产品 10 件，7 月投产，8 月完工 4 件；

③ 7822 批号：丙产品 5 件，8 月投产，尚未完工；

④ 7823 批号：丁产品 15 件，8 月投产，尚未完工；

⑤ 7824 批号：戊产品 12 件，8 月投产，尚未完工。

(2) 各批号在生产开始时一次投入的原材料费用和生产工时如下。

① 7720 批号：7 月消耗原材料 8 000 元，生产工时 4 000 小时；8 月消耗原材料 10 000 元，生产工时 5 020 小时；

② 7721 批号：7 月消耗原材料 4 000 元，生产工时 1 500 小时；8 月消耗原材料 20 000 元，生产工时 20 000 小时；

③ 7822 批号：原材料消耗 5 600 元，生产工时 3 200 小时；

④ 7823 批号：原材料消耗 5 200 元，生产工时 3 000 小时；

⑤ 7824 批号：原材料消耗 5 000 元，生产工时 2 100 小时。

(3) 8 月末，该厂全部产品累计原材料费用 57 800 元，工时 38 820 小时，直接人工 15 528 元，制造费用 23 292 元。

(4) 此外，期末完工产品工时总额为 23 020 小时，其中，6720 批号的甲产品全部完工，采用实际工时确定，该批产品全部实际生产工时为 9 020 小时；6721 批号的乙产品部分完工，采用工时定额计算确定已完工产品的生产工时为 14 000 小时。

问题：根据上述资料，运用简化分批法核算产品成本。

解析：根据上列资料，登记基本生产成本二级账和各批产品成本明细账；计算和登记累计间接计入费用分配率；并计算各批完工产品成本，见表 7-8～表 7-13。

表 7-8　"基本生产成本"二级账　　单位：元

201×年		摘　要	直接材料	生产工时	直接人工	制造费用	合　计
月	日						
8	31	本月累计	57 800	38 820	15 528	23 292	96 620
	31	分配率			0.4	0.6	
	31	完工转出	－27 600	－23 020	－9 208	－13 812	－50 620
	31	月末在产品	30 200	15 800	6 320	9 480	46 000

注：表中的分配率计算方法：直接人工分配率＝15 528÷38 820＝0.4；制造费用分配率＝23 292÷38 820＝0.6。

表 7-9　基本生产成本明细账(1)

批号：7720　　　　品名：甲产品

完工产量：8 件 (7 月投产，8 月全部完工)　　　　单位：元

201×年 月	日	摘　要	直接材料	生产工时	直接人工	制造费用	合　计
7	31	本月累计	8 000	4 000			
8	31	本月发生	10 000	5 020			
	31	本月累计	18 000	9 020			
	31	分配率			0.4	0.6	
	31	完工分配费用			3 608	5 412	9 020
	31	完工转出	−18 000	−9 020	−3 608	−5 412	−27 020

表 7-10　基本生产成本明细账(2)

批号：7721　　　　品名：乙产品

完工产量：10 件 (7 月投产，8 月完工 4 件)　　　　单位：元

201×年 月	日	摘　要	直接材料	生产工时	直接人工	制造费用	合计
7	31	本月累计	4 000	1 500			
8	31	本月发生	20 000	20 000			
	31	本月累计	24 000	21 500			
	31	分配率			0.4	0.6	
	31	完工分配费用		14 000	5 600	8 400	14 000
	31	完工转出	−9 600	−14 000	−5 600	−8 400	−23 600
	31	月末在产品	14 400	7 500			

注：表中的直接材料，采用约当产量比例法进行分配，完工转出的成本＝(24 000÷10)×4＝9 600(元)。

表 7-11　基本生产成本明细账(3)

批号：7822　　　　品名：丙产品

完工产量：5 件(8 月投产，尚未完工)　　　　单位：元

201×年 月	日	摘　要	直接材料	生产工时	直接人工	制造费用	合计
8	31	本月累计	5 600	3 200			

表 7-12　基本生产成本明细账(4)

批号：7823　　　　品名：丁产品

完工产量：15 件(8 月投产，尚未完工)　　　　单位：元

201×年		摘　要	直接材料	生产工时	直接人工	制造费用	合计
月	日						
8	31	本月累计	5 200	3 000			

表 7-13　基本生产成本明细账(5)

批号：7824　　　　品名：戊产品

完工产量：12 件(8 月投产，尚未完工)　　　　单位：元

201×年		摘　要	直接材料	生产工时	直接人工	制造费用	合计
月	日						
8	31	本月累计	5 000	2 100			

四、简化分批法优缺点及其应用条件

（一）优点

与一般分批法相比，简化分批法的优点主要表现在费用的分配工作和“基本生产成本”明细账的登记工作简化了。未完工产品的批次越多，核算工作越简单。

（二）缺点

(1) 由于在产品的间接费用以总额反映在“基本生产成本”二级账上，各批产品明细账上的在产品成本不能得到完整的反映。

(2) 由于间接费用采用先累计后分配的方法核算，当各月之间成本费用(尤其是间接费用)相差较大时，会影响到成本计算的准确性。

因此，简化分批法只有在各月之间费用相差不太大时才能采用。

（三）简化分批法的应用条件

简化分批法必须同时具备以下两个条件。

(1) 各月的间接费用消耗水平较为均衡。

(2) 月末完工产品的批数较少。

第四节 分批零件法及其应用

一、分批零件法的概念与特点

（一）分批零件法的概念

分批零件法是以零件生产的批别、部件装配的批别和产成品装配的批别为成本计算对象，归集生产费用，计算产品成本的一种方法。它是分批法的一种引申，属于分批法类型的成本计算方法。

（二）分批零件法的特点

采用分批零件法的企业一般具有以下特点。

（1）企业的生产不再按客户的订单组织，而是按照自己所确定的品种、规格、数量分批生产，各种品种、规格的生产是成批交叉重复进行。

（2）产品中的标准件、通用件比较多，这些标准件、通用件可用于不同的产品，还可以单独对外出售，因此应根据需要确定其合理的库存储备。所以标准件、通用件往往是单独成批生产，其批量和产品的批量往往不一致。

在这种情况下，为了正确计算不同批别产品的成本，就需要计算不同批次的标准件、通用件的成本，计算不同批次的零件、部件的成本。

二、分批零件法的成本计算程序

（一）生产成本明细账的设置

在分批零件法下，不仅要按产品的生产批次设置基本生产成本明细账，还要按零件、部件（或主要零件、主要部件，下同）的生产批次设置生产成本明细账。各基本生产成本明细账按成本项目设置专栏登记生产费用。

（二）费用的归集和分配

直接生产费用发生时，在原始凭证上要填明生产批别号，经过汇总整理后，编制费用分配，如材料分配表、工资分配表等，据以记入各生产成本明细账；间接费用则按发生地点归集，记入辅助生产成本明细账、制造费用明细账等，通过编制辅助生产成本、制造费用分配表分配后记入各基本生产成本明细账。

（三）零件、部件成本的计算和结转

各零件、部件完工时，该零件、部件基本生产成本明细账上记录的生产成本即为各批零件、部件的总成本，将总成本除以各批零件、部件的数量即为各批零件、部件的单位成本。零件、部件随同交库单送交自制半成品仓库，仓库应设置自制半成品明细账，登记零件、部件收发、结存数量和金额，以进行零件、部件的核算和管理。自制半成品明细账中发出零件、部件的计价，可以和材料核算一样采用先进先出法、加权平均法和个别认定法

等方法来确定。有的企业为了简化核算工作，用计划成本法来核算自制半成品的成本，月终计算自制半成品的差异分摊率以及应负担的差异数，将其转入各批部件或产品的基本生产成本明细账内，也可将差异额直接转入制造费用，随制造费用一起分配。

（四）产品成本的计算

某批产品完工时，将该批产品成本明细账上归集的生产费用加总，即为完工产品的总成本。将完工产品总成本除以该产品的产量，就求得该批产品的单位成本。

三、分批零件法与分批法的比较

（1）成本计算对象。分批零件法的成本计算对象是零件的批别、部件的批别和产成品的批别；分批法的成本计算对象是订单或内部订单产品的批别。

（2）成本计算内容。分批零件法下，既要分批计算零件的成本，又要分批计算部件的成本，当然还要分批计算产品的成本；分批法下，则只需计算各批产品的成本，不单独计算零件、部件的成本。

（3）成本计算次序。分批零件法下，成本计算的次序同生产过程一致，首先计算零件成本，然后据以计算部件成本，在此基础上，最终计算产成品成本；分批法可直接计算完工订单产品的成本。

（4）“在产品”的含义。分批零件法下的在产品，仅指正在生产车间加工的那一部分产品，不包括已制造完成通过“自制半成品”科目的记录并转入半成品库的零件、部件等半成品，因而是狭义的在产品概念；分批法下的在产品，则是指未最终完成生产过程的广义在产品，包括生产中正在加工的零件和部件、完工入库但并未转账的零件和部件等。

（5）适用范围。分批零件法适用于大批量成批装配复杂生产企业，如仪器仪表、自行车制造等企业。这样的企业，成批轮番交叉地组织各品种、规格的零部件及产成品的生产，而不是按客户的订单组织生产，而且产品中的标准件、通用件比较多，零部件既可以有多种组装形式，也可以单独销售，因而零部件和产品的生产批量、批次可以不一致。这种情况下，显然，订单法已不宜采用，只能分零部件批别和分产品批别计算成本。分批法适用于单件小批组织生产的企业。

四、分批零件法的应用

【例题 7-5】 假定利合工厂设有金工、装配两个基本生产车间，生产各种产品。产品生产过程是先由金工车间生产各种零件，零件完工交自制半成品库；然后将零件组装成各种部件，部件完工也交自制半成品库；最后将零件、部件总装成产品。该企业采用分批零件法计算各批零件、部件、产品的成本，所以要按零件、部件、产品的生产批次分设基本生产成本明细账。现列示 201×年 5 月部分零件、部件、产品的生产批号、名称，如表 7-14 所示。

表 7-14 利合工厂部分零件、部件、产品的生产批号、名称表

生产批号	零件、部件、产品名称	投产数量/只	开工日期	完工日期
AH-2-3	零件-AH-2	300	201×年3月	201×年5月
AH-3-1	零件-AH-3	100	201×年4月	201×年5月
AH-6-2	零件-AH-6	200	201×年5月	
B-10-2	部件-B-10	100	201×年4月	201×年5月
B-20-5	部件-B-20	50	201×年5月	
04-甲	产品-甲	40	201×年5月	201×年5月
04-乙	产品-乙	30	201×年5月	

该厂按零件、部件、产品的生产批号开设基本生产成本明细账。完工零件、部件以实际成本转入自制半成品明细账，领用的自制半成品按先进先出法计价。本例中只列举零件-AH-2、AH-3、部件-B-10等自制半成品明细账，其余从略。

5月发生的直接人工为金工车间17 600元，装配车间30 000元；发生的制造费用为金工车间32 000元，装配车间57 600元。直接人工和制造费用均按生产工时比例进行分配。

5月部分零件、部件、产品耗用原材料、自制半成品、直接人工、制造费用等所编制的分配表如表7-15～表7-18所示。

表 7-15 直接材料分配表

201×年5月　　　　单位：元

应借账户	金工车间	装配车间	合计
基本生产成本			
零件：AH-3-1	3 200		3 200
AH-6-2	2 600		2 600
⋮	⋮		⋮
部件：B-10-2		1 500	1 500
B-20-5		1 600	1 600
⋮		⋮	⋮
产成品：			
04-甲		1 800	1 800
04-乙		2 800	2 800
⋮		⋮	⋮
合计	32 800	52 500	85 300

表 7-16　领用自制半成品分配表

201×年 5 月　　　　单位：元

应借账户	金额
基本生产成本	
部件：B-10-2	6 000
B-20-5	8 000
⋮	⋮
小计	153 000
产成品：	
04-甲	126 000
04-乙	80 500
⋮	⋮
小计	668 000
合计	821 000

表 7-17　工资分配表

201×年 5 月　　　　单位：元

应借账户	金工车间		装配车间		合计
	生产工时	分配金额（分配率：2.2 元/小时）	生产工时	分配金额（分配率：2.5 元/小时）	
基本生产成本					
零件：AH-2-3	50	110			110
AH-3-1	80	176			176
AH-6-2	120	264			264
⋮		⋮			⋮
部件：B-10-2			200	500	500
B-20-5			480	1 200	1 200
⋮				⋮	⋮
产成品：					
04-甲			600	1 500	1 500
04-乙			1 000	2 500	2 500
⋮				⋮	⋮
合计	8 000	17 600	12 000	30 000	47 600

表 7-18　制造费用分配表

201×年 5 月　　　　单位：元

应借账户	金工车间		装配车间	
	生产工时	分配金额（分配率：4 元/小时）	生产工时	分配金额（分配率：4.8 元/小时）
基本生产成本				
零件：AH-2-3	50	200		
AH-3-1	80	320		
AH-6-2	120	480		
⋮		⋮		
部件：B-10-2			200	960
B-20-5			480	2 304
⋮				⋮
产成品：				
04-甲			600	2 880
04-乙			1 000	4 800
⋮				⋮
合计	8 000	32 000	12 000	57 600

根据分配表登记各生产批号的基本生产成本明细账，归集、计算各批零件、部件、产品的成本，当月完工的零件、部件的成本要从基本生产成本明细账转入自制半成品明细账。部分生产批号的生产成本明细账和自制半成品明细账如表 7-19～表 7-28 所示。

表 7-19　基本生产成本明细账(1)

生产批号：AH-2-3　　单位：元　　开工日期：201×年 3 月 5 日

零件名称：AH-2　　产量：300 只　　完工日期：201×年 5 月 15 日

月份	直接材料	生产工时	直接人工	制造费用	合计
3	2 800	60	143	251	3 194
4	800	80	188	344	1 332
5		50	110	200	310
完工总成本	3 600		441	795	4 836
单位成本	12		1.47	2.65	16.12

表 7-20　基本生产成本明细账(2)

生产批号：AH-3-1　　单位：元　　开工日期：201×年 4 月 15 日

零件名称：AH-3　　产量：100 只　　完工日期：201×年 5 月 30 日

月份	直接材料	生产工时	直接人工	制造费用	合计
4	2 600	66	148.50	280.50	3 029
5	3 200	80	176	320	3 696
完工总成本	5 800		324.50	600.50	6 725
单位成本	58		3.245	6.005	67.25

表 7-21　基本生产成本明细账(3)

生产批号：AH-6-2　　单位：元　　开工日期：201×年 5 月 18 日

零件名称：AH-6　　产量：200 只　　完工日期：

月份	直接材料	生产工时	直接人工	制造费用	合计
5	2 600	120	264	480	3 344

表 7-22　基本生产成本明细账(4)

生产批号：B-10-2　　单位：元　　开工日期：201×年 4 月 8 日

部件名称：B-10　　产量：100 台　　完工日期：201×年 5 月 12 日

月份	直接材料	自制半成品	生产工时	直接人工	制造费用	合计
4	7 500	8 600	380	912	1 786	18 798
5	1 500	6 000	200	500	960	8 960
完工总成本	9 000	14 600		1 412	2 746	27 758
单位成本	90	146		14.12	27.46	277.58

表 7-23　基本生产成本明细账(5)

生产批号：B-20-5　　单位：元　　开工日期：201×年 5 月 20 日

部件名称：B-20　　产量：50 台　　完工日期：

月份	直接材料	自制半成品	生产工时	直接人工	制造费用	合计
5	1 600	8 000	480	1 200	2 304	13 104

表 7-24　基本生产成本明细账(6)

生产批号：04-甲　　单位：元　　开工日期：201×年 5 月 5 日

产品名称：甲产品　　产量：40 台　　完工日期：201×年 5 月 25 日

月份	直接材料	自制半成品	生产工时	直接人工	制造费用	合计
5	1 800	126 000	600	1 500	2 880	132 180
完工总成本	1 800	126 000		1 500	2 880	132 180
单位成本	45	3 150		37.50	72	3 304.50

表 7-25　基本生产成本明细账(7)

生产批号：04-乙　　单位：元　　开工日期：201×年 5 月 20 日

产品名称：乙产品　　产量：30 台　　完工日期：

月份	直接材料	自制半成品	生产工时	直接人工	制造费用	合计
5	2 800	80 500	1 000	2 500	4 800	90 600

表 7-26　自制半成品明细账(1)

零件名称：AH-2-3　　单位：元

日期	摘要	收入			发出			结存		
		数量	单价	金额	数量	单价	金额	数量	单价	金额
5 月 1 日	期初结存							100	16.50	1 650
5 月 15 日	完工入库	300	16.12	4 836				400		64.86
5 月 21 日	领用				100	16.50	1 650			
					200	16.12	3 224	100	16.12	1 612

表 7-27　自制半成品明细账(2)

零件名称：AH-3-1　　单位：元

日期	摘要	收入			发出			结存		
		数量	单价	金额	数量	单价	金额	数量	单价	金额
5 月 1 日	期初结存							200	67.80	13 560
5 月 10 日	领用				150	67.80	10 170	50	67.80	3 390
5 月 30 日	完工入库	100	67.25	6 725				50	67.80	
								100	67.25	10 115

表 7-28　自制半成品明细账(3)

零件名称：B-10-2　　单位：元

日期	摘要	收入			发出			结存		
		数量	单价	金额	数量	单价	金额	数量	单价	金额
5 月 1 日	期初结存							50	278	13 900
5 月 12 日	完工入库	100	277.58	27 758				150		41 658
5 月 19 日	领用				50	278	13 900	100	277.58	27 758

第五节　实践课业

一、课业任务

学生通过学习产品成本计算的分批法，根据以下资料，运用 Excel 建立分批法成本计算模型，计算出完工产品成本和在产品成本。

资料：某企业根据购货单位的订单组织产品的生产。该企业有一个基本生产车间和一个运输辅助生产车间，按生产任务、计划安排分 4 个批别的产品进行生产。201×年 9 月末，05A 产品的资料：直接材料 35 200 元、直接人工 11 000 元、制造费用 28 400 元，共计 74 600 元。该企业 201×年 10 月各批产品投产完工情况如下。

产品批别	05A 产品	06B 产品	07C 产品	08D 产品
投产时期	9 月 12 日	10 月 1 日	10 月 20 日	10 月 26 日
批量/件	40	50	30	20
本月完工情况	全部完工	全部完工	完工 20 件	未完工

本月各批产品生产的资料情况如下。

(1) 产品生产直接耗用材料费用情况：05A 产品耗用 10 000 元，06B 产品耗用 25 000 元，07C 产品耗用 18 500 元，08D 产品耗用 21 500 元，共计 75 000 元。

(2) 各批产品生产共同耗用材料为 12 150 元。

(3) 各批产品材料单位成本定额：05A 产品 80 元/件，06B 产品 60 元/件，07C 产品 30 元/件，08D 产品 50 元/件。

(4) 4 个批别产品生产外购动力费共计 9 900 元，动力费按生产工时比例法分配。其中，05A 产品生产工时为 8 000 小时，06B 产品生产工时为 10 000 小时，07C 产品生产工时为 3 000 小时，08D 产品生产工时为 1 000 小时。

(5) 各批产品月末结算工资及福利费共计 50 160 元，按生产工时比例分配。

(6) 辅助生产车间本月耗用各项费用情况：材料费 7 000 元，工资及福利费 6 498 元，设备折旧费 6 000 元，办公费 1 000 元，水电费等其他费用 1 852 元，总计 22 350 元。月末直接分配转入基本生产车间。

(7) 基本生产车间本月发生的各项费用情况：材料费 2 700 元、工资及福利费 3 420 元、设备折旧费 50 000 元、办公水电费 4 400 元、其他费用 5 130 元、辅助生产车间转入的运输费 22 350 元，本月共计费用 88 000 元。月末按生产工时比例转入各批产品生产成本中。

二、课业目标

(1) 掌握分批法的含义及适用范围。

(2) 掌握分批法的成本计算程序和账务处理。

(3) 能够合理地选择产品成本计算方法，熟练利用Excel建立模型进行计算。

(4) 能根据业务资料进行产品成本分配的账务处理。

三、理论指导

(一) 分批法的特点

(1) 成本计算对象。分批法下，以产品的批别或订单作为成本计算对象。产品成本明细账要按照产品的批别或订货单位的订单来设置，并分别按成本项目来归集各批产品所发生的生产费用。

(2) 成本计算期。分批法是以每批或每件产品的生产周期为成本计算期进行成本计算的，成本计算期与产品的生产周期相一致，而与会计报告期不一致。所以，在分批法下，完工产品的成本，不仅包括报告月份发生的成本费用，还包括以前月份所发生的成本费用。

(3) 生产费用在完工产品与在产品之间的分配。在小批、单件生产下，由于完工产品成本计算期与生产周期一致，因而在月末计算产品成本时，一般不存在生产费用在完工产品和在产品之间进行分配的问题。

(二) 分批法的分类

分批法因其采用的间接计入费用的分配方法不同，分成一般分批法和简化分批法。采用当月分配法来分配间接计入费用的分批法称为一般分批法。简化分批法也称为累计分配法，是指每月发生的各项间接费用，不是按月在各批产品之间进行分配，而是将这些间接费用先分别累计起来，到某批产品完工时，按照完工产品的累计工时的比例，在各批完工产品与全部在产品之间再进行分配。

(三) 分批法的成本计算程序

1. 按批别开设成本明细账

根据产品订单或产品生产通知单开设产品成本明细账(即产品成本计算单)。产品成本明细账可按车间、成本项目分设专栏，把有关该项订单的直接成本或间接成本全部记入。

2. 归集与分配生产费用

(1) 分配各种要素费用

直接费用要根据费用发生时取得或填制的原始凭证上的订单号、生产通知单号、批别号，记入有关的产品成本明细账。辅助生产成本、各车间制造费用，要按原始凭证填明的发生地点、费用明细项目，通过直接材料、职工薪酬等费用分配表，汇总记入辅助生产成本、制造费用等明细账。月终根据各项要素费用分配表，以及辅助生产费用分配表、制造费用分配表，分别登记各产品成本明细账。

（2）分配辅助生产费用

把各订单、生产通知单、各批产品直接耗用的辅助生产产品、劳务的成本，直接记入各有关产品成本明细账内。各车间和企业管理部门一般消耗的辅助生产产品、劳务的成本，直接记入各车间的制造费用及管理费用明细账。

（3）分配基本生产车间制造费用

月末企业应根据各车间的制造费用明细账汇总的费用总额，按照规定的分配方法，分配记入有关的产品成本明细账。

3. 计算完工产品成本

月末加计完工批别成本明细账中所归集的费用，计算完工产品的实际总成本和单位成本；月末各批未完工产品成本明细账中归集的生产费用即为月末在产品成本；若月末有部分完工，部分未完工，要采用适当的方法在完工产品和月末在产品之间分配费用。

四、课业组织安排

（1）学生利用计算机对指定案例材料进行上机操作。

（2）学生完成计算分析后，利用网络资源展示自己的学习成果，其他学生给出评价。

（3）教师对学生的成果进行全面点评。

五、课业范例

一般分批法成本计算电算化模型的创建

资料：江海电器有限公司根据客户的订单组织生产，企业对订单产品采用一般分批法进行成本核算。该公司下设加工车间和装配车间两个生产车间，辅助生产车间和企业管理部门略。产品生产需要原材料在机加工开始时一次投入。完工产品按计划单位成本转出。201×年8月该公司的产品生产和费用发生情况如下。

（1）本月产品的生产情况如图7-1所示。

	A	B	C	D	E	F
1	江海电器有限公司					
2	201×年8月					
3	（1）生产情况表：					
4	产品批号	产品名称	投产月份	投产数量	完工月份	完工数量
5	#701	甲	7月	100	8月	100
6	#801	乙	8月	40	8月	40
7	#802	丙	8月	150		0
8	#803	丁	8月	300		100

图 7-1

（2）月初在产品成本情况如图7-2所示。

（3）本月四批产品的生产工时如图7-3所示。

E13 　fx 　=SUM(B13:D13)

	A	B	C	D	E
10					
11	（2）月初在产品成本				
12	产品批号	直接材料	直接人工	制造费用	合计
13	#701	4800	5400	3500	13700

图 7-2

	A	B	C	D	E	F
15	（3）本月四批产品的生产工时					
16	车间	#701	#801	#802	#803	合计
17	机加工车	—	600	1200	2000	3800
18	装配车间	200	500	—	1500	2200
19	合计	200	1100	1200	3500	6000

图 7-3

(4) 根据领料单汇总，本月原材料费用的发生情况如图 7-4 所示。

	A	B	C	D	E
21					
22	（4）本月生产的材料费用				
23	项目	#701	#801	#802	#803
24	直接材料	-	3600	9750	12000

图 7-4

(5) 根据工资结算单、制造费用明细账，本月人工费、制造费用的发生情况如图 7-5 所示，工资、制造费用均按实际工时比例在各个批别产品之间进行分配。

	A	B	C	D	E
26					
27	（5）本月发生的直接人工费及制造费用				
28	用途	机加工车间		装配车间	
29		生产工人	管理人员	生产工人	管理人员
30	工资	38000	3000	26400	2500
31	制造费用	26600		17600	

图 7-5

(6) 按公司规定，某批别产品如有跨月完工、提前出货的情况，按计划单位成本结转产品成本。本例中，#803 批丁产品的计划单位成本如图 7-6 所示。

	A	B	C	D	E
32					
33	（6）计划单位成本				
34	项目	直接材料	直接人工	制造费用	合计
35	丙产品	40	120	85	245

图 7-6

根据以上资料，在 Excel 电子工作表中，创建一般分批法成本计算电算化模型的步骤如下。

(1) 启动 Excel 电子工作表，将案例按一般分批法计算产品成本的有关资料录入 Excel 电子工作表 Sheet1 的 A1：F35 单元格区域，参见图 7-1～图 7-6，并将该工作表的标签 Sheet1 重命名为“资料”。

(2) 创建工资费用分配电算化模型。

① 输入工资及福利费分配的相关资料。插入工作表，输入工资及福利费分配的相关项目，同时将该表重命名为“工资分配”，参见图 7-7。

② 链接“资料”工作表获取资料。用鼠标单击 D6 单元格，输入“＝”(等号)或直接用鼠标单击公式栏内的“＝”按钮，作为链接工作表的开始，然后单击屏幕左下方工作表的“资料”标签进入“资料”工作表，单击 C17 单元格(即“生产工时”中乙产品本月的实际工时)，然后单击“确定”按钮，乙产品的实际工时资料就被链接到“工资分配”模型的 D6 单元格。用同样的方法将其他批次产品的实际工时和工资费用合计数，从“资料”工作表链接到“工资分配”模型中时按下 Ctrl 键和～键，模型中所有公式转换为公式显示，如图 7-7 所示。

	A	B	C	D	E	F
1	江海电器有限公司					
2	工资费用分配表					
3	201×年					
4	月份：	8月				
5	项目	产品批号	产品名称	生产工时（小时）	分配率（元/小时）	分配金额
6	基本生产成本—机加工车间	#801	乙	=资料!C17		
7		#802	丙	=资料!D17		
8		#803	丁	=资料!E17		
9	**小计**			**=资料!F17**		**=资料!B30**
10	基本生产成本—装配车间	#701	甲	=资料!B18		
11		#801	乙	=资料!C18		
12		#803	丁	=资料!E18		
13	**小计**			**=资料!F18**		**=资料!D30**
14	制造费用—机加工车间					=资料!C30
15	制造费用—装配车间					=资料!E30

图 7-7

③ 输入公式计算工资分配率。用鼠标单击 E9 单元格，输入“＝”(等号)或直接用鼠标单击公式栏内的“＝”按钮，然后用鼠标单击 F9 单元格，输入运算符“/”(除号)，再用鼠标单击 D9 单元格，在公式栏内就显示出我们所输入的公式“＝F9 * D9”。单击“确定”按钮，机加工车间的工资分配率就计算出来了。用同样的方法输入装配车间的工资计算公式，装配车间的工资分配率也就计算出来了，如图 7-8 所示。

	A	B	C	D	E	F
1	江海电器有限公司					
2	工资费用分配表					
3	201×年					
4	月份：	8月				
5	项目	产品批号	产品名称	生产工时（小时）	分配率（元/小时）	分配金额
6	基本生产成本—机加工车间	#801	乙	=资料!C17		
7		#802	丙	=资料!D17		
8		#803	丁	=资料!E17		
9	**小计**			**=资料!F17**	**=F9/D9**	**=资料!B30**
10	基本生产成本—装配车间	#701	甲	=资料!B18		
11		#801	乙	=资料!C18		
12		#803	丁	=资料!E18		
13	**小计**			**=资料!F18**	**=F13/D13**	**=资料!D30**
14	制造费用—机加工车间					=资料!C30
15	制造费用—装配车间					=资料!E30

图 7-8

④ 输入公式计算产品各自应负担的工资费用。用鼠标单击F6单元格，输入"＝"(等号)或直接用鼠标单击公式编辑栏内的"＝"按钮。然后用鼠标单击D6单元格，输入运算符＊(乘号)，再用鼠标单击E9单元格，同时按下Fn键和F4键，将E9转换为绝对引用"＄E＄9"，在公式栏内就显示出我们所输入的公式"＝D6＊＄E＄9"。单击"确定"按钮，乙产品应负担的机加工车间的工资费用就计算出来了，如图7-9所示。

	A	B	C	D	E	F
1	江海电器有限公司					
2	工资费用分配表					
3	201×年					
4	月份:	8月				
5	项目	产品批号	产品名称	生产工时（小时）	分配率（元/小时）	分配金额
6		#801	乙	=资料!C17		=D6*$E$9
7	基本生产成本—机加工车间	#802	丙	=资料!D17		
8		#803	丁	=资料!E17		
9	**小计**			**=资料!F17**	**=F9/D9**	**=资料!B30**
10		#701	甲	=资料!B18		
11	基本生产成本—装配车间	#801	乙	=资料!C18		
12		#803	丁	=资料!E18		
13	**小计**			**=资料!F18**	**=F13/D13**	**=资料!D30**
14	制造费用—机加工车间					=资料!C30
15	制造费用—装配车间					=资料!E30
16	**合计**					

图 7-9

接着将鼠标指针指向F6单元格的右下角，待鼠标指针变为黑色实心十时，按住鼠标左键拖向F8单元格，计算出乙产品和丙产品应负担的机加工车间的工资费用。用同样的方法可以计算出甲、乙、丁三种产品应负担的装配车间的工资费用，如图7-10所示。

	A	B	C	D	E	F
1	江海电器有限公司					
2	工资费用分配表					
3	201×年					
4	月份:	8月				
5	项目	产品批号	产品名称	生产工时（小时）	分配率（元/小时）	分配金额
6		#801	乙	=资料!C17		=D6*$E$9
7	基本生产成本—机加工车间	#802	丙	=资料!D17		=D7*$E$9
8		#803	丁	=资料!E17		=D8*$E$9
9	**小计**			**=资料!F17**	**=F9/D9**	**=资料!B30**
10		#701	甲	=资料!B18		=D10*$E$13
11	基本生产成本—装配车间	#801	乙	=资料!C18		=D11*$E$13
12		#803	丁	=资料!E18		=D12*$E$13
13	**小计**			**=资料!F18**	**=F13/D13**	**=资料!D30**
14	制造费用—机加工车间					=资料!C30
15	制造费用—装配车间					=资料!E30
16	**合计**					

图 7-10

再次同时按下Ctrl键和～键，显示公式计算结果，如图7-11所示。

至此，"工资分配电算化模型"的创建和工资费用的分配工作就完成了。

(3) 创建制造费用分配电算化模型分配制造费用。

① 链接分配制造费用的相关资料。插入工作表，建立制造费用分配电算化模型，并

	A	B	C	D	E	F
1	江海电器有限公司					
2	工资费用分配表					
3	201×年					
4	月份:	8月				
5	项目	产品批号	产品名称	生产工时(小时)	分配率(元/小时)	分配金额
6	基本生产成本—机加工车间	#801	乙	600		6000
7		#802	丙	1200		12000
8		#803	丁	2000		20000
9	**小计**			**3800**	**10**	**38000**
10	基本生产成本—装配车间	#701	甲	200		2400
11		#801	乙	500		6000
12		#803	丁	1500		18000
13	**小计**			**2200**	**12**	**26400**
14	制造费用—机加工车间					3000
15	制造费用—装配车间					2500

图 7-11

将该表重命名为“制造费用分配”,如图 7-12 所示。将生产车间发生的制造费用链接到制造费用分配电算化模型中,用鼠标单击 D6 单元格,输入“=”(等号)或直接用鼠标单击公式栏内的“=”按钮,作为链接工作表的开始,然后单击屏幕左下方工作表的“资料”标签进入“资料”工作表,单击 C17 单元格(即“生产工时”中乙产品本月的实际工时),然后单击“确定”按钮,乙产品的实际工时资料就被链接到“制造费用分配”模型的 D6 单元格。用同样的方法将其他批次产品的实际工时和制造费用合计数,从“资料”工作表链接到“制造费用分配”模型中,同时按下 Ctrl 键和～键,模型中所有公式转换为公式显示,如图 7-12 所示。

	A	B	C	D	E	F
1	江海电器有限公司					
2	制造费用分配表					
3	201×年					
4	月份:	8月				
5	项目	产品批号	产品名称	生产工时(小时)	分配率(元/小时)	分配金额
6	机加工车间	#801	乙	=资料!C17		
7		#802	丙	=资料!D17		
8		#803	丁	=资料!E17		
9	**小计**			**=资料!F17**		**=资料!B31**
10	装配车间	#701	甲	=资料!B18		
11		#801	乙	=资料!C18		
12		#803	丁	=资料!E18		
13	**小计**			**=资料!F18**		**=资料!D31**

图 7-12

② 输入公式计算工资分配率。用鼠标单击 E9 单元格,输入“=”(等号)或直接用鼠标单击公式栏内的“=”按钮,然后用鼠标单击 F9 单元格,输入运算符“/”(除号),再用鼠标单击 D9 单元格,在公式栏内就显示出我们所输入的公式“=F9 * D9”。单击“确定”按钮,机加工车间的制造费用分配率就计算出来了。用同样的方法输入装配车间的制造费用计算公式,装配车间的制造费用分配率就计算出来了,如图 7-13 所示。

	A	B	C	D	E	F
1				江海电器有限公司		
2				制造费用分配表		
3				201×年		
4	月份:	8月				
5	项目	产品批号	产品名称	生产工时(小时)	分配率（元/小时）	分配金额
6	机加工车间	#801	乙	=资料!C17		
7		#802	丙	=资料!D17		
8		#803	丁	=资料!E17		
9	小计			=资料!F17	=F9/D9	=资料!B31
10	装配车间	#701	甲	=资料!B18		
11		#801	乙	=资料!C18		
12		#803	丁	=资料!E18		
13	小计			=资料!F18	=F13/D13	=资料!D31

图　7-13

③ 输入公式计算产品各自应负担的制造费用。用鼠标单击 F6 单元格，输入“＝”(等号)或直接用鼠标单击公式栏内的“＝”按钮。然后用鼠标单击 D6 单元格，输入运算符“＊”(乘号)，再用鼠标单击 E9 单元格，同时按下 Fn 键和 F4 键，将 E9 转换为绝对引用“＄E＄9”，在公式栏内就显示出我们所输入的公式“＝D6＊＄E＄9”。单击“确定”按钮，乙产品应负担的机加工车间的制造费用就计算出来了，如图 7-14 所示。

	A	B	C	D	E	F
1				江海电器有限公司		
2				制造费用分配表		
3				201×年		
4	月份:	8月				
5	项目	产品批号	产品名称	生产工时(小时)	分配率（元/小时）	分配金额
6	机加工车间	#801	乙	=资料!C17		=D6*$E$9
7		#802	丙	=资料!D17		
8		#803	丁	=资料!E17		
9	小计			=资料!F17	=F9/D9	=资料!B31
10	装配车间	#701	甲	=资料!B18		
11		#801	乙	=资料!C18		
12		#803	丁	=资料!E18		
13	小计			=资料!F18	=F13/D13	=资料!D31

图　7-14

接着将鼠标指针指向 F6 单元格的右下角，待鼠标指针变为黑色实心“十”时，按住鼠标左键拖向 F8 单元格，计算出乙产品和丙产品应负担的机加工车间的制造费用。用同样的方法可以计算出甲、乙、丁三种产品应负担的装配车间的制造费用，如图 7-15 所示。

	A	B	C	D	E	F
1				江海电器有限公司		
2				制造费用分配表		
3				201×年		
4	月份:	8月				
5	项目	产品批号	产品名称	生产工时(小时)	分配率（元/小时）	分配金额
6	机加工车间	#801	乙	=资料!C17		=D6*$E$9
7		#802	丙	=资料!D17		=D7*$E$9
8		#803	丁	=资料!E17		=D8*$E$9
9	小计			=资料!F17	=F9/D9	=资料!B31
10	装配车间	#701	甲	=资料!B18		=D10*$E$13
11		#801	乙	=资料!C18		=D11*$E$13
12		#803	丁	=资料!E18		=D12*$E$13
13	小计			=资料!F18	=F13/D13	=资料!D31

图　7-15

再次，同时按下 Ctrl 键和～键，显示公式计算结果，如图 7-16 所示。

	A	B	C	D	E	F
1	江海电器有限公司					
2	制造费用分配表					
3	201×年					
4	月份：	8月				
5	项目	产品批号	产品名称	生产工时（小时）	分配率（元/小时）	分配金额
6	机加工车间	#801	乙	600		4200
7		#802	丙	1200		8400
8		#803	丁	2000		14000
9	**小计**			**3800**	7	**26600**
10	装配车间	#701	甲	200		1600
11		#801	乙	500		4000
12		#803	丁	1500		12000
13	**小计**			**2200**	8	**17600**

图 7-16

至此，“制造费用分配电算化模型”的创建及制造费用分配的工作就完成了。

(4) 分批次计算产品成本。

经过以上成本计算工作，现在到了计算产品成本的最后阶段。在本例中要求计算出江海电器有限公司的甲、乙、丙、丁四种产品的产品成本和期末在产品成本。插入工作表，建立产品成本计算电算化模型，并将该表重命名为“成本计算”。

① 计算甲产品的产品成本。计算甲产品成本的步骤如下：创建成本计算电算化模型并将计算甲产品成本的有关资料，从“资料”工作表链接到“成本计算”工作表“甲产品成本计算单”中，然后输入公式计算出甲产品的完工产品成本、单位产品成本，如图 7-17 所示。

	A	B	C	D	E	F	G
1	江海电器有限公司						
2	201×年						
3	甲产品成本计算单						
4	月份：8月						
5	批号：#701					订货单位：大兴工厂	
6	名称：甲产品					开工日期：7月15日	
7	批量：100					完工日期：8月12日	
8							单位：元
9	月	日	摘要	直接材料	直接人工	制造费用	合计
10	7	31	本月发生额	=资料!B13	=资料!C13	=资料!D13	=SUM(D10:F10)
11	8	31	本月发生额：装配车间	=资料!B24	=工资分配!F10	=制造费用分配!F10	=SUM(D11:F11)
12	8	31	小计	=SUM(D10:D11)	=SUM(E10:E11)	=SUM(F10:F11)	=SUM(G10:G11)
13	8	31	结转完工产品成本	=-D12	=-E12	=-F12	=-G12
14	8	31	单位成本	=D12/$B$7	=E12/$B$7	=F12/$B$7	=G12/$B$7

图 7-17

同时按下 Ctrl 键和～键，甲产品成本计算单中所有公式显示转换为计算结果，如图 7-18 所示。

② 计算乙产品的产品成本。计算乙产品成本的步骤如下：在甲产品成本计算单的下方，建立乙产品成本计算单。创建成本计算电算化模型并将计算乙产品成本的有关资料，从“资料”工作表链接到“成本计算”工作表的“乙产品成本计算单”中，然后输入公式计算出乙产品的完工产品成本、单位产品成本，如图 7-19 所示。

	A	B	C	D	E	F	G
1				江海电器有限公司			
2				201×年			
3				甲产品成本计算单			
4	月份:	8月					
5	批号:	#701				订货单位：大兴工厂	
6	名称:	甲产品				开工日期：7月15日	
7	批量:	100				完工日期：8月12日	
8							单位：元
9	月	日	摘要	直接材料	直接人工	制造费用	合计
10	7	31	本月发生额	4800	5400	3500	13700
11	8	31	本月发生额：装配车间	–	2400	1600	4000
12	8	31	小计	4800	7800	5100	17700
13	8	31	结转完工产品成本	-4800	-7800	-5100	-17700
14	8	31	单位成本	48	78	51	177

图 7-18

	A	B	C	D	E	F	G
16				乙产品成本计算单			
17	月份:	8月					
18	批号:	#801				订货单位：光明工厂	
19	名称:	乙产品				开工日期：8月2日	
20	批量:	40	件			完工日期：8月20日	
21							单位：元
22	月	日	摘要	直接材料	直接人工	制造费用	合计
23	8	31	本月发生额:				
24			机加工车间	=资料!C24	=工资分配!F6	=制造费用分配!F6	=SUM(D24:F24)
25			装配车间	–	=工资分配!F11	=制造费用分配!F11	=SUM(D25:F25)
26	8	31	小计	=SUM(D24:D25)	=SUM(E24:E25)	=SUM(F24:F25)	=SUM(D26:F26)
27	8	31	结转完工产品成本	=-D26	=-E26	=-F26	=-G26
28	8	31	单位成本	=D26/$B$20	=E26/$B$20	=F26/$B$20	=G26/$B$20

图 7-19

同时按下 Ctrl 键和～键，乙产品成本计算单中所有公式显示转换为计算结果，如图 7-20 所示。

	A	B	C	D	E	F	G
16				乙产品成本计算单			
17	月份:	8月					
18	批号:	#801				订货单位：光明工厂	
19	名称:	乙产品				开工日期：8月2日	
20	批量:	40	件			完工日期：8月20日	
21							单位：元
22	月	日	摘要	直接材料	直接人工	制造费用	合计
23	8	31	本月发生额:				
24			机加工车间	3600	6000	4200	13800
25			装配车间	–	6000	4000	10000
26	8	31	小计	3600	12000	8200	23800
27	8	31	结转完工产品成本	-3600	-12000	-8200	-23800
28	8	31	单位成本	90	300	205	595

图 7-20

③ 计算丙产品的产品成本。计算丙产品成本的步骤如下：在乙产品成本计算单的下方，建立丙产品成本计算单。创建成本计算电算化模型并将计算丙产品成本的有关资料，从“资料”工作表链接到“成本计算”工作表的“丙产品成本计算单”中，因为丙产品本期没有完工产品，所以不用计算丙产品的完工产品成本、单位产品成本，其成本计算单如图 7-21 所示。

	A	B	C	D	E	F	G
30	丙产品成本计算单						
31	月份:	8月					
32	批号：#802					订货单位：红光工厂	
33	名称：丙产品					开工日期：8月20日	
34	批量:	150	件			完工日期:	
35							单位：元
36	月	日	摘要	直接材料	直接人工	制造费用	合计
37	8	31	本月发生额	=资料!D24	=工资分配!F7	=制造费用分配!F7	=SUM(D37:F37)

图　7-21

同时按下 Ctrl 键和～键，丙产品成本计算单中所有公式显示转换为计算结果。如图 7-22 所示。

	A	B	C	D	E	F	G
30	丙产品成本计算单						
31	月份:	8月					
32	批号：#802					订货单位：红光工厂	
33	名称：丙产品					开工日期：8月20日	
34	批量:	150	件			完工日期:	
35							单位：元
36	月	日	摘要	直接材料	直接人工	制造费用	合计
37	8	31	本月发生额	9750	12000	8400	30150

图　7-22

④ 计算丁产品的产品成本。计算丁产品成本的步骤如下：在丙产品成本计算单的下方，建立丁产品成本计算单。创建成本计算电算化模型并将计算丁产品成本的有关资料，从“资料”工作表链接到“成本计算”工作表的“丁产品成本计算单”中，因为丁产品本期有部分完工产品，所以要按计划成本结转丙产品的完工产品成本，其成本计算单如图 7-23 所示。

	A	B	C	D	E	F	G
39	丁产品成本计算单						
40	月份:	8月					
41	批号：#803					订货单位：长安工厂	
42	名称：丁产品					开工日期：8月10日	
43	批量:	300	件			完工日期:	
44							单位：元
45	月	日	摘要	直接材料	直接人工	制造费用	合计
46	8	31	本月发生额:				
47			机加工车间	=资料!E24	=工资分配!F8	=制造费用分配!F8	=SUM(D47:F47)
48			装配车间	–	=工资分配!F12	=制造费用分配!F12	=SUM(D48:F48)
49	8	31	小计	=SUM(D47:D48)	=SUM(E47:E48)	=SUM(F47:F48)	=SUM(G47:G48)
50	8	31	结转完工产品成本	=-资料!B35*100	=-资料!C35*100	=-资料!D35*100	=SUM(D50:F50)
51	8	31	在产品成本	=D49-资料!B35*100	=E49-资料!C35*100	=F49-资料!D35*100	=SUM(D51:F51)

图　7-23

同时按下 Ctrl 键和～键，丙产品成本计算单中所有公式显示转换为计算结果，如图 7-24 所示。

至此，“一般分批法成本计算电算化模型”的创建和成本计算工作就全部完成了。

	A	B	C	D	E	F	G
39	丁产品成本计算单						
40	月份：8月						
41	批号：#803					订货单位：长安工厂	
42	名称：丁产品					开工日期：8月10日	
43	批量：300 件					完工日期：	
44							单位：元
45	月	日	摘要	直接材料	直接人工	制造费用	合计
46	8	31	本月发生额：				
47			机加工车间	12000	20000	14000	46000
48			装配车间	-	18000	12000	30000
49	8	31	小计	12000	38000	26000	76000
50	8	31	结转完工产品成本	-4000	-12000	-8500	-24500
51	8	31	在产品成本	8000	26000	17500	51500

图　7-24

课后练习

一、名词解释

分批法　　分批零件法　　当月分配法　　累计分配法

二、单项选择题

1. 采用分批法计算产品成本时，若是单件生产，月末计算产品成本时(　　)。

A. 需要将生产费用在完工产品和在产品之间进行分配

B. 不需要将生产费用在完工产品和在产品之间进行分配

C. 区别不同情况确定是否分配生产费用

D. 应采用同小批生产一样的核算方法

2. 分批法成本计算对象的确定通常是根据(　　)。

A. 用户订单　　B. 产品品种

C. 客户要求　　D. 生产任务通知单

3. 采用累计分配法分配间接费用，是一种简化的分批法，月末未完工产品的间接费用(　　)。

A. 全部分配　　B. 部分分配

C. 全部保留　　D. 部分保留

4. 采用分批法计算产品成本，若是小批生产，出现批内陆续完工的现象，并且批内完工数量较多时，完工产品和月末在产品成本的计算应采用(　　)。

A. 计划成本法　　B. 定额成本法

C. 按年初固定数计算　　D. 约当产量比例法

5. 分批零件法适用的企业是(　　)。

A. 零部件种类较少的装配式成批生产

B. 零部件种类较少的连续式成批生产

C. 零部件种类较多的装配式成批生产

D. 零部件种类较多的连续式成批生产

6. 分批零件法的成本计算程序是(　　)。

A. 同时计算零件成本、部件成本、产成品成本

B. 从计算产成品成本开始,依次计算部件成本、零件成本

C. 从计算零件成本开始,依次计算部件成本、产成品成本

D. 从计算部件成本开始,依次计算零件成本、产成品成本

三、多项选择题

1. 在下列企业中,可采用分批法计算产品成本的企业有(　　)。

A. 重型机械厂　　B. 船舶制造厂

C. 发电厂　　D. 精密仪器厂

E. 纺织厂

2. 在分批法中间接费用的分配方法有(　　)。

A. 计划成本分配法　　B. 累计分配法

C. 定额比例分配法　　D. 当月分配法

E. 直接成本分配法

3. 分批法适用于(　　)。

A. 单件生产的企业　　B. 小批生产的企业

C. 新产品的试制　　D. 工业性修理作业

E. 辅助生产车间的工具制造

4. 分批法的特点有(　　)。

A. 按产品的批别计算成本

B. 计算产品的生产步骤成本

C. 间接费用月末必须全部进行分配

D. 成本计算期与会计报告期不同

E. 通常不存在生产费用在完工产品与月末在产品之间进行分配的问题

5. 分批零件法的成本计算对象包括(　　)。

A. 各批主要零件　　B. 各批主要部件

C. 各批主要产成品　　D. 全部零件

E. 全部部件

6. 分批零件法与典型分批法虽然同属一种成本计算方法,但两者之间存在着许多不同之处,主要包括(　　)。

A. 成本计算对象　　B. 成本计算期

C. 成本计算内容　　　　　　　　D. 成本计算顺序
E. 在产品的含义

四、填空题

1. 产品成本计算的分批法，是按照产品的________归集生产费用、计算产品成本的一种方法。

2. 分批法主要适用于________、________，管理上不要求分步骤计算成本的________生产。

3. 分批法的成本计算期与________不一定一致，而与________相一致。

4. 采用简化分批法，各项间接费用累计分配率，既是________之间分配间接费用的依据，也是________之间分配间接费用的依据。

五、思考题

1. 什么是产品成本计算的分批法？
2. 分批法与品种法相比，有哪些特点？
3. 在分批法中，如何确定成本计算对象？
4. 什么是间接费用的当月分配法？应如何应用当月分配法来分配间接费用？
5. 什么是间接费用的累计分配法？应如何应用累计分配法来分配间接费用？

同步思考参考答案

7-1 解析

因为本企业属于单件、小批生产类型的企业，计算产品成本的分批法，主要适用于在成本管理上不要求分步骤归集费用，也不要求计算半成品成本的生产企业。在这些企业中，产品的生产一般是根据用户的订单组织的，生产何种产品、每批产品的批量大小以及完工时间，通常要根据需用单位的订单加以确定，但同时也要考虑订单的具体情况，并结合企业的生产负荷程度合理组织产品生产的批次及批量。

中信重工机械股份有限公司根据客户的订单组织生产，以生产批号为成本计算对象。设有原材料、工资、制造费用等成本项目，费用按月汇总，产品成本是在一张订单的全部产品完工后才进行结算。如果一张订单有分月陆续完工情况，则按计划成本转出，待该产品全部完工后，再重新结算完工产品的总成本和单位成本。

所以中信重工机械股份有限公司以产品批别为成本计算对象，采用分批法核算产品成本。

7-2 解析

计算过程如下。

制造费用分配表

20××年12月　　　　　　　　　　　　　　　　　　　　　　　　　　单位：元

产品批别	一车间			二车间			合计
	工时	分配率	金额	工时	分配率	金额	
07批号	3 000		3 000	1 600		1 920	4 920
08批号	1 500		1 500	2 000		2 400	3 900
09批号	1 000		1 000	1 500		1 800	2 800
合计	5 500	1	5 500	5 100	1.2	6 120	11 620

基本生产成本明细账(1)

批号：07批产品　　　　　　　　产品名称：甲　　　　　　单位：元

开工日期：20××年11月　　　　　　　　　　　　　　　完工日期：20××年12月

日期	凭证字号	摘　　要	直接材料	直接人工	制造费用	合计
11月30日	略	11月份成本合计	10 500	18 900	6 050	35 450
11月30日		完工10台转出成本	−5 000	−9 500	−3 000	−17 500
11月30日		11月末在产品成本	5 500	9 400	3 050	17 950
12月31日		一车间成本分配		9 900	3 000	12 900
12月31日		二车间成本分配		4 000	1 920	5 920
12月31日		12月成本合计		13 900	4 920	18 820
12月31日		12月完工10台转出成本	−5 500	−23 300	−7 970	−36 770
12月31日		20台累计成本	10 500	32 800	10 970	54 270
		完工单位成本	525	1 640	548.5	2 713.5

基本生产成本明细账(2)

批号：08批产品　　　　　　　　产品名称：乙　　　　　　单位：元

开工日期：20××年12月　　　　完工数量：15台　　　　完工日期：20××年12月

日期	凭证字号	摘　　要	直接材料	直接人工	制造费用	合计
12月31日	略	一车间费用分配	40 500	4 950	1 500	46 950
12月31日	略	二车间费用分配		5 010	2 400	7 410
12月31日		生产费用合计	40 500	9 960	3 900	54 260
12月31日		转出完工产品成本	−40 500	−9 960	−3 900	−54 360
		单位成本	2 700	664	260	3 624

基本生产成本明细账(3)

批号：09 批产品　　　　产品名称：丙　　　　单位：元

开工日期：20××年 12 月　　　　完工日期：

日期	凭证字号	摘　要	直接材料	直接人工	制造费用	合计
12 月 31 日	略	一车间费用分配	9 500	3 300	1 000	13 800
12 月 31 日		二车间费用分配		3 750	1 800	5 550
12 月 31 日		12 月累计成本	9 500	7 050	2 800	19 350

第八章　分　步　法

学习目标

1. 理解分步法的特点和适用范围。

2. 掌握逐步结转分步法的特点和成本计算程序。

3. 理解成本还原的意义和成本还原的方法。

4. 理解广义在产品与狭义在产品的含义。

5. 掌握平行结转分步法的特点和成本计算程序。

6. 比较逐步结转分步法与平行结转分步法的特点、优缺点及适用范围。

基本概念

成本还原　　逐步结转分步法　　平行结转分步法

综合结转分步法

第一节 分步法概述

一、分步法的概念

产品成本计算的分步法是以产品的品种及其所经过的生产步骤作为成本计算对象，开设生产成本明细账，归集生产费用，计算产品成本的一种方法。分步法兼顾核算和管理两方面需要，同时将二者要求贯彻于成本核算全过程，是一种比较理想的成本计算方法。此方法不仅要求按产品品种计算产品成本，还要求按产品的生产加工步骤计算产品成本，以此来加强各生产步骤的成本管理。

二、分步法的种类及适用范围

采用分步法计算产品成本时，由于不同企业对于生产步骤成本管理有不同要求，出于简化成本核算工作的考虑，按照产品生产步骤来归集费用、计算产品成本时，各个生产步骤成本的计算与结转有逐步结转和平行结转两种不同方法，产品成本计算的分步法也就分为逐步结转分步法和平行结转分步法两种。

（一）逐步结转分步法及适用范围

逐步结转分步法是按照生产步骤逐步计算并结转半成品成本，直到最后步骤计算出产成品成本的方法。计算各生产步骤所产半成品成本，是逐步结转分步法的显著特征。因此，逐步结转分步法也称作计算半成品成本的分步法。

逐步结转分步法主要适用于半成品可以加工为不同产品或者有半成品对外销售和需要考核半成品成本的企业，特别是大量、大批连续式多步骤生产企业。在这些企业中，从原材料投入生产到产成品制成，中间要顺序经过若干个生产步骤，前面各个生产步骤所生产的都是半成品，只有在最后生产步骤完工的才是产成品。各生产步骤所生产的半成品，既可以转交给下一生产步骤继续加工，耗用在不同产品上，又可以作为商品对外出售。例如，纺织企业生产的棉纱，既可以为本企业自用，继续加工成各种成品布，又可以作为商品，直接对外出售。在这种情况下，为了计算产品销售成本，除了需要计算各产成品成本外，还必须计算各生产步骤所产半成品成本。有的企业自制半成品不一定对外销售，但为了考核半成品成本，也需要计算半成品成本。

（二）平行结转分步法及适用范围

平行结转分步法是将各生产步骤应计入相同产成品成本的份额平行汇总，以求得产成品成本的方法。平行结转分步法按照生产步骤归集费用，但只计算完工产成品在各生产步骤的成本“份额”，不计算和结转各生产步骤的半成品成本。因此，平行结转分步法也称作不计算半成品成本的分步法。

平行结转分步法主要适用于在成本管理上要求分步骤归集费，但不要求计算半成品成本的企业，特别是没有半成品对外销售的大量、大批装配式多步骤生产企业。在这些企业中，从原材料投入生产到产成品制成，是先由各生产步骤对各种材料平行地进行加工，使之成为各种零件和部件（半成品），然后由总装车间（最后生产步骤）装配成各种产成品。如果各生产步骤所产半成品的种类比较多，半成品对外销的情况也很少，为了简化和加速成本核算工作，可以采用平行结转分步法。在某些连续式多步骤生产企业，如果各生产步骤所产半成品仅供本企业下一步骤继续加工，不准备对外出售，也可以采用平行结转分步法。

三、分步法的特点

（一）成本计算对象

分步法以产品的品种及其所经过的生产步骤作为成本计算对象，但逐步结转分步法和平行结转分步法略有区别。

逐步结转分步法是计算半成品成本的分步法，其成本核算对象是产成品及其所经生产步骤的半成品。各个生产步骤需要计算出半成品成本，并随着半成品实物的转移进行半成品成本的结转，直到最后步骤，计算出最终产品成本。

平行结转分步法是不计算半成品成本的分步法，其成本核算对象是产成品及其所经生产步骤的半成品。各个生产步骤只归集本步骤发生的生产费用，只计算和结转最终产成品在本生产步骤的成本份额，虽然半成品发生实物转移，但不计算也不结转半成品成本。

（二）成本计算期

成本计算工作一般都是按月、定期地进行，与会计报告期一致，而与产品的生产周期不一致，即定期按月计算产品成本。

（三）生产费用在完工产品与在产品之间的分配

由于分步法的成本计算期与生产周期不一致，在大量、大批多步骤生产企业，月末通常有在产品，因此，分步法月末计算产品成本时，通常需要将已记入产品生产成本明细账的生产费用合计数在本月完工产品与月末在产品之间进行分配，即需要正确计算各生产步骤的月末在产品成本。

逐步结转分步法和平行结转分步法在成本核算对象上有所不同，生产费用在完工产品与在产品之间的分配上也有所不同。

逐步结转分步法的成本核算对象是产成品及其所经生产步骤的半成品。各个生产步骤都需要计算所产半成品成本。半成品成本随着半成品实物的转移而结转，直到最后生产步骤计算出完工产成品成本。因此，月末各生产步骤将生产费用在本月完工产品与月末在产之间进行分配时，生产费用是本步骤发生的费用加上上一步骤转入的半成品成本。本月完工产品是指本生产步骤已经完工的半成品（最后生产步骤为产成品）；月末在产品是指本生产步骤正在加工尚未完工的在制品，即狭义的在产品。

平行结转分步法的成本核算对象是产成品及其所经过的生产步骤。各个生产步骤只归本步骤发生的生产费用,不计算半成品成本。半成品的实物已经转移,但半成品的成本不结转。因此,月末各生产步骤将生产费用在本月完工产品与月末在产品之间进行分配时,生产费用仅指本步骤发生的费用,不包括上一步骤转入的费用。本月完工产品是指企业最终完工的产成品;月末在产品是指广义的在产品,既包括本生产步骤正在加工的在制品(狭义的在产品),又包括本步骤已经加工完成,已经转入以后各生产步骤,但尚未最终制成产成品的半成品。平行结转分步法的本月完工产成品成本,是通过对各生产步骤本月应计入相同产成品成本的份额平行汇总来求得的。

同步思考 8-1

资料:江城机械制造厂主要生产各种机械产品,通过市场销往全国各地。企业的车间一般按生产工艺过程设置,设有铸工、锻工、加工、装配等车间。铸工车间利用生铁、钢、铜等几种原料熔铸各种铸件;锻工车间利用各种外购钢材锻造各种锻件。铸件和锻件都是用来进一步加工的毛坯。加工车间对各种铸件、锻件、外购半成品和外购材料进行加工,制造各种产品的零件和部件;然后转入装配车间进行装配,生产各种机械产品。本企业各生产步骤所产半成品的种类很多,而半成品外售的情况却较少,因此在管理上不要求计算半成品成本。

问题:请确定成本计算对象及成本核算方法。

第二节 逐步结转分步法

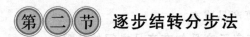

一、逐步结转半成品成本的必要性

在采用分步法的大量、大批多步骤生产企业中,成本管理往往需要成本核算提供各个生产步骤的半成品成本资料。究其原因,有以下四个方面。

(1) 半成品经常作为商品产品对外销售,需要计算半成品成本。

(2) 有的半成品要进行同行业成本的评比,也要计算这种半成品的成本。

(3) 有一些半成品,为本企业几种产品所耗用,为了分别计算各种产品的成本,也要计算这些半成品的成本。

(4) 在实行责任会计或厂内经济核算的企业中,为了全面地考核和分析各生产步骤等内部单位的生产耗费与资金占用水平,需要随着半成品实物在各生产步骤之间的转移,结转半成品成本。

二、逐步结转分步法的特点

逐步结转分步法具有以下特点。

(1) 半成品的成本要随着半成品的实物转移而结转。

(2) 各步骤“基本生产明细账”归集的费用，包括本步骤自身发生的费用和上一步骤完工的半成品成本。

(3) 逐步结转分步法下的在产品是狭义的在产品，不包括各步骤已完工的半成品，只包括在各个步骤加工中的在产品。

三、逐步结转分步法的成本计算程序

逐步结转分步法的基本计算程序是先归集第一步骤生产费用并计算第一步骤半成品成本，再随半成品实物转入第二步骤生产成本明细账，加上第二步骤发生的直接材料、直接人工、制造费用等，求得第二步骤的半成品成本，再随实物转入第三步骤，如此顺序逐步结转，直到最后步骤计算出产成品成本。实际上，是几个品种法的连续应用。

(一) 设置产品成本明细账

在大量、大批、连续式生产的企业中，生产一般是按照步骤(或车间)来划分的，其产品成本明细账可按照生产步骤来设置，据以汇集各步骤产品发生的各项生产费用。

企业只生产一种产品，即按生产步骤为该产品设置产品成本明细账；生产几种产品则要按生产步骤为各种产品设置产品成本明细账。如果在一个步骤内又包括几个小的加工步骤，则在按产品设置的成本明细账上，还要按小的加工步骤设置专栏，以便分别归集生产费用，正确计算成本。

(二) 生产费用的归集与分配

产品成本明细账应按产品品种和各生产步骤设置，并按成本项目登记。在成本明细账上先根据上月成本明细账的期末在产品资料，记入本月成本明细账的期初在产品成本栏，然后根据各种费用登记表，登记本月生产费用。

如果一个步骤只生产一种产品，那么这个步骤所发生的费用都可以直接记入该产品的成本明细账内；如果一个步骤生产多种产品，凡可以区分的也应直接记入各种产品的成本明细账内，若是几种产品共同耗用的，那么需按照适当的分配方法进行分配后计入费用。

在逐步结转分步法下，因各步骤半成品成本是随着实物的转移而结转的，所以在成本明细账里，应设置自制半成品成本项目，以反映耗用上一步骤半成品的成本。

(三) 在产品成本的计算

月末将各生产步骤中各种产品成本明细账上归集的全部生产费用，在完工的半成品(最后步骤是产成品)和在产品之间进行分配。分配方法可采用约当产量比例法，也可以采用其他方法。产品的计价通常采用的是约当产量比例法，因为在生产中，一般加工费用与产品完工程度有明显比例关系，在按约当产量计算时，如果一个步骤中，包括若干小步骤，各小步骤的在产品，应分别按其完工程度折算约当产量，以保证成本计算的正确性。

（四）结转各步骤半成品成本

各步骤在产品成本计算后，将全部生产费用扣除在产品成本，即得半成品成本。随着半成品实物转移到下一步骤继续加工（或交自制半成品仓库），半成品成本也转移到下一步骤（或半成品仓库），直到最后一个步骤计算出产成品总成本和单位成本。

如果半成品完工后，为下一步骤直接领用，半成品成本就在各步骤的产品成本明细账中直接结转，不必编制转账的会计分录；如果半成品完工后，不直接领用，而是要通过自制半成品仓库储存，半成品成本就要从各步骤的产品成本明细账中转出，并编制结转分录，从“基本生产成本”账户中转入“自制半成品”账户，下一步骤从自制半成品仓库领用时，再从“自制半成品”账户转入“基本生产成本”账户。自制半成品仓库同材料仓库一样，设立自制半成品明细账，来登记自制半成品的收入、发出、结存情况。

逐步结转分步法成本计算程序如图 8-1 所示。

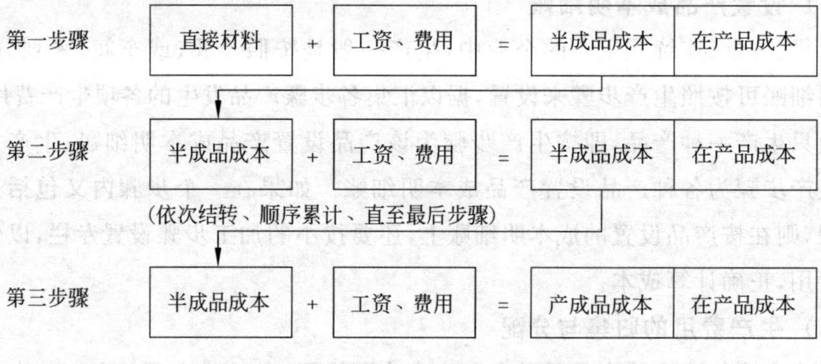

图 8-1　逐步结转分步法成本计算程序

采用逐步结转分步法按照结转半成品成本在下一步骤产品成本明细账中的反映方法不同，分为综合结转分步法和分项结转分步法两种。

四、综合结转分步法

综合结转分步法是将各步骤所耗用的上一步骤半成品成本，综合记入各该步骤产品成本计算单的“直接材料”或专设的“半成品”成本项目中的分步法。综合结转可以按照半成品的实际成本结转，也可以按照半成品的计划成本或定额成本结转，因此，综合结转分步法又分为实际成本综合结转分步法与计划成本综合结转分步法。

（一）按实际成本综合结转

采用半成品按实际成本综合结转分步法，各步骤所耗用上一步骤的半成品费用，应根据所耗用半成品的实际数量乘以半成品的实际单位成本计算。由于各月所产半成品的实际单位成本不同，因而所耗用半成品实际单位成本的计算，与原材料核算一样，可根据企业的实际情况，选择先进先出法、加权平均法等方法确定。为了提高各步骤成本计算的及时性，在半成品月初余额较大，本月所耗用半成品全部或者大部分是以前月份所产的情况下，本月所耗用半成品费用也可按上月月末半成品的加权平均单位成本计算。

（二）按计划成本综合结转

半成品成本也可按计划成本综合结转，采用这种结转方法，半成品的日常收发明细核算均按计划单位成本进行；在各步骤半成品实际成本计算出来后，再集中计算半成品成本差异额和差异率，将各步骤完工产品耗用上一步骤半成品的计划成本调整为实际成本。而半成品的总分类核算则按实际成本核算。

半成品按计划成本综合结转具有以下特点。

（1）为了调整所耗用半成品的成本差异，自制半成品明细账不但要反映半成品收发和结存的数量与实际成本，而且要反映半成品收发和结存的计划成本、成本差异额和成本差异率。

（2）在产品成本明细账中，对于所耗用半成品，可以直接按照调整成本差异后的实际成本登记，也可以按照计划成本和成本差异分别登记，以便于分析上一步骤半成品成本差异对本步骤成本的影响。采用后一种做法，产品成本明细账中的“半成品”项目，应分设“计划成本”“成本差异”（实际成本小于计划成本的差异用红字登记）和“实际成本”三栏。

【例题 8-1】 假定某工业企业生产 A 产品连续经过第一、第二两个步骤，第一步骤生产半成品，交半成品库验收，第二步骤按需要量向半成品库领用。各步骤完工产品与月末在产品之间费用的分配采用约当产量比例法。该企业 201×年 5 月有关成本计算资料如下。

（1）产量资料见表 8-1。

表 8-1　A 产品产量资料　　　　单位：件

项　目	月初在产品	本月投入	本月完工	月末在产品
第一步骤	180	420	500	100
第二步骤	200	700	600	300

假定材料在第一步骤开始加工时一次投入，各加工步骤的在产品完工程度均为 50%。

（2）月初在产品成本资料见表 8-2。

表 8-2　A 产品月初在产品成本　　　　单位：元

项　目	直接材料	自制半成品	直接人工	制造费用	合计
第一步骤	1 900		1 100	2 300	5 300
第二步骤		6 300	1 200	2 550	10 050

(3) 月初库存A半成品400件,其实际成本为10 300元。

(4) 本月发生费用(第二步骤不包括第一步骤转入的费用)见表8-3。

表8-3 A产品本月生产费用 单位:元

项　目	直接材料	直接人工	制造费用	合计
第一步骤	6 260	3 025	1 495	10 780
第二步骤		4 050	8 700	12 750

(5) 假定半成品成本按加权平均法计算,各步骤成本计算如下。

① 第一步骤产品成本明细账见表8-4。

表8-4 第一步骤产品成本明细账

产品名称:A半成品 单位:元

项　目	直接材料	直接人工	制造费用	合计
月初在产品成本	1 900	1 100	2 300	5 300
本月生产费用	6 260	3 025	1 495	10 780
合　计	8 160	4 125	3 795	16 080
约当产量	600	550	550	
分配率	13.6	7.5	6.9	28
完工半成品成本	6 800	3 750	3 450	14 000
月末在产品成本	1 360	375	345	2 080

根据第一步骤A半成品入库单,应编制会计分录如下。

借:自制半成品——A半成品　　14 000

　贷:生产成本——基本生产成本——第一步骤　　14 000

② 根据第一步骤A半成品入库单和第二步骤A半成品领用单,登记A半成品明细账,见表8-5。

表8-5 自制半成品明细账

产品名称:A半成品 数量单位:件 单位:元

月份	月初结存		本月增加		累计			本月减少	
	数量	实际成本	数量	实际成本	数量	实际成本	单位成本	数量	实际成本
5	400	10 300	500	14 000	900	24 300	37	700	18 900
6	200	5 400							

表中加权平均单位成本计算:24 300÷900=27(元)

表中发出半成品成本计算:700×27=18 900(元)

根据第二步骤半成品领用单,应编制会计分录如下。

借：生产成本——基本生产成本——第二步骤　　　18 900

　贷：自制半成品——A 半成品　　　18 900

③ 第二步骤产品成本明细账见表 8-6。

表 8-6　第二步骤产品成本明细账

产品名称：A 半成品　　　　单位：元

项目	自制半成品	直接人工	制造费用	合计
月初在产品成本	6 300	1 200	2 550	10 050
本月生产费用	18 900	4 050	8 700	31 650
合　计	25 200	5 250	11 250	41 700
约当产量	900	750	750	
分配率	28	7	15	50
产成品成本	16 800	4 200	9 000	30 000
月末在产品成本	8 400	1 050	2 250	11 700

根据第二步骤产成品入库单，应编制会计分录如下。

借：库存商品——A 产品　　　30 000

　贷：生产成本——基本生产成本——第二步骤　　　30 000

(6) 假定半成品成本按计划单价计算，A 半成品计划单位成本为 30 元。有关半成品成本的调整和自制半成品明细账的登记见表 8-7。

表 8-7　自制半成品明细账

产品名称：A 半成品　　　　数量单位：件　计划单位成本：30 元

月份	月初结存			本月增加			累计
	数量 ①	计划成本 ②	实际成本 ③	数量 ④	计划成本 ⑤	实际成本 ⑥	数量⑦＝ ①＋④
5	400	12 000	10 300	500	15 000	14 000	900
6	200	6 000	5 400				
月份	累计				本月减少		
	计划成本 ⑧＝ ②＋⑤	实际成本 ⑨＝ ③＋⑥	成本差异 ⑩＝ ⑨－⑧	成本差异率 ⑪＝ ⑩÷⑧	数量 ⑫	计划成本 ⑬＝ ⑫×30	实际成本 ⑭＝⑬ ＋⑬×⑪
5	27 000	24 300	－2 700	－10%	700	21 000	18 900
6							

（三）综合结转分步法的成本还原

1. 为什么要进行成本还原

采用综合结转分步法结转半成品成本，在加工步骤较多的情况下，产成品成本中“自制半成品”项目成本所占的比重很大,综合了以前各加工步骤生产产品发生的各项费用,而直接人工、制造费用等成本项目中只反映最后一个步骤的费用,其在产成品成本中所占比重很小,这不符合产成品成本构成的实际情况,不利于从整个企业角度考核与分析产成品成本的结构,因此还必须对产成品成本中的“自制半成品”成本项目进行还原,将产成品成本还原为按原始成本项目反映的成本,以满足企业考核和分析产成品成本构成的需要。

2. 成本还原的含义

所谓成本还原就是从最后一个步骤起,将产成品成本中所耗上一步骤半成品的综合成本,逐步分解还原为直接材料、直接人工、制造费用等原始成本项目,从而求得按原始成本项目反映的产成品成本。

3. 成本还原的方法

成本还原的具体方法,有项目比重还原法和还原分配率还原法。

(1) 项目比重还原法

根据产成品耗用上步骤半成品的成本乘以还原分配率计算半成品成本还原的方法。其成本还原的计算程序如下。

① 计算成本还原分配率。这里的成本还原分配率是指各步骤完工产品成本构成,即各成本项目占全部成本的比重。其计算公式为

$$成本还原分配率=\frac{上步骤完工半成品各成本项目的金额}{上步骤完工半成品各成本合计}\times 100\%$$

② 将半成品的综合成本进行分解。分解的方法是用产成品成本中半成品的综合成本乘以上一步骤生产的该种半成品的各成本项目的比重。其计算公式为

半成品成本还原=产成品耗用上步骤半成品的成本×成本还原分配率

③ 计算还原后成本。还原后成本是根据还原前成本加上半成品成本还原计算的。其计算公式为

还原后产品成本=还原前产品成本+半成品成本还原

④ 如果成本计算有两个以上的步骤,第一次成本还原后,还有未还原的半成品成本,乘以前一步骤该种半成品的各个成本项目的比重。后面的还原步骤和方法同上,直到还原到第一步骤为止,才能将本成品成本还原为原来的成本项目。

【例题 8-2】 某企业丙产成品经过三个生产车间加工而成。第一车间生产出甲半成品,第二车间对甲半成品做进一步加工从而生产出乙半成品,第三车间对乙半成品做进一步加工从而生产出丙产成品。成本核算采用逐步结转分步法。本月完工丙产成品成本为自制半成品 60 000 元、直接人工 2 500 元、制造费用 3 000 元。本月甲、乙半成品的完工产品成本及其构成比重如表 8-8 所示。

表 8-8 甲、乙半成品的完工产品成本及其构成比重 单位：元

项 目	自制半成品	直接材料	直接人工	制造费用	合计
甲完工半成品成本		30 000	4 000	6 000	40 000
甲半成品成本构成比重/%		75	10	15	100
乙完工半成品成本	40 800		2 880	4 320	48 000
乙半成品成本构成比重/%	85		6	9	100

根据以上资料编制成本还原计算表，见表 8-9。

表 8-9 成本还原计算表

产品名称：丙产品 单位：元

项 目		自制半成品	直接材料	直接人工	制造费用	合计
还原前丙产品成本		60 000		2 500	3 000	65 500
成本还原	乙半成品成本构成比重/%	85		6	9	100
		−60 000				
	乙半成品成本还原	51 000		3 600	5 400	0
	甲半成品成本构成比重/%		75	10	15	100
	甲半成品成本还原	−51 000	38 250	5 100	7 650	0
还原后丙产品成本			38 250	11 200	16 050	65 500

在以上成本还原计算表中，先将第三步骤丙产成品中的自制半成品成本 60 000 元，按第二步骤乙半成品成本构成比重，还原为第二步骤各成本项目；再将第二步骤乙半成品成本 51 000 元进一步按第一步骤甲半成品成本构成比重，还原为第一步骤各成本项目；最后，按成本项目相加，即得还原后的丙产品成本。

(2) 还原分配率还原法

还原分配率还原法是先计算出成本还原分配率，然后将成本还原分配率分别乘以上步骤完工产品各成本项目的成本来求得成本还原额，最后将还原前的产品成本和成本还原额按成本项目相加，即可得还原后的产品成本。采用这种方法进行成本还原的计算程序如下。

① 计算成本还原分配率是指产成品成本中半成品成本占上一步骤所产该种半成品总成本的比重。其计算公式为

$$成本还原分配率=\frac{产成品耗用上步骤半成品成本合计}{生产该种半成品成本合计}\times 100\%$$

② 计算半成品成本还原是用成本还原分配率乘以生产该种半成品成本项目的金额。其计算公式为

$$半成品成本还原=成本还原分配率\times 生产该种半成品成本项目金额$$

③ 计算还原后产品成本是用还原前产品成本加上半成品成本还原计算的。其计算公式为

还原后产品成本＝还原前产品成本＋半成品成本还原

④ 如果成本计算需经两个以上的步骤，则需重复①～③步骤进行再次的还原，直至还原到第一步骤为止。

【例题 8-3】 将例题 8-2 的资料按还原分配率还原法进行成本还原，所编制的成本还原计算表如表 8-10 所示。

表 8-10 成本还原计算表

产品名称：丙产品　　　　单位：元

项目		还原分配率	自制半成品	直接材料	直接人工	制造费用	合计
还原前丙产品成本			60 000		2 500	3 000	65 500
成本还原	乙半成品完工产品成本		40 800		2 880	4 320	48 000
	乙半成品成本还原	1.25＝ 60 000/48 000	−60 000 51 000		3 600	5 400	0
	甲半成品完工产品成本			30 000	4 000	6 000	40 000
	甲半成品成本还原	1.275＝ 51 000/40 000	−51 000	38 250	5 100	7 650	0
还原后丙产品成本				38 250	11 200	16 050	65 500

上述两种方法都是按自制半成品的实际成本比例还原的，其最后还原结果是相同的。有些企业为简化还原工作，采用计划成本比例法来进行还原。具体的做法是根据各步骤(除最后步骤外)按计划成本计算的成本项目构成比例，逆序还原，算出最后步骤自制半成品的成本项目构成比例，以后就按这个比例，把最后步骤自制半成品这一综合成本项目一次还原为原始成本项目。如例题 8-2 中，假定上述甲、乙半成品成本构成比重为计划成本的成本项目构成比例，则丙产成品中自制半成品项目计划成本比例的计算见表 8-11。

表 8-11 计划成本比例计算表

产品名称：丙产品　　　　单位：%

项 目	行次	自制半成品	直接材料	直接人工	制造费用	合计
甲半成品计划成本项目构成比例	(1)	85		6	9	100
乙半成品计划成本项目构成比例	(2)	75		10	15	100
对乙半成品自制半成品项目按甲半成品比例还原	(3)	−85	63.75	8.50	12.75	0
还原后乙半成品计划成本项目构成比例	(4)	0	63.75	14.50	21.75	100

在表 8-11 中，第(3)行的 63.75%、8.50%和 12.75%，是由第(1)行甲半成品的自制半成品项目构成比例 85%分别乘以第(2)行乙半成品的计划成本项目的构成比例 75%、10%和 15%后取得的；第(4)行还原后乙半成品计划成本项目构成比例由第(1)行中有关数字加上第(3)行的相应数字后取得。这样，在对丙产成品中自制半成品项目进行还原时，只需将丙产成品中自制半成品 60 000 元分别乘以第(4)行的相应数字即可。

有些半成品在国民经济中具有独立的意义，如棉纱、坯布、生铁、钢锭等，这些半成品在编制成本报表时也可不进行成本还原。

4. 综合结转分步法的优缺点和应用条件

综合结转分步法的优点：可以在各生产步骤的产品成本明细账中反映各步骤所耗半成品费用的水平和本步骤加工费用的水平，有利于各个生产步骤的成本管理。缺点：为了从整个企业的角度反映产品成本的构成，加强企业综合的成本管理，必须进行成本还原，从而增加核算工作量。因此，这种结转方法只宜在管理上要求计算各步骤完工产品所耗半成品费用，但不要求进行成本还原的情况下采用。

五、分项结转分步法

逐步结转分步法中，除综合结转分步法外，还有分项结转分步法。分项结转分步法的特点是将上一步骤半成品成本转入下一步骤时，需分别按上一步骤半成品的成本项目记入下一步骤的相应成本项目。采用分项结转分步法时，各步骤基本生产成本明细账中不设置“自制半成品”成本项目，故不必对最终完工产成品的成本进行还原计算。

分项结转分步法的成本计算程序与综合结转分步法基本相同，这里不再赘述。按分项结转分步法核算产品成本，第一步骤与综合结转分步法完全相同；第二步骤及以后步骤，若以实际成本法计算，在计算约当产量时，要注意区分上步骤转入成本所对应的约当产量与本步骤发生成本所对应的约当产量。因此，在编制基本生产成本明细账时，无论是期初在产品成本还是本月发生的生产费用都要按上步骤转入部分和本步骤发生部分分别进行登记。完工半成品成本与在产品成本的划分，也要按上步骤转入成本与本步骤发生成本分别进行。

【例题 8-4】 某企业有第一、第二两个基本生产车间。第一车间生产甲半成品，第二车间对从第一车间转入的甲半成品进一步加工，生产出乙产成品。201×年 7 月的产量和成本资料见表 8-12 和表 8-13。

表 8-12　各车间产量资料表　　单位：件

摘　　要	第一车间	第二车间
月初在产品数量	200	300
本月投产数量或上步转入	1 000	1 100
本月完工产品数量	1 100	900
月末在产品数量	100	500

表 8-13　各车间月初及本月费用表　　单位：元

项　目	直接材料	直接人工	制造费用
月初在产品成本			
第一车间	21 500	7 500	8 200
第二车间(上步骤转入)	40 400	21 200	23 000
第二步骤(本步骤发生)		10 000	13 900
本月费用			
第一车间	134 500	68 400	74 600
第二车间		82 000	108 000

假定成本核算采用分项结转分步法，半成品成本按加权平均法计算。第一车间的产品成本计算与综合结转分步法完全相同。根据以上资料，可编制第一车间的基本生产成本明细账，如表 8-14 所示。

表 8-14　基本生产成本明细账(1)

车间：第一车间　　单位：元

摘　要	直接材料	直接人工	制造费用	合计
月初在产品成本	21 500	7 500	8 200	37 200
本月发生的生产费用	134 500	68 400	74 600	277 500
生产费用合计	156 000	75 900	82 800	314 700
约当产量合计	1 200	1 150	1 150	
单位成本(分配率)	130	66	72	
月末在产品成本	13 000	3 300	3 600	19 900
完工半成品成本	143 000	72 600	79 200	294 800
完工半成品单位成本	130	66	72	268

在登记第二车间基本生产成本明细账时，第一车间 1 100 件完工半成品的成本 294 800元要分别按成本项目记入第二车间基本的生产成本明细账中。在进行第二车间的生产成本计算时，不能将第一车间转入的生产费用和第二车间发生的生产费用加在一起，除以一个总的约当产量(材料为 1 400 件，工费为 1 150 件)以求出约当产量单位成本来划分在产品成本和完工产品成本。这是因为第二车间 500 件在产品的完工程度为 50%，这是指在第二车间的加工程度，也就是说，这 500 件在产品在第二车间的加工成本只发生了一半，对第二车间发生的成本而言，500 件在产品只相当于 250 件产成品。但由于这 500 件产品是从第一车间转入的，是第一车间的完工半成品，所以，对第一车间的成本而言，完工程度为 100%，500 件在产品的约当产量仍然是 500 件。因此，在计算约当产量并划分在产品成本和完工产品成本时，必须分为上步骤转入成本和本步骤发生成

本，否则就会产生在产品少计、完工半成品(或产成品)成本多计的现象，导致产品成本计算的不准确。

第二车间生产成本的计算如表 8-15 所示。

表 8-15　基本生产成本明细账(2)

车间：第二车间　　　　单位：元

摘　要		直接材料	直接人工	制造费用	合计
上步骤转入	月初在产品成本	40 400	21 200	23 000	84 600
	本月发生的生产费用	143 000	72 600	79 200	294 800
	生产费用合计	183 400	93 800	102 200	379 400
	约当产量合计	1 400	1 400	1 400	
	单位成本(分配率)	131	67	73	
	月末在产品成本	65 500	33 500	36 500	135 500
	完工产成品成本	117 900	60 300	65 700	243 900
本步骤发生	月初在产品成本		10 000	13 900	23 900
	本月发生的生产费用		82 000	108 000	190 000
	生产费用合计		92 000	121 900	213 900
	约当产量合计		1 150	1 150	
	单位成本(分配率)		80	106	
	月末在产品成本		20 000	26 500	46 500
	完工产成品成本		72 000	95 400	167 400
完工产成品成本		117 900	132 300	161 100	411 300
完工产成品单位成本		131	147	179	457

在例题 8-4 中，完工半成品的结转是按加权平均法计算结转的。根据需要也可按先进先出法计算结转。加权平均法与先进先出法都属按实际成本法计价。也可以按计划成本计价结转，然后按成本项目分项调整成本差异。但由于后一种方法的计算工作量较大，一般采用按实际成本分项结转的方法。

同步思考 8-2

资料：某企业生产甲产品需经过两个加工步骤，第一步生产出甲半成品；第二步对甲半成品进行加工，生产出甲产成品。该企业采用逐步结转分步法计算产品成本，设有“直接材料”“自制半成品”“直接人工”和“制造费用”四个成本项目。

该企业 201×年 7 月有关成本资料如下。

1. 产量记录

项　目	第一步	第二步
月初在产品	120 件(完工 60%)	20 件(完工 70%)
本月投入	480 件	500 件
本月完工	500 件	400 件
月末在产品	100 件(完工 40%)	120 件(完工 50%)

原材料在生产开始时一次投入。

2. 各步骤月初在产品成本资料(金额单位：元)

步　骤	直接材料	自制半成品	直接人工	制造费用
第一步骤	5 340		480	1 000
第二步骤		1 950	82	184

3. 本月各步骤发生的生产费用(金额单位：元)

步　骤	直接材料	直接人工	制造费用
第一步骤	42 960	4 920	9 800
第二步骤		3 506	7 222

问题：根据以上资料，采用逐步结转分步法计算完工甲产品成本，各步骤在产品成本按加权平均法计算。

第三节　平行结转分步法

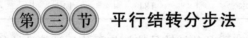

平行结转分步法是指各加工步骤只计算本步骤发生的生产费用和这些生产费用中应计入产成品成本的“份额”，不计算各步骤所产半成品成本，也不计算各步骤所耗上一步骤半成品成本，将相同产品各步骤份额平行结转、汇总，计算出产成品成本的一种成本计算方法。平行结转分步法也称不计算半成品成本的分步法。

一、平行结转分步法的成本计算程序

平行结转分步法下，不管半成品实物的流转程序如何，即不管半成品是否通过半成品仓库收发，都不需要设置“自制半成品”账户，因为此方法不计算各步骤的半成品成本。基于此，平行结转分步法的成本计算程序步骤如下。

(1) 根据各种原始凭证或原始凭证汇总分配表，按前述生产费用的归集和分配方法，将各种生产费用计入各步骤产品成本计算单中；

(2) 将各生产步骤所归集的生产费用在完工产品和广义在产品之间进行分配，计算出各步骤应计入产成品成本的“份额”；

(3) 将各步骤应计入产成品成本的生产费用“份额”加以汇总，计算产成品的总成本和单位成本。

具体成本计算程序如图 8-2 所示。

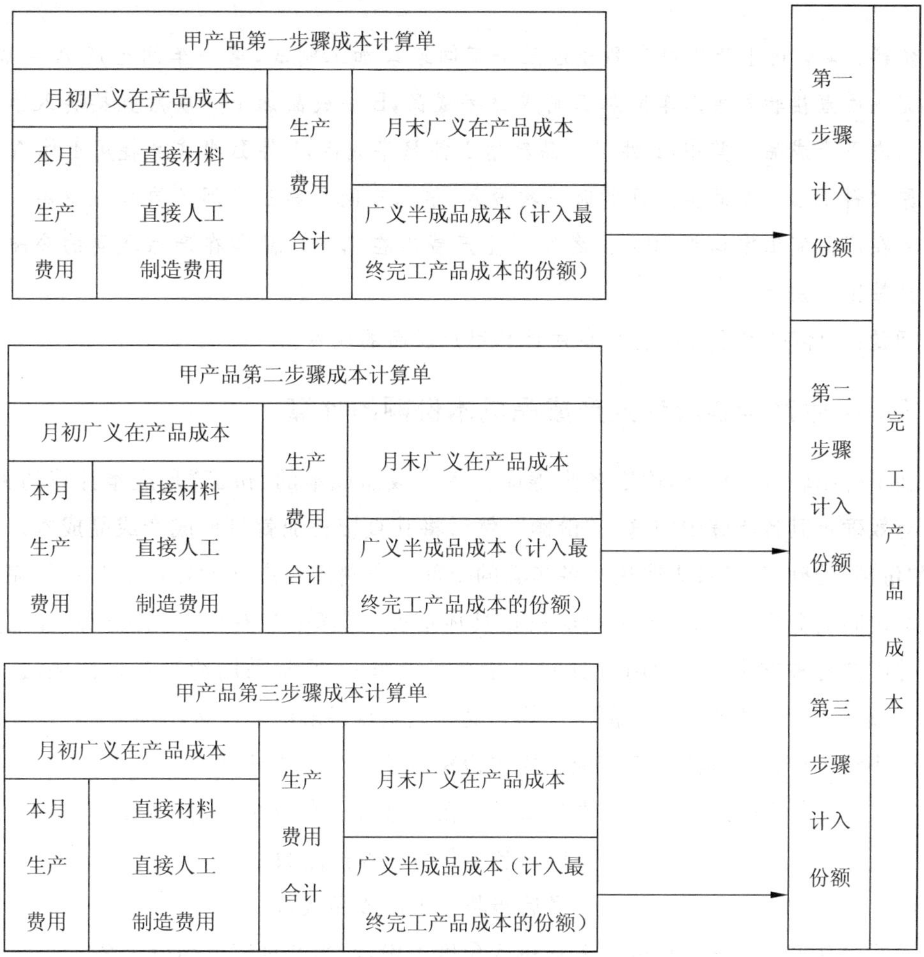

图 8-2　平行结转分步法的成本计算程序

二、平行结转分步法的特点

(1) 成本计算对象。为各种产成品及所经过的各步骤的份额。

(2) 各步骤不计算、也不结转半成品成本，只计算本步骤发生的费用及应由产成品负担的“份额”。半成品实物流转与半成品成本的结转相分离，即半成品成本并不随半成品实物转移而转移，即在哪一步骤发生的费用，就留在该步骤的成本明细账中，直到最后加工成产成品时，才将其成本从各步骤的成本明细账中转出。

(3) 将各步骤费用中应计入产成品成本的“份额”平行结转，汇总计算该种产成品的总成本和单位成本。

(4) 成本计算期与会计报告期相一致。

同步思考 8-3

资料：某公司生产的甲产品经过三个车间连续加工制成，第一车间生产A半成品，加工完成后直接转入第二车间加工制成B半成品，B半成品加工完成后直接转入第三车间加工成甲产成品。其中，1件甲产品耗用1件B半成品，1件B半成品耗用1件A半成品。原材料于第一车间生产开始时一次投入，第二车间和第三车间不再投入材料。各车间月末在产品完工率均为50%。各车间生产费用在完工产品和在产品之间的分配采用约当产量比例法。

问题：如何采用平行结转分步法计算甲产成品的成本？

三、各生产步骤应计入产成品成本份额的计算

在平行结转分步法下，确定各步骤应计入产成品成本的“份额”是成本计算的关键。只要有效确定其各步骤中的这一“份额”，然后将其直接相加就可形成产成品成本。而各步骤“份额”的确定，又首先取决于各步骤的全部生产费用在广义的在产品与最终完工的产成品之间的分配。为此，各企业应根据具体情况，选择生产费用在完工产品和在产品之间分配的各种方法进行费用的分配。在实际工作中，通常采用约当产量比例法、在产品按定额成本计价法或定额比例法计算。这里只重点讲解约当产量比例法。

采用约当产量比例法计算产成品成本份额可按下列公式计算。

某步骤约当产量＝本步骤月末在产品折合本步骤半成品数量
＋以后各步骤月末在产品数量
＋最后步骤完工产成品数量　　(1)

此式是从产出角度考虑的。若从投入角度考虑，约当产量还可用以下公式计算：

某步骤约当产量＝本步骤月末在产品折合本步骤半成品数量
＋本步骤完工半产品数量
＋以后各步骤月初在成品数量　　(2)

这是因为，在平行结转分步法下，各步骤生产成本明细账中生产成本的内容由以下三个部分构成：①本步骤月初在产品在本步骤发生的生产成本；②以后各步骤月初在产品在本步骤发生的生产成本；③本步骤本月投入的生产成本。各步骤基本生产成本明细

账中的月初在产品成本即为以上第①项和第②项之和，本月发生成本即为以上第③项内容。相应地，在进行约当产量计算时，也应包括以上三项内容。由于以上第①项、第③项内容之和，又可分解为本步骤本月半成品在本步骤发生的成本和本步骤月末在产品在本步骤发生的成本，故约当产量的计算公式也可由以上第二个公式表示。

将上述公式与逐步结转分步法的约当产量计算公式比较后可知，逐步结转分步法与平行结转分步法在约当产量计算上的区别在于：逐步结转分步法只需计算本步骤的约当产量即可；而在平行结转分步法下，不仅要计算本步骤的约当产量，还要计算以后步骤月初在产品的数量。

【例题 8-5】 假定某企业的产量记录如表 8-16 所示。

表 8-16　产量记录表　　单位：件

项　　目	第一步骤	第二步骤	第三步骤
月初在产品	20	30	10
本月投入或上步骤转入	100	110	100
本月完工转出	110	100	90
月末在产品	10	40	20

假定在产品的完工程度均为 50%，原材料在各个步骤生产开始时一次投入，根据这些资料，可进行约当产量的计算如下。

第一步骤约当产量为

直接材料：10×100%＋40＋20＋90＝160(件)

工费：10×50%＋40＋20＋90＝155(件)

第二步骤约当产量为

直接材料：40×100%＋20＋90＝150(件)

工费：40×50%＋20＋90＝130(件)

第三步骤约当产量为

直接材料：20×100%＋90＝110(件)

工费：20×50%＋90＝100(件)

需要注意的是，如果上步骤的产出不等于下步骤的投入，则可理解为除了生产车间外另有自制半成品的库存，所以若用(1)式计算要加上这自制半成品期末库存，若用(2)式计算则应加上这自制半成品的期初库存。

在上例中如将第一步骤的本月投入和完工转出数分别改为 120 件和 130 件，则第一步骤自制半成品就会产生另外 20 件库存(130 件减 110 件，假定期初无库存)，则第一步骤的约当产量可计算如下。

直接材料：10×100%＋40＋20＋90＋20＝180(件)

工费：10×50%＋40＋20＋90＋20＝175(件)

如果将第一步骤的本月投入和完工转出数分别改为70件和80件，则第一步骤的自制半成品至少另有30件库存，否则不可能有第二步骤110件的投入。若期初库存为100件，则期末库存为70件(100件减30件)，第一步骤的约当产量可计算如下。

直接材料：10×100%＋40＋20＋90＋70＝230(件)

工费：10×50%＋40＋20＋90＋70＝225(件)

或按(2)式计算：

直接材料：10×100%＋80＋30＋10＋100＝230(件)

工费：10×50%＋80＋30＋10＋100＝225(件)

四、平行结转分步法的应用举例

【例题8-6】 海西集团下属的闽江公司生产的丁产品经过三个车间连续加工制成，第一车间生产D半成品，直接转入第二车间加工制成H半成品，H半成品直接转入第三车间加工成丁产成品。其中，1件丁产成品耗用1件H半成品，1件H半成品耗用1件D半成品。原材料于第一车间生产开始时一次投入，第二车间和第三车间不再投入材料。各车间月末在产品完工率均为50%。各车间生产费用在完工产品和在产品之间的分配采用约当产量比例法。

(1) 本月各车间产量资料见表8-17。

表8-17 各车间产量资料表 单位：件

摘　要	第一车间	第二车间	第三车间
月初在产品数量	20	50	40
本月投产数量或上步转入	180	160	180
本月完工产品数量	160	180	200
月末在产品数量	40	30	20

(2) 各车间月初及本月费用资料见表8-18。

表8-18 各车间月初及本月费用 单位：元

摘　要		直接材料	直接人工	制造费用	合计
第一车间	月初在产品成本	1 000	60	100	1 160
	本月生产费用	18 400	2 200	2 400	23 000
第二车间	月初在产品成本		200	120	320
	本月生产费用		3 200	4 800	8 000
第三车间	月初在产品成本		180	160	340
	本月生产费用		3 450	2 550	6 000

下面采用平行结转分步法计算丁产成品的生产成本，计算过程如下。

(1) 编制各生产步骤约当产量的计算表，见表 8-19。

表 8-19　各生产步骤约当产量的计算表　　单位：元

摘　　要	直接材料	直接人工	制造费用
第一车间步骤的约当产量	290 (200＋40＋30＋20)	270 (200＋40×50％＋30＋20)	270
第二车间步骤的约当产量	250 (200＋20＋30)	235 (200＋30×50％＋20)	235
第三车间步骤的约当产量	220 (200＋20)	210 (200＋20×50％)	210

(2) 编制各生产步骤的成本计算单，见表 8-20～表 8-22。

表 8-20　产品成本计算单(1)

车间：第一车间　　产品名称：丁产成品(D 半成品)　　单位：元

摘　　要	直接材料	直接人工	制造费用	合计
月初在产品成本	1 000	60	100	1 160
本月发生费用	18 400	2 200	2 400	23 000
合　　计	19 400	2 260	2 500	24 160
第一步骤的约当产量	290	270	270	
分配率	66.90	8.37	9.26	
应计入产成品成本份额	13 380	1 674	1 852	16 906
月末在产品成本	6 020	586	648	7 254

表 8-21　产品成本计算单(2)

车间：第二车间　　产品名称：丁产成品(H 半成品)　　单位：元

摘　　要	直接人工	制造费用	合计
月初在产品成本	200	120	320
本月发生费用	3 200	4 800	8 000
合　　计	3 400	4 920	8 320
第二步骤的约当产量	235	235	
分配率	14.47	20.94	
应计入产成品成本份额	2 894	4 188	7 082
月末在产品成本	506	732	1 238

表 8-22　产品成本计算单(3)

车间：第三车间　　　　产品名称：丁产成品　　　　单位：元

摘　　要	直接人工	制造费用	合计
月初在产品成本	180	160	340
本月发生费用	3 450	2 550	6 000
合　　计	3 630	2 710	6 340
第三步骤的约当产量	210	210	
分配率	17.29	12.90	
应计入产成品成本份额	3 458	2 580	6 038
月末在产品成本	172	130	302

(3) 编制产品成本汇总计算表如表 8-23 所示。

表 8-23　产品成本汇总计算表

产品名称：丁产成品　　　　单位：元

项　目	数量	直接材料	直接人工	制造费用	总成本	单位成本
第一车间		13 380	1 674	1 852	16 906	84.53
第二车间			2 894	4 188	7 082	35.41
第三车间			3 458	2 580	6 038	30.19
合　计	200	13 380	8 026	8 620	30 026	150.13

根据产品成本汇总计算表和产成品入库单，编制结转完工入库产品生产成本的会计分录如下。

借：库存商品——丁产成品　　　　30 026

　贷：生产成本——基本生产成本——第一车间　　16 906

　　　　　　　　　　　　　　　——第二车间　　7 082

　　　　　　　　　　　　　　　——第三车间　　6 038

五、平行结转分步法的优缺点

平行结转分步法的优缺点总结如下。

优点：采用平行结转分步法时，各步骤可以平行计算其生产费用应由产成品成本负担的份额，简化和加速了成本计算工作；成本项目的平行归集，可以正确反映产品成本结构的实际情况，避免了成本还原；产品成本由各步骤的转销数相加而得，可以直接了解各步骤成本的超降对产品成本的影响，使成本计算和责任制结合起来，有利于加强成本分析。

缺点：不能提供各步骤半成品成本资料及各步骤所耗上一步骤半成品成本，因而不能全面反映各步骤生产耗费水平，不利于各步骤的成本管理；由于各步骤间不结转半成品成本，使半成品实物转移与费用结转相脱节，因而不能为各步骤在产品的实物管理和资金管理提供资料。

六、平行结转分步法与逐步结转分步法的区别

(一) 成本计算程序不同

逐步结转分步法需按步骤计算半成品成本，并结转半成品成本；平行结转分步法不需要分步计算半成品成本，只需计算每一步骤应计入产成品成本的份额，将份额进行平行汇总即可计算出完工产品成本。

(二) 各步骤所计算的费用不同

逐步结转分步法中每一步骤的生产费用包括本步骤发生的加工费用和上步骤转入的半成品成本；平行结转分步法中每一步骤的生产费用，除第一步骤外，只包括本步骤的加工费用。

(三) 完工产品的概念不同

逐步结转分步法中的完工产品是指每一步骤完工的半成品和最终完工的产成品；平行结转分步法中的完工产品是指最终完工的产成品。

(四) 在产品的概念不同

逐步结转分步法中的在产品是指狭义的在产品；平行结转分步法中的在产品是指广义的在产品。

(五) 成本与实物的关系体现不同

逐步结转分步法中成本的结转与实物的结转相一致，即半成品转入下一步骤，其成本也转入下一步骤；平行结转分步法中成本的结转与实物的结转脱节，当半成品转入下一步骤时，成本并不转入下一步骤。

同步思考 8-4

资料：某企业甲产品经过三个车间连续加工制成，一车间生产 A 半成品，直接转入二车间加工制成 B 半成品，B 半成品直接转入三车间加工成甲产成品。其中，1 件甲产成品耗用 1 件 B 半成品，1 件 B 半成品耗用 1 件 A 半成品。原材料于生产开始时一次投入，各车间月末在产品完工率均为 50%。各车间生产费用在完工产品和在产品之间的分配采用约当产量比例法。

本月各车间产量资料如下(单位：件)。

摘　　要	一车间	二车间	三车间
月初在产品数量	20	50	40
本月投产数量或上步转入	180	160	180
本月完工产品数量	160	180	200
月末在产品数量	40	30	20

各车间月初及本月费用资料如下(单位：元)。

摘 要		直接材料	直接人工	制造费用	合计
一车间	月初在产品成本	1 000	60	100	1 160
	本月生产费用	18 400	2 200	2 400	23 000
二车间	月初在产品成本		200	120	320
	本月生产费用		3 200	4 800	8 000
三车间	月初在产品成本		180	160	340
	本月生产费用		3 450	2 550	6 000

问题：

(1) 采用平行结转分步法计算产成品成本,编制各步骤成本计算单及产品成本汇总表。

(2) 编制各步骤成本计算单,采用综合结转分步法计算各步骤半成品成本及产成品成本。

(3) 编制各步骤成本计算单,采用逐步结转分步法计算各步骤半成品成本及产成品成本。

第四节 实践课业

一、课业任务

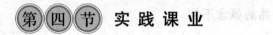

学生通过学习产品成本计算的分步法,根据以下资料,运用Excel建立平行结转分步法成本计算电算化模型,计算出完工产品成本和在产品成本。

资料：某企业经过三个车间生产甲产品,直接材料在第一车间一次投入,采用平行结转分步法计算产品成本,各车间在产品完工率均为50%。9月有关生产资料如下。

1. 产量资料

单位：件

项 目	第一车间	第二车间	第三车间	合计
月初在产品	20	50	30	100
本月投入数量	700	680	670	700
本月完工数量	680	670	690	690
月末在产品	40	60	10	110

2. 期初在产品成本

单位：元

项 目	第一车间	第二车间	第三车间	合计
直接材料	2 800	—	—	2 800
直接人工	520	440	180	1 140
制造费用	420	380	85	885
合计	3 740	820	265	4 825

3. 本期发生成本

单位：元

项　目	第一车间	第二车间	第三车间	合计
直接材料	5 200	—	—	5 200
直接人工	4 160	5 400	2 600	12 160
制造费用	2 700	4 000	2 000	8 700
合计	12 060	9 400	4 600	26 060

二、课业目标

（1）掌握分步法的含义及适用范围。

（2）掌握分步法的成本计算程序和账务处理。

（3）能够合理地选择产品成本计算方法，熟练利用 Excel 建立模型进行计算。

（4）能根据业务资料进行产品成本分配的账务处理。

三、理论指导

（一）分步法的种类及适用范围

采用分步法计算产品成本时，由于不同企业对于生产步骤成本管理有不同要求，出于简化成本核算工作的考虑，按照产品生产步骤来归集费用、计算产品成本时，各个生产步骤成本的计算与结转有逐步结转和平行结转两种不同方法，产品成本计算的分步法也就分为逐步结转分步法和平行结转分步法两种。

逐步结转分步法主要适用于半成品可以加工为不同产品或者有半成品对外销售和需要考核半成品成本的企业，特别是大量、大批连续式多步骤生产企业。

平行结转分步法主要适用于在成本管理上要求分步骤归集费，但不要求计算半成品成本的企业，特别是没有半成品对外销售的大量、大批装配式多步骤生产企业。

（二）分步法的特点

1. 成本计算对象

分步法以产品的品种及其所经过的生产步骤作为成本计算对象。逐步结转分步法是计算半成品成本的分步法，其成本核算对象是产成品及其所经生产步骤的半成品。各个生产步骤需要计算出半成品成本，并随着半成品实物的转移进行半成品成本的结转，直到最后步骤，计算出最终产品成本。平行结转分步法是不计算半成品成本的分步法，其成本核算对象是产成品及其所经生产步骤的半成品。各个生产步骤只归集本步骤发生的生产费用，只计算和结转最终产成品在本生产步骤的成本份额，虽然半成品发生实物转移，但不计算也不结转半成品成本。

2. 成本计算期

成本计算工作一般都是按月、定期地进行，与会计报告期一致，而与产品的生产周期不一致，即定期按月计算产品成本。

3. 生产费用在完工产品与在产品之间的分配

由于分步法的成本计算期与生产周期不一致，在大量、大批多步骤生产企业，月末通常有在产品，因此，分步法月末计算产品成本时，通常需要将已记入产品生产成本明细账的生产费用合计数在本月完工产品与月末在产品之间进行分配，即需要正确计算各生产步骤的月末在产品成本。

（三）逐步结转分步法的成本计算程序

逐步结转分步法的基本计算程序是先归集第一步骤生产费用并计算第一步骤半成品成本，再随半成品实物转入第二步骤生产成本明细账，加上第二步骤发生的直接材料、直接人工、制造费用等，求得第二步骤的半成品成本，再随实物转入第三步骤，如此顺序逐步结转，直到最后步骤计算出产成品成本。实际上，是几个品种法的连续应用。

（四）平行结转分步法的成本计算程序

平行结转分步法下，不管半成品实物的流转程序如何，即不管半成品是否通过半成品仓库收发，都不需要设置"自制半成品"账户，因为此方法不计算各步骤的半成品成本。基于此，平行结转分步法的成本计算程序如下。

(1) 根据各种原始凭证或原始凭证汇总分配表，按前述生产费用的归集和分配方法，将各种生产费用计入各步骤产品成本中。

(2) 将各生产步骤所归集的生产费用在完工产品和广义在产品之间进行分配，计算出各步骤应计入产成品成本的"份额"。

(3) 将各步骤应计入产成品成本的生产费用"份额"加以汇总，计算产成品的总成本和单位成本。

四、课业组织安排

(1) 学生利用计算机对指定案例材料进行上机操作。

(2) 学生完成计算分析后，利用网络资源展示自己的学习成果，其他学生给出评价。

(3) 教师对学生的成果进行全面点评。

五、课业范例

平行结转分步法成本计算电算化模型的创建

资料：江海电器有限公司生产的丁产品经过三个车间连续加工制成，第一车间生产D半成品，直接转入第二车间加工制成H半成品，H半成品直接转入第三车间加工成丁产成品。其中，1件丁产成品耗用1件H半成品，1件H半成品耗用1件D半成品。原材料于第一车间生产开始时一次投入，第二车间和第三车间不再投入材料。各车间月末在产品完工率均为50%。各车间生产费用在完工产品和在产品之间的分配采用约当产量比例法。201×年8月该公司的产品生产和费用发生情况如下。

(1) 本月各车间产量资料如图 8-3 所示。

	A	B	C	D
1	江海电器有限公司			
2	201×年8月			
3	1. 本月各车间产量资料（单位：件）			
4	摘　要	第一车间	第二车间	第三车间
5	月初在产品数量	20	50	40
6	本月投产数量或上步转入	180	160	180
7	本月完工产品数量	160	180	200
8	月末在产品数量	40	30	20

图 8-3

(2) 各车间月初及本月费用资料如图 8-4 所示。

	A	B	C	D	E	F
10	2. 各车间月初及本月费用资料（单位：元）					
11	摘　要		直接材料	直接人工	制造费用	合计
12	第一车间	月初在产品成本	1 000	60	100	1 160
13		本月的生产费用	18 400	2 200	2 400	23 000
14	第二车间	月初在产品成本		200	120	320
15		本月的生产费用		3 200	4 800	8 000
16	第三车间	月初在产品成本		180	160	340
17		本月的生产费用		3 450	2 550	6 000

图 8-4

根据以上资料，在 Excel 电子工作表中创建平行结转分步法成本计算电算化模型的步骤如下。

第一步，启动 Excel 电子工作表，将案例按平行结转分步法计算产品成本的有关资料录入 Excel 电子工作表 Sheet1 的 A1：F17 单元格区域，参见图 8-3 和图 8-4，并将该工作表的标签 Sheet1 重命名为“资料”。

第二步，创建计算约当产量电算化模型，计算丁产品各生产步骤的约当产量。

其步骤如下：插入工作表，建立约当产量计算电算化模型，并将该表重命名为“约当产量”。将计算丁产品约当产量的有关资料从“资料”工作表链接到“约当产量计算”工作表中，然后输入公式计算出丙产品期末在产品的约当产量，如图 8-5 所示。

	A	B	C	D
1	江海电器有限公司			
2	约当产量计算表			
3	201×年8月			
4	摘　要	直接材料	直接人工	制造费用
5	第一车间步骤的约当产量	=资料!D7+资料!B8+资料!C8+资料!D8	=资料!D7+资料!B8*50%+资料!C8+资料!D8	=C5
6	第二车间步骤的约当产量	=资料!D7+资料!C8+资料!D8	=资料!D7+资料!C8*50%+资料!D8	=C6
7	第三车间步骤的约当产量	=资料!D7+资料!D8	=资料!D7+资料!D8*50%	=C7

图 8-5

同时按下 Ctrl 键和～键，模型中所有公式显示转换为计算结果，如图 8-6 所示。

至此，“在产品约当产量的计算电算化模型”的创建和在产品约当产量的计算工作就完成了。

	A	B	C	D
1	江海电器有限公司			
2	约当产量计算表			
3	201×年8月			
4	摘　要	直接材料	直接人工	制造费用
5	第一车间步骤的约当产量	290	270	270
6	第二车间步骤的约当产量	250	235	235
7	第三车间步骤的约当产量	220	210	210

图　8-6

第三步，分步骤计算产品成本。

在本例中要求计算出江海电器有限公司的丁产品的生产成本。插入工作表，建立产品成本计算电算化模型，并将该表重命名为"成本计算"。

(1) 计算第一车间产品成本

计算第一车间产品成本的步骤如下：创建成本计算电算化模型并将计算丙产品第一车间产品成本的有关资料，从"资料"工作表链接到"成本计算"工作表"第一车间成本计算单"中，然后输入公式计算出应计入丙产品的产品成本，如图 8-7 所示。

	A	B	C	D	E
1	江海电器有限公司				
2	201×年				
3	第一车间成本计算单				
4	名称：丁产品（D半成品）			单位：	元
5	摘　要	直接材料	直接人工	制造费用	合计
6	月初在产品成本	=资料!C12	=资料!D12	=资料!E12	=SUM(B6:D6)
7	本月发生费用	=资料!C13	=资料!D13	=资料!E13	=SUM(B7:D7)
8	合计	=SUM(B6:B7)	=SUM(C6:C7)	=SUM(D6:D7)	=SUM(B8:D8)
9	第一步骤的约当产量	=约当产量计算!B5	=约当产量计算!C5	=约当产量计算!D5	
10	分配率	=B8/B9	=C8/C9	=D8/D9	
11	应计入产成品成本份额	=B10*资料!$D$7	=C10*资料!$D$7	=D10*资料!$D$7	=SUM(B11:D11)
12	月末在产品成本	=B8-B11	=C8-C11	=D8-D11	=SUM(B12:D12)

图　8-7

同时按下 Ctrl 键和～键，丙产品成本计算单中所有公式显示转换为计算结果，如图 8-8 所示。

	A	B	C	D	E
1	江海电器有限公司				
2	201×年				
3	第一车间成本计算单				
4	名称：丁产品（D半成品）			单位：	元
5	摘　要	直接材料	直接人工	制造费用	合计
6	月初在产品成本	1000	60	100	1160
7	本月发生费用	18400	2200	2400	23000
8	合计	19400	2260	2500	24160
9	第一步骤的约当产量	290	270	270	
10	分配率	66.90	8.37	9.26	
11	应计入产成品成本份额	13379	1674	1852	16905
12	月末在产品成本	6021	586	648	7255

图　8-8

(2) 计算第二车间产品成本

计算第二车间产品成本的步骤如下：创建成本计算电算化模型并将计算丙产品第二

车间产品成本的有关资料，从“资料”工作表链接到“成本计算”工作表“第二车间成本计算单”中，然后输入公式计算出应计入丙产品的产品成本，如图 8-9 所示。

	A	B	C	D
14	第二车间成本计算单			
15	名称：丁产品（H半成品）			单位：元
16	摘　要	直接人工	制造费用	合计
17	月初在产品成本	=资料!D14	=资料!E14	=SUM(B17:C17)
18	本月发生费用	=资料!D15	=资料!E15	=SUM(B18:C18)
19	合计	=SUM(B17:B18)	=SUM(C17:C18)	=SUM(B19:C19)
20	第二步骤的约当产量	=约当产量计算!C6	=约当产量计算!D6	
21	分配率	=B19/B20	=C19/C20	
22	应计入产成品成本份额	=B21*资料!$D$7	=C21*资料!$D$7	=SUM(B22:C22)
23	月末在产品成本	=B19-B22	=C19-C22	=SUM(B23:C23)

图　8-9

同时按下 Ctrl 键和～键，丙产品成本计算单中所有公式显示转换为计算结果，如图 8-10 所示。

	A	B	C	D
14	第二车间成本计算单			
15	名称：丁产品（H半成品）			单位：元
16	摘　要	直接人工	制造费用	合计
17	月初在产品成本	200	120	320
18	本月发生费用	3200	4800	8000
19	合计	3400	4920	8320
20	第二步骤的约当产量	235	235	
21	分配率	14.47	20.94	
22	应计入产成品成本份额	2894	4187	7081
23	月末在产品成本	506	733	1239

图　8-10

(3) 计算第三车间产品成本

计算第三车间产品成本的步骤如下：创建成本计算电算化模型并将计算丙产品第三车间产品成本的有关资料，从“资料”工作表链接到“成本计算”工作表“第三车间成本计算单”中，然后输入公式计算出应计入丙产品的产品成本，如图 8-11 所示。

	A	B	C	D
25	第三车间成本计算单			
26	名称：丁产品			单位：元
27	摘　要	直接人工	制造费用	合计
28	月初在产品成本	=资料!D16	=资料!E16	=SUM(B28:C28)
29	本月发生费用	=资料!D17	=资料!E17	=SUM(B29:C29)
30	合计	=SUM(B28:B29)	=SUM(C28:C29)	=SUM(B30:C30)
31	第三步骤的约当产量	=约当产量计算!C7	=约当产量计算!D7	
32	分配率	=B30/B31	=C30/C31	
33	应计入产成品成本份额	=B32*资料!$D$7	=C32*资料!$D$7	=SUM(B33:C33)
34	月末在产品成本	=B30-B33	=C30-C33	=SUM(B34:C34)

图　8-11

同时按下 Ctrl 键和～键，丙产品成本计算单中所有公式显示转换为计算结果，如图 8-12 所示。

	A	B	C	D
25	第三车间成本计算单			
26	名称：丁产品			单位：元
27	摘　要	直接人工	制造费用	合计
28	月初在产品成本	180	160	340
29	本月发生费用	3450	2550	6000
30	合计	3630	2710	6340
31	第三步骤的约当产量	210	210	
32	分配率	17.29	12.90	
33	应计入产成品成本份额	3457	2581	6038
34	月末在产品成本	173	129	302

图　8-12

至此，各车间的成本计算电算化模型的创建和计算工作就完成了。

第四步，汇总各步骤产品成本。

创建成本计算电算化模型“产品成本汇总计算表”，并将计算丙产品所有车间产品成本的有关资料，从“成本计算”工作表中的“第一车间成本计算单”“第二车间成本计算单”“第三车间成本计算单”链接到“产品成本汇总计算表”中，然后输入公式计算出应计入丙产品的产品成本，如图 8-13 所示。

	A	B	C	D	E	F	G
36	产品成本汇总计算表						
37	产品名称：丁产品						单位：元
38	项目	数量	直接材料	直接人工	制造费用	总成本	单位成本
39	第一车间		=B11	=C11	=D11	=SUM(C39:E39)	=F39/$B$42
40	第二车间			=B22	=C22	=SUM(C40:E40)	=F40/$B$42
41	第三车间			=B33	=C33	=SUM(C41:E41)	=F41/$B$42
42	合计	=资料!D7	=SUM(C39:C41)	=SUM(D39:D41)	=SUM(E39:E41)	=SUM(C42:E42)	=F42/$B$42

图　8-13

同时按下 Ctrl 键和～键，丙产品成本计算单中所有公式显示转换为计算结果，如图 8-14 所示。

	A	B	C	D	E	F	G
36	产品成本汇总计算表						
37	产品名称：丁产品						单位：元
38	项目	数量	直接材料	直接人工	制造费用	总成本	单位成本
39	第一车间		13379	1674	1852	16905	84.53
40	第二车间			2894	4187	7081	35.40
41	第三车间			3457	2581	6038	30.19
42	合计	200	13379	8025	8620	30024	150.12

图　8-14

至此，“平行结转分步法成本计算电算化模型”的创建和成本计算工作就全部完成了。

课后练习

一、名词解释

分步法　　成本还原　　逐步结转分步法　　分项结转　　综合结转分步法
平行结转分步法

二、单项选择题

1. 管理上不要求计算各步骤完工半成品所耗半成品费用和本步骤加工费用，而要求按原始成本项目计算产品成本的企业，采用分步法计算成本时，应采用(　　)。

A. 综合结转分步法　　B. 分项结转分步法
C. 按计划成本结转分步法　　D. 平行结转分步法

2. 当半成品具有独立的国民经济意义，管理上要求计算各步骤完工产品所耗半成品费用但不要求进行成本还原的情况下，可采用(　　)。

A. 综合结转分步法　　B. 分项结转分步法
C. 平行结转分步法　　D. 顺序结转分步法

3. 平行结转分步法各步骤的费用(　　)。

A. 包括本步骤的费用和上一步骤转入的费用两部分
B. 只包括本步骤的费用不包括上一步骤转入的费用
C. 第一步骤包括本步骤的费用，其余各步骤均包括上一步骤转入的费用
D. 最后步骤包括本步骤的费用，其余各步骤均包括上一步骤转入的费用

4. 平行结转分步法下，每一生产步骤完工产品的费用，是(　　)。

A. 该步骤完工半成品的成本
B. 该步骤完工产成品的成本
C. 该步骤生产费用中用于产成品成本的份额
D. 该步骤生产费用中用于在产品成本的份额

5. 下列可采用分步法计算产品成本的企业是(　　)。

A. 造船厂　　B. 发电厂
C. 重型机器厂　　D. 纺织厂

6. 采用综合结转分步法计算产品成本时，若有三个生产步骤，则需进行成本还原的次数是(　　)次。

A. 一　　B. 两
C. 三　　D. 四

7. 需要进行成本还原所采用的成本计算方法是(　　)。

A. 品种法　　B. 平行结转分步法

C. 逐步结转分步法(综合结转)　　D. 逐步结转分步法(分项结转)

三、多项选择题

1. 分步法的特点有(　　)。

A. 不按产品的批别计算产品成本

B. 按产品的批别计算产品成本

C. 按产品的生产步骤计算产品成本

D. 不按产品的生产步骤计算产品成本

E. 按产品的批别和步骤计算产品成本

2. 采用逐步结转分步法需要提供各个步骤半成品成本资料的原因有(　　)。

A. 各生产步骤的半成品既可以自用,也可以对外销售

B. 半成品需要进行同行业的评比

C. 产成品不需要进行同行业的评比

D. 一些半成品为几种产品所耗用

E. 适应实行厂内经济核算或责任会计的需要

3. 计算成本还原分配率时所用的指标有(　　)。

A. 本月产成品所耗上一步骤半成品成本合计

B. 本月产成品所耗本步骤半成品成本合计

C. 本月所产该种半成品成本合计

D. 上月所产该种半成品成本合计

E. 上月产成品所耗本步骤半成品成本合计

4. 平行结转分步法下,只计算(　　)。

A. 各步骤半成品的成本

B. 各步骤发生的费用及上一步骤转入的费用

C. 上一步骤转入的费用

D. 本步骤发生的各项其他费用

E. 本步骤发生的费用应计入产成品成本中的份额

5. 采用平行结转分步法计算产品成本时,其主要优点在于(　　)。

A. 各步骤可以同时计算产品成本

B. 能够提供各个步骤的半成品成本资料

C. 能够直接提供按原始成本项目反映的产品成本资料,不必进行成本还原

D. 能为各生产步骤在产品的实物管理和资金管理提供资料

E. 能够全面反映各个步骤产品的生产费用水平

6. 在下列企业中，一般采用分步法进行成本计算的企业有(　　)。

A. 冶金企业　　B. 纺织企业

C. 造纸企业　　D. 化工企业

E. 发电企业

7. 下列特点属于逐步结转分步法(综合结转)应具备的有(　　)。

A. 各步骤的费用合计既包括本步骤发生的，也包括上一步骤转入的

B. 各步骤的费用合计只包括本步骤发生的，不包括上一步骤转入的

C. 计算成本时使用的是狭义在产品

D. 计算成本时使用的是广义在产品

E. 不能直接提供按原始成本项目反映的产品成本构成

四、填空题

1. 分步法按照是否计算半成品成本划分，可以分为________和________。

2. 产品成本计算的分步法，是按产品的________归集生产费用，计算产品成本的一种方法。

3. 分步法主要适用于________的________生产。

4. 逐步结转分步法是为了计算________成本而采用的一种分步法。

五、思考题

1. 采用分步法计算成本适用于什么样的企业?

2. 分步法有什么特点?

3. 逐步结转分步法有什么特点? 适用于何种类型的企业?

4. 试述逐步结转分步法的成本计算程序。

5. 在逐步结转分步法下，若半成品通过半成品库收发应如何进行核算?

6. 综合结转分步法有什么特点? 适用于什么情况下采用?

7. 试述综合结转分步法的成本计算程序。

8. 综合结转分步法有什么优缺点?

9. 为什么要进行成本还原? 如何进行成本还原? 成本还原的两种方法各有什么特点?

10. 分项结转分步法有什么特点? 适用于什么情况下采用?

同步思考参考答案

8-1 解析

江城机械制造厂以各种机械产品及其所经生产步骤为成本计算对象，采用平行结转分步法核算产品成本。

8-2 解析

步骤一：完工半成品成本＝55 250(元)，月末在产品成本＝9 250(元)

步骤二：完工产成品成本＝53 560(元)，月末在产品成本＝14 634(元)

8-3 解析

根据该公司资料可知，甲产品经过三个车间连续加工制成，第一车间生产 A 半成品，加工完成后转入第二车间加工制成 B 半成品，B 半成品加工完成后转入第三车间加工成甲产成品。其中，1 件甲产成品耗用 1 件 B 半成品，1 件 B 半成品耗用 1 件 A 半成品。可以首先计算第一车间生产费用中计入产成品的份额；其次计算第二车间生产费用中计入产成品的份额；然后计算第三车间生产费用中计入产成品的份额；最后把三个车间计入产成品的份额平行结转、汇总即可计算出甲产品的生产成本。

8-4 解析

(1) 平行结转分步法

步骤约当产量的计算　　单位：元

摘　　要	直接材料	直接人工	制造费用
第一车间步骤约当产量	290 (200＋30＋20＋40)	270 (200＋30＋20＋40×50％)	270
第二车间步骤约当产量	250 (200＋30＋20)	235 (200＋20＋30×50％)	235
第三车间步骤约当产量	220 (200＋20)	210 (200＋20×50％)	210

第一车间成本计算单(1)　　单位：元

摘　　要	直接材料	直接人工	制造费用	合计
月初在产品成本	1 000	60	100	1 160
本月发生费用	18 400	2 200	2 400	23 000
合　　计	19 400	2 260	2 500	24 160
步骤约当产量	290	270	270	
单位成本	66.9	8.37	9.26	
应计入产成品成本份额	13 380	1 674	1 852	16 906
月末在产品成本	6 020	586	648	7 254

第二车间成本计算单(1)　　单位：元

摘　　要	直接人工	制造费用	合计
月初在产品成本	2 00	120	320
本月发生费用	3 200	4 800	8 000
合　　计	3 400	4 920	8 320
步骤约当产量	235	235	
单位成本	14.47	20.94	
应计入产成品成本份额	2 894	4 188	7 082
月末在产品成本	506	732	1 238

第三车间成本计算单(1)　　单位：元

摘　　要	直接人工	制造费用	合计
月初在产品成本	180	160	340
本月发生费用	3 450	2 550	6 000
合　　计	3 630	2 710	6 340
步骤约当产量	210	210	
单位成本	17.29	12.9	
应计入产成品成本份额	3 458	2 580	6 038
月末在产品成本	172	130	302

产品成本汇总计算表

产品名称：甲产品　　单位：元

项　目	数量	直接材料	直接人工	制造费用	总成本	单位成本
第一车间		13 380	1 674	1 852	16 906	84.53
第二车间			2 894	4 188	7 082	35.41
第三车间			3 458	2 580	6 038	30.19
合　计	200	13 380	8 026	8 620	30 026	150.13

(2) 综合结转分步法

第一车间成本计算单(2)

产品名称：A 半成品　　单位：元

摘　　要	直接材料	直接人工	制造费用	合计
月初在产品成本	1 000	60	100	1 160
本月发生费用	18 400	2 200	2 400	23 000
合　　计	19 400	2 260	2 500	24 160

续表

摘　要	直接材料	直接人工	制造费用	合计
约当产量合计	200	180	180	
单位成本	97	12.56	13.89	
完工产品成本	15 520	2 009.6	2 222.4	19 752
月末在产品成本	3 880	250.4	277.6	4 408

直接材料单位成本＝19 400÷200＝97

直接人工单位成本＝2 260÷180＝12.56

制造费用单位成本＝2 500÷180＝13.89

第二车间成本计算单(2)

产品名称：B半成品　　　　单位：元

摘　要	半成品	直接人工	制造费用	合计
月初在产品成本		200	1 120	1 320
本月发生费用	19 752	3 200	4 800	27 752
合　计	19 752	3 400	5 920	29 072
约当产量合计	210	195	195	
单位成本	94.06	17.44	25.23	
完工产品成本	16 930.8	3 139.2	4 541.4	24 611.4
月末在产品成本	2 821.2	260.8	378.6	3 460.6

半成品单位成本＝19 752÷210＝94.06

直接人工单位成本＝3 400÷195＝17.44

制造费用单位成本＝5 920÷195＝25.23

第三车间成本计算单(2)

产品名称：甲产品　　　　单位：元

摘　要	半成品	直接人工	制造费用	合计
月初在产品成本		180	160	340
本月发生费用	24 611.4	3 450	2 550	30 611.4
合　计	24 611.4	3 630	2 710	30 951.4
约当产量合计	220	210	210	
单位成本	111.87	17.29	12.90	
完工产品成本	22 374	3 458	2 580	28 412
月末在产品成本	2 237.4	172	130	2 539.4

半成品单位成本＝24 611.4÷220＝111.87

直接人工单位成本＝3 630÷210＝17.29

制造费用单位成本＝2 710÷210＝12.9

（3）分项结转分步法

第一车间成本计算单(3)

产品名称：A半成品　　　　单位：元

摘　　要	直接材料	直接人工	制造费用	合计
月初在产品成本	1 000	60	100	1 160
本月发生费用	18 400	2 200	2 400	23 000
合　　计	19 400	2 260	2 500	24 160
约当产量合计	200	180	180	
单位成本	97	12.56	13.89	
完工产品成本	15 520	2 009.6	2 222.4	19 752
月末在产品成本	3 880	250.4	277.6	4 408

第二车间成本计算单(3)

产品名称：B半成品　　　　单位：元

摘　　要	直接材料	直接人工	制造费用	合计
月初在产品成本		200	120	320
本月本步骤加工费用		3 200	4 800	8 000
本月耗用上步骤半成品费用	15 520	2 009.6	2 222.4	19 752
合　　计	15 520	5 409.6	7 142.4	28 072
约当产量合计	210	195	195	
单位成本	73.9	27.74	36.63	
完工产品成本	13 302	4 993.2	6 593.4	24 888.6
月末在产品成本	2 218	416.4	549	3 183.4

第三车间成本计算单(3)

产品名称：甲产品　　　　单位：元

摘　　要	直接材料	直接人工	制造费用	合计
月初在产品成本		180	160	340
本月本步骤加工费用		3 450	2 550	6 000
本月耗用上步骤半成品费用	13 302	4 993.2	6 593.4	24 888.6
合　　计	13 302	8 623.2	9 303.4	31 228.6
约当产量合计	220	210	210	
单位成本	60.46	41.06	44.3	
完工产品成本	12 092	8 212	8 860	29 164
月末在产品成本	1 210	411.2	443.4	2 064.6

第九章 成本计算的辅助方法

学习目标

1. 理解分类法的含义及其特点。
2. 掌握类内产品成本的划分方法。
3. 正确区分联产品、副产品和等级产品。
4. 掌握联产品、副产品的成本计算方法。
5. 了解定额成本的制定过程。
6. 了解定额法的特点和成本计算程序。
7. 根据不同的管理要求选择合适的成本计算方法。

基本概念

分类法　　定额法　　联产品　　副产品

脱离定额差异

在实际工作中，除了品种法、分批法、分步法 3 种基本成本计算方法外，还有分类法、定额法和作业成本法等成本计算方法，这些方法是为了解决成本计算或成本管理过程中的某一方面的需要而采用的，也称为成本计算的辅助方法。例如，定额法就是在定额管理工作比较好的企业中，为了更有效地控制生产费用的发生，降低产品成本，进行成本分析和考核而采用的方法；分类法是为了简化成本计算的手续，在产品的型号、规格繁多或生产联产品的企业所采用的方法；作业成本法是为了解决生产费用分配问题而采用的方法。这些辅助成本计算方法都不是独立的成本计算方法，在进行成本计算时，必须结合 3 种基本成本计算方法进行。

产品成本计算的辅助方法是指不能在企业产品成本计算过程中单独运用，只能与基本方法结合应用的各种成本计算方法。本章重点介绍分类法和定额法。

第一节　分类法

一、分类法的含义及特点

（一）分类法的含义

分类法是指先按产品类别归集生产费用，在计算出某类产品的总成本的基础上，按一定标准分配计算类内各种产品成本的一种成本计算方法。

分类法不是一种独立的成本计算方法，它一般应与产品成本计算的基本方法（品种法、分步法、分批法）结合起来使用。

（二）分类法的特点

1. 成本计算对象

分类法以产品的类别作为成本计算对象。按照产品的类别归集生产费用，计算该类产品成本。同一类产品内不同品种或规格产品的成本，采用一定的分配方法分配确定。

2. 成本计算期

分类法的成本计算期要根据生产特点和管理要求来确定。如果与品种法或分步法结合使用，则成本计算应按月进行；如果与分批法结合使用，则成本计算期不固定，与生产周期一致。

3. 生产费用在完工产品与在产品之间的分配

如果月末在产品数量较多，应将该类产品生产费用总额在完工产品与在产品之间进行分配。

二、分类法的成本核算程序

采用分类法计算产品成本时，应按照以下程序进行。

（1）划分产品类别，按产品的类别设立产品成本明细账。在分类法下，首先要将产品按照性质、结构、用途、生产工艺过程、耗用原材料等不同标志，划分为若干类别。如低温肉制品加工企业可以根据耗用原材料的不同分为鸡肉类、牛肉类、猪肉类等类别。

(2) 采用相应的成本计算基本方法，计算出各类产品的完工产品总成本和在产品成本。

(3) 采用一定的分配标准，计算出类内不同品种和规格的产品的总成本与单位成本。

三、类内各种产品成本的分配方法

分类法下各类别产品总成本在类内各种产品之间分配的方法是根据产品生产特点确定的。各成本项目可采用同一分配标准，也可采用不同的分配标准。通常采用的分配标准有定额消耗量、定额成本、计划成本、产品售价、产品的重量或体积等。分配标准确定后，不宜经常变动，以免影响成本的可比性，有利于观察不同时期成本变动的趋势。

类内产品成本的计算，在一般情况下时采用定额比例法、系数分配法等计算。

（一）定额比例法

在分类法下，某类完工产品的总成本，可以按照该类产品内各种产品的定额成本或定额消耗量比例进行分配，计算出类内各种产品的总成本和单位成本，这种方法就是定额比例法。采用定额比例法简便易行，但要求企业定额管理基础良好，为每一种产品制定准确、稳定的消耗定额。定额比例法的步骤如下。

(1) 计算类内每种产品成本项目的定额成本或定额消耗量，分成本项目计算耗费分配率。其计算公式为

$$某类产品某项目消耗分配率=\frac{该类完工产品该项目耗费总额}{该类内产品的定额成本之和}$$

(2) 分成本项目计算类内各种产品的实际成本。其计算公式为

$$类内某种产品某项目的实际成本=\begin{matrix}该种产品该项\\目的定额成本\end{matrix}\times\begin{matrix}该类内产品该\\项目耗费分配率\end{matrix}$$

（二）系数分配法

系数分配法是运用系数分配计算类内各规格产品成本的一种方法。这里的系数是指各种规格产品之间的比例关系。

系数分配法的步骤如下。

(1) 确定分配标准，即选择与耗用费用关系最密切的因素作为分配标准，如定额消耗量、定额成本、计划成本、售价或重量、体积、长度等。

(2) 将分配标准折算成固定系数。其方法是：在同类产品中选择一种有代表性的产品，如将产销量大、生产正常、售价稳定的产品作为标准产品，定出其标准系数为1，并定出其他产品与标准产品的比率即系数。

$$某产品系数=\frac{该产品分配标准额}{标准产品分配标准额}$$

(3) 将类内各产品的产量按照系数折算出相当于标准产品的产量。其计算公式为

该产品相当于标准产品的产量＝该产品的实际产量×该产品的系数

(4) 计算出全部产品相当于标准产品的总产量,以此为标准分配类内各种产品的成本。其计算公式为

$$\text{某种产品应分配的某项目耗费}=\text{该产品相当于标准产品的产量}\times\text{该类产品某项目耗费分配率}$$

采用系数分配法,既可按综合系数分配,也可分成本项目采用单项系数分配。

下面举例说明分类法的具体使用。

【例题 9-1】 海西集团下属的建福公司第一分厂生产 A、B、C 三种产品,所用原材料和工艺过程相似,合并为甲类进行生产成本计算。该企业规定:该类产品的原材料费用随生产进度逐步投入,材料费用按照各种产品的原材料费用系数进行分配;加工费用按照各种产品的工时系数进行分配。同类产品内各种产品的原材料费用,按原材料费用定额确定系数;同类产品内各种产品之间的直接工资和制造费用,均按各种产品的定额工时计算确定系数;该公司规定 B 种产品为标准产品。

海西集团下属的建福公司第一分厂 201×年 11 月生产甲类(A、B、C 三种产品)产品,有关成本资料如下。

(1) 甲类产品成本资料,见表 9-1。

表 9-1　甲类产品期初在产品成本和本月生产费用

201×年 11 月　　　　单位:元

项　　目	直接材料	直接人工	制造费用	合计
期初在产品成本(定额成本)	41 910	13 530	44 550	99 990
本月生产费用	53 340	18 500	60 090	131 930
生产费用合计	95 250	32 030	104 640	231 920

(2) 甲类产品的工时定额和材料消耗定额分别为:①工时定额:A 产品 16 小时,B 产品 10 小时,C 产品 11 小时。②材料消耗定额:A 产品 212.80 元,B 产品 266.00 元,C 产品 345.80 元。

(3) 该公司 11 月各产品完工产品与在产品的实际产量分别为:①完工产品产量:A 产品 120 件,B 产品 90 件,C 产品 150 件。②在产品产量:A 产品 100 件,B 产品 100 件,C 产品 50 件。

(4) 甲类各种产品在产品单位定额成本资料,见表 9-2。

成本计算程序如下。

(1) 计算甲类完工产品的生产成本

根据上述成本资料,运用品种法的成本计算原理,计算出本月甲类产品的完工产品成本和月末在产品成本,见表 9-3。

表 9-2 甲类各种产品在产品单位定额成本 单位：元

甲类产品	直接材料	直接人工	制造费用	合计
A产品	120	50	165	335
B产品	110	60	158	328
C产品	149.60	34.20	191	374.80

表 9-3 成本计算单

产品：甲类产品 201×年11月 单位：元

201×年 月	日	摘要	直接材料	直接工资	制造费用	合计
10	31	期初在产品成本(定额成本)	41 910	13 530	44 550	99 990
11	30	本月发生的生产费用	53 340	18 500	60 090	131 930
	30	生产费用合计	95 250	32 030	104 640	231 920
	30	本月完工甲类产品成本	64 770	19 320	62 790	146 880
	30	期末甲类在产品成本(定额成本)	30 480	12 710	41 850	85 040

注：期末甲类在产品成本计算方法：

① 直接材料＝100×120＋100×110＋50×149.60＝30 480(元)；

② 直接人工＝100×50＋100×60＋50×34.20＝12 710(元)；

③ 制造费用＝100×165＋100×158＋50×191＝41 850(元)。

(2) 计算甲类产品的类内 A、B、C 产品的生产成本

① 根据各产品所耗各种原材料的消耗定额、计划单价以及费用总定额，以及工时定额编制系数计算表，见表 9-4。

表 9-4 各种产品系数计算表

产品：甲类产品 201×年11月

产品名称		加工费用系数 单位产品工时定额	加工费用系数 人工和制造费用系数	直接材料系数 单位产品材料定额	直接材料系数 原材料费用系数
甲类产品	A产品	16	16÷10＝1.6	212.80	212.80÷266.00＝0.8
	B产品(标准产品)	10	1	266.00	1
	C产品	11	11÷10＝1.1	345.80	345.80÷266.00＝1.3

② 根据各种产品的产量、原材料费用系数，人工和制造费用系数计算总系数(或标准产量)，见表 9-5。

③ 根据甲类产品的生产成本明细账中 11 月产成品的成本资料，编制该类各种产成品成本计算表，见表 9-6。

表 9-5 产品总系数计算表

产品：甲类产品　　　　　　　　201×年 11 月

品名	产品产量/件	人工和制造费用分配总系数		材料费用分配总系数	
		系数	总系数	系数	总系数
A 产品	120	1.6	192	0.8	96
B 产品	90	1	90	1	90
C 产品	150	1.1	165	1.3	195
合　计			447		381

表 9-6 甲类各种产品成本计算表

产品：甲类产品　　　　　　　　201×年 11 月　　　　　　　　单位：元

项　目	产量/件	原材料费用总系数	直接材料分配额	加工费用总系数	直接工资分配额	制造费用分配额	各种产品总成本	单位成本
甲类产品成本			64 770		19 320	62 790	146 880	
分配率			170		43.221 5	140.469 8		
A 产品	120	96	16 320	192	8 298.53	26 970.20	51 588.73	429.91
B 产品	90	90	15 300	90	3 889.94	12 642.28	31 832.22	353.69
C 产品	150	195	33 150	165	7 131.53	23 177.52	63 459.05	423.06
合计		381	64 770	447	19 320	62 790	146 880	

注：表中的直接材料费用分配率＝64 770÷381＝170；直接工资费用分配率＝19 320÷447＝43.221 5；间接制造费用分配率＝62 790÷447＝140.469 8。

根据表 9-6 的成本计算单和产品入库单，编制结转完工入库产品成本的会计分录如下。

借：库存商品——A 产品　　　　　　51 588.73
　　　　　　——B 产品　　　　　　31 832.22
　　　　　　——C 产品　　　　　　63 459.05
　贷：生产成本——基本生产成本——甲类产品　　146 880.00

四、分类法的适用范围和优缺点

（一）分类法的适用范围

分类法与产品生产的类型无直接关系，它可以在各种类型的企业中应用，即凡是产品的品种或规格繁多，而且可以按照一定标准划分为若干产品类别的企业或车间，均可以采用分类法计算成本。例如，针织企业生产的各种不同种类和规格的针织品，照明企业生产的不同类别和瓦数的灯泡，食品企业生产的各种饼干、面包，钢铁企业生产的各种型号和规格的生铁、钢锭和钢材等。分类法适用的产品有以下几类。

1. 同类产品

采用同样原材料、同样工艺过程,但生产出不同规格产品的生产企业,如电子元器件生产的同一类别不同规格的无线电元件、灯泡厂生产的同一类别不同瓦数的灯泡等。

2. 联产品

联产品是指企业利用相同的原材料,在同一生产过程中,同时生产出的几种使用价值不同,但具有同等地位的主要产品。例如,原油经过提炼,可以同时生产出各种汽油、煤油和柴油等产品,这些产品就称为联产品。但对于联产品来说,由于其生产费用都是间接计入费用,各种产品的各项费用都是必须通过间接分配的方法分配确定的,因而必须采用分类法计算各种联产品的成本。

3. 副产品

副产品是指在生产主要产品的过程中,附带生产出的一些非主要产品。如炼油厂在提炼原油过程中,生产出来的沥青原料和油渣,都属于副产品。主副产品之间成本的划分,也应采用分类法。

4. 零星产品

除主要产品以外的一些零星产品生产,例如,为协作企业生产少量的零部件,或自制少量材料和工具等。这些零星产品,虽然内部结构、所耗用原材料和工艺过程不一定完全相近,但其品种规格多,且数量少,费用比重小。为了简化成本计算工作,也可以把它们归为几类,采用分类法计算成本。

分类法下,产品的分类和分配标准(或系数)的选定是否恰当,是一个关键的问题,应用时要注意以下两个方面。

(1) 产品类别的划分。采用分类法计算产品成本,首先就要将企业生产的产品分为若干类别,计算出各类产品成本。要使成本计算既简化又相对准确,就必须恰当地划分产品类别。一般情况下,应将结构、工艺技术过程和使用原材料基本相同或接近的产品归并在同一类别内。类别划分过粗,将影响成本计算的准确性;类别划分过细,则产品成本计算对象过多,起不到简化成本计算的作用。

(2) 类内产品分配费用的标准选择。类内各种产品的成本都是按一定的比例分配计算的,计算结果建立在某些假定的基础上。如果产品的分类标准不恰当,就会影响计算工作的准确性。为此,在分配标准的选择上,要选择与成本水平高低有密切联系的分配标准来分配费用。当产品结构、所用材料或工艺过程发生较大变动时,应及时修订分配系数或重新考虑分配标准,以保证成本计算的准确性。

(二) 分类法的优缺点

采用分类法计算产品成本时,生产费用的原始凭证如领料单、工时记录和各种费用分配表都可以只按产品类别填列,产品成本明细账也可以只按产品类别设立,不仅能够简化成本计算工作,还能够在产品品种、规格繁多的情况下,分类掌握产品成本的水平。由于在同类产品各种产品成本的计算中,不论是间接计入费用还是直接计入费用,都是按一定的标准比例分配计算的，其计算结果有一定的假定性。在分类法下，产品的分类和分配标准（或系数）的选定是否恰当，是一个关键性的问题。

同步思考 9-1

资料：皖西集团下属的皖福公司第一分厂生产 A、B、C 三种产品，所用原材料和工艺过程相似，合并为甲类进行生产成本计算。该企业规定：该类产品的原材料费用随生产进度逐步投入，材料费用按照各种产品的原材料费用系数进行分配；加工费用按照各种产品的工时系数进行分配。同类产品内各种产品的原材料费用，按原材料费用定额确定系数；同类产品内各种产品之间的直接工资和制造费用，均按各种产品的定额工时计算确定系数；该公司规定 B 种产品为标准产品。

问题：该企业应如何进行产品成本计算？

五、副产品的成本计算

（一）副产品的含义

副产品是指在同一生产过程中，使用相同的原材料，在生产主要产品的同时附带生产出来的非主要产品。如炼油厂提炼原油过程中产生的渣油、沥青；炼钢厂在冶炼过程中产生的高炉煤气、炉渣；制酒厂酿酒过程中产生的酒糟等。

副产品与联产品的区别在于其经济价值的高低。联产品是企业的主要产品，经济价值高，其销售收入直接影响企业的经济效益；副产品是企业的次要产品，经济价值较低，产量随主要产品产量的变动而变动，销售收入在企业总收入中所占比重很低。副产品不是企业生产的主要目的，其生产结果一般情况下对企业影响不大。

联产品和副产品的划分并不是绝对的，随着客观条件变化，它们也可以相互转化。随着科技的进步，某些副产品用途扩大，经济价值提高，就从副产品上升为联产品；反之，联产品中的某些产品，由于替代材料的出现，可能使其销售量和售价都受到影响，从而下降为副产品。

（二）副产品的成本计算方法

副产品虽然不是企业的主要产品，但它具有一定的经济价值，而且部分副产品可能需要单独继续加工才可对外销售，也应加强管理和核算。虽然副产品与主要产品都是联合生产过程的产物，即为同源产品，都应共同负担同一生产过程中发生的联合成本，但是副产品的成本计算有别于主要产品。如果副产品的比重较大，为了正确计算主副产品的成本，应将主副产品视同联产品采用分类法计算成本。如果副产品的比重不大，为了简化成本计算工作，对副产品可以不单独计算成本，而采用与分类法相类似的方法计算成本。即将副产品与主产品合为一类设立产品成本明细账，归集它们所发生的各项生产费用（即联合成本），计算该类产品的总成本（联合成本总额）；然后，将副产品按照一定的方法计价，从总成本中扣除，以扣除后的成本作为主产品的成本。副产品的计价额，一般从总成本的"直接材料"项目中扣除。

副产品成本计算的关键是副产品的成本计价问题。根据企业不同情况分别处理，主要有以下方法。

(1) 分离后不再加工的副产品成本计价。按生产实际，具体分为以下两种方法。

① 副产品成本不计价法。适用于分离后不再加工，且价值特别低的副产品。若副产品的销售收入对企业收益影响轻微，则副产品可不负担联合成本，而将副产品的销售收入作为其他收入处理。此法计算简便，但对主产品成本计算的准确性有一定影响。

② 副产品成本按销售额倒轧法。适用于分离后直接销售，并且经济价值较高的副产品。此时副产品应负担的联合成本一般以销售收入为计价依据，扣减合理的销售费用、销售税金和正常利润，倒轧计算出副产品应负担的成本。其计算公式为

副产品成本＝销售收入－销售费用－销售税金－合理利润

为简化核算，也可以按预先规定的固定成本（或计划成本）计算副产品成本，从联合成本中扣除，价值较小的副产品，其成本可以从联合成本的"直接材料"项目中一笔扣除；价值较大的，可按各成本项目结构比例从联合成本的各成本项目中扣除。

(2) 分离后继续加工的副产品成本计价。分离后需要进一步加工的副产品，其成本计算可采用以下两种方法。

① 副产品只负担其进一步独立加工所发生费用（称为可归属成本）。此法适合于价值较低的副产品。按照这种方法，副产品不负担任何联合成本，只负担分离后的加工成本。此法简便、易行，但主副产品成本不够真实、准确。

② 副产品视同联产品处理。此法适合价值较高的副产品。副产品既负担可归属成本，也负担联合成本。联合成本的分摊，可按前述方法以销售额扣除相关费用、利润即可归属加工费倒轧成本；如果副产品在企业中所占价值比重较大，还可以选择相应标准按分类法将联合成本在主副产品之间进行分配；同一生产过程产生的副产品较多时，也可以按事先规定的固定单价（或计划成本）计算副产品成本，从联合成本中扣除，以简化核算。

有些工业企业，在生产过程中会产生一些废气、废液和废料。随着生产的发展和科学技术的不断进步，对"三废"的综合利用也是不断发展的。"三废"产品一经利用也就成了副产品，应按照副产品的成本计算方法计算成本。

此外，有些工业企业除了生产主要产品以外，有时还为其他企业提供少量加工、修理等作业。如果这些作业费用的比重很小，为了简化成本计算工作，可以比照副产品的成本计算方法，将其与主要产品合为一类归集费用，然后将这些作业按照固定价格或计划单位成本计价，从总的生产费用中扣除，以扣除后的余额作为主要产品的成本。

同样，在工业企业的基本生产车间，有时除了生产主要产品以外，还为本企业内部的其他车间、部门提供少量的加工和修理作业。在这种情况下，这些作业可以按照计划单

位成本计价，并从合并设立的产品成本明细账中转出，而不必计算和调整其成本差异，将其成本差异由主要产品成本负担。这样做，不但可以简化成本计算工作，而且便于受益车间的成本考核和分析。

【例题 9-2】 假定某企业在生产主产品——甲产品的生产过程中，还生产出可以加工成副产品——乙产品的原料。这种原料经过加工处理后，即成乙产品。甲、乙产品都是在同一车间内进行的单步骤大量生产。乙产品的原材料按固定单价每千克 8 元计价，从甲产品的原材料费用中扣除。甲、乙产品的月初、月末在产品均按原材料的定额费用计价。5 月份产成品的产量分别为甲产品 8 000 千克，乙产品 850 千克。在甲产品生产过程中产出乙产品的原材料 820 千克全部被当月乙产品耗用。

甲、乙两种产品的成本计算程序如下。

(1) 分配各种生产费用。原材料为直接计入费用，直接记入各产品成本明细账。直接人工和制造费用按生产工时比例在甲、乙两种产品之间进行分配，分配结果如表 9-7 所示。

表 9-7　直接人工和制造费用分配表

201×年 5 月　　　　单位：元

项　　目	生产工时/小时	直接人工	制造费用
本月发生额	9 740	24 350	48 700
分配率		3	5
甲产品(主产品)	9 120	22 800	45 600
乙产品(副产品)	620	1 550	3 100
合　　计		24 350	48 700

在表 9-7 所示的直接人工和制造费用分配表中，生产工时发生额应根据生产工时记录填列；直接人工和制造费用的发生额，为主副产品分离前发生的加工费用和对副产品进一步加工发生的加工费用，在两种产品之间按照生产工时比例分配。根据上列直接人工和制造费用分配表登记下列两种产品成本明细账有关项目。

(2) 根据各种费用分配表、产成品入库单，以及月初和月末在产品定额成本(定额直接材料费用)资料，登记甲产品基本生产成本明细账，如表 9-8 所示。

表 9-8　基本生产成本明细账(1)

产品名称：甲产品(主产品)　　　　单位：元

201×年		摘　　要	产量/千克	直接材料	直接人工	制造费用	成本合计
月	日						
4	30	月初在产品(定额成本)		126 800			126 800
5	31	本月生产费用		362 400	22 800	45 600	430 800
5	31	减：副产品成本		−6 560			6 560

续表

201×年		摘　要	产量/千克	直接材料	直接人工	制造费用	成本合计
月	日						
5	31	生产费用合计(分离后)		482 640	22 800	45 600	551 040
5	31	完工产品成本	8 000	－373 440	－22 800	－45 600	－441 840
5	31	完工产品单位成本		47	3	6	55
5	31	在产品成本(定额成本)		109 200			109 200

在上列主产品(甲产品)成本明细账中,本月生产费用为主副产品分离前共同发生的费用。其中材料费用为直接计入费用,应根据领料凭证按照材料类别和用途汇总编制的材料费用分配表登记;直接人工和制造费用应根据前列直接人工和制造费用分配表登记。应扣除的副产品原料价值6 560元,为乙产品领用原料的数量820千克按固定单价8元计算的金额,应根据副产品成本的结转凭证登记。有关会计分录如下。

借:生产成本——基本生产成本——乙产品　　　　6 560

　贷:生产成本——基本生产成本——甲产品　　　　6 560

扣除副产品成本后的生产费用合计数减去月末在产品定额成本,即为主产品(甲产品)的完工产品成本。

(3) 根据各种费用分配表、产品结转凭证,以及月初和月末在产品定额成本(定额原材料费用)资料,登记乙产品成本明细账,如表9-9所示。

表9-9　基本生产成本明细账(2)

产品名称:乙产品(副产品)　　　　单位:元

201×年		摘　要	产量/千克	直接材料	直接人工	制造费用	成本合计
月	日						
4	30	月初在产品(定额成本)		860			860
5	31	本月生产费用		6 560	1 550	3 100	11 210
5	31	生产费用合计		7 420	1 550	3 100	12 070
5	31	完工产品成本	850	－6 818	－1 550	－3 100	－11 468
5	31	完工产品单位成本		8.02	1.82	3.65	13.49
5	31	在产品成本(定额成本)		602			602

在上列乙产品成本明细账中,本月生产费用为本月副产品与主产品分离以后为加工乙产品所发生的费用。其中直接材料费用应根据副产品成本的结转凭证登记;直接人工和制造费用应根据前列直接人工和制造费用分配表登记。生产费用合计数减去月末在产品定额成本,即为副产品分离后加工制成的乙产品成本。

如果副产品加工处理所需时间不长,费用不大,为了简化成本计算,副产品也可以按照计划单位成本计算,而不计算其实际成本。这样,从主副产品的生产费用总额中,扣除按计划单位成本计算的副产品成本后的余额，即为主产品的成本。在这种情况下，主副产品（不论分离前还是分离后）的领料凭证、工时记录和产品成本明细账，都可以作为主产品成本而合并设立和填列。

六、联产品的成本计算

（一）联产品的含义

联产品是指用同一种原料，经过同一个生产过程，生产出两种或两种以上的不同性质和用途的产品。例如，炼油厂以原油为材料，经过一定的生产工艺过程，加工成汽油、煤油、柴油等各种燃料油。这些产品不但在经济上有重要的意义，而且属于企业生产的主要目的。

企业的原材料，经过同一生产过程以后，从中分离出各种联产品，联产品分离的点称为分离点。分离点是联产品生产程序结束、各种产品可以辨认的生产交界点。分离点前发生的成本称为联合成本或共同成本，分离点后有的可直接销售，有的需要进一步加工后再销售。进一步加工的成本称为可归属成本。

（二）联产品的成本计算方法

联产品的成本计算，就是联产品分离以前共同生产费用的归集以及分离时共同成本的分配。分离前共同生产费用的归集应根据生产特点和成本管理要求确定。

联产品联合成本的分配，常用的有系数分配法、实物量分配法、销售收入比例分配法等。

1. 系数分配法

系数分配法是确定各联产品系数，将各联产品产量折算成标准产量，然后按标准产量比例进行分配，这种系数分配法使用比较广泛。

2. 实物量分配法

实物量分配法是将联产品的共同成本按照各联产品之间的重量比例进行分配。实物量分配法又可以分为简单平均单位成本法和加权平均单位成本法。前者是将共同成本除以各联产品的产量之和得到平均单位成本，这种方法计算出的各种联产品的单位成本是一致的。后者是将各联产品的重量换算成相对重量以后再按比例分配各联产品的总成本，最后分别计算各种产品的单位成本，这一方法类似于系数分配法。

3. 销售收入比例分配法

销售收入比例分配法是指用各种联产品的销售收入比例来分配联合成本。分别按各种联产品的销售收入比例分配联产品的共同成本，其目的是使这些联产品能够取得一致的利润率。这种方法一般适用于分离后不再加工，而且价格波动不大的联产品成本计算。

联产品成本计算的一般程序为将联产品作为成本核算对象，设置成本明细账；归集联产品成本，计算联合成本；计算各种产品的成本；计算联产品分离后的加工成本。

【例题 9-3】 假定某企业201×年6月投入60 000元联合成本生产出4 000千克甲产品和2 000千克乙产品。无期初、期末在产品。该月发生的联合成本分别为直接材料费用30 000元，直接人工费用10 000元，制造费用20 000元。甲产品每千克售价为200元，乙产品每千克售价为300元。假定甲产品系数为1，乙产品系数为1.2。

根据资料分别采用系数分配法、实物量分配法、销售收入比例分配法计算甲、乙产品的成本，如表9-10～表9-12所示。

表 9-10 联产品成本计算单（系数分配法） 单位：元

产品名称	产量	系数	标准产量	分配比例/%	应负担的成本			
					直接材料	直接人工	制造费用	合计
甲产品	4 000	1	4 000	62.50	18 750	6 250	12 500	37 500
乙产品	2 000	1.2	2 400	37.50	11 250	3 750	7 500	22 500
合计	—	—	6 400	100.00	30 000	10 000	20 000	60 000

甲产品分配比例＝(4 000÷6 400)×100％＝62.5％

乙产品分配比例＝(2 400÷6 400)×100％＝37.5％

表 9-11 联产品成本计算单（实物量分配法） 单位：元

产品名称	产量	联合成本分配率	应负担的成本			
			直接材料	直接人工	制造费用	合计
甲产品	4 000	10	20 000	6 666.8	13 333.2	40 000
乙产品	2 000	10	10 000	3 333.2	6 666.8	20 000
合计	—	—	30 000	10 000	20 000	60 000

联合成本分配率＝(60 000÷6 000)＝10

直接材料分配率＝(30 000÷6 000)＝5

直接人工分配率＝(10 000÷6 000)＝1.666 7

制造费用分配率＝(20 000÷6 000)＝3.333 3

表 9-12 联产品成本计算单（销售收入比例分配法） 单位：元

产品名称	产量	销售单价	销售价值	分配比例/%	应负担的成本			
					直接材料	直接人工	制造费用	合计
甲产品	4 000	10	800 000	57.14	17 142	5 714	11 428	34 284
乙产品	2 000	10	600 000	42.86	12 858	4 286	8 572	25 716
合计	—	—	140 000	100.00	30 000	10 000	20 000	60 000

甲产品分配比例＝(800 000÷1 400 000)×100％＝57.14％

乙产品分配比例＝(600 000÷1400 000)×100％＝42.86％

七、等级产品成本计算

等级产品是指使用同种原材料，经过相同加工过程生产出来的品种相同但质量有所差别的产品。等级产品与联产品、副产品相同之处在于都是使用同种原材料，经过同一生产过程而产生的。它们的不同之处在于：联产品、副产品之间性质、用途不同，属于不同种产品，而等级产品是性质、用途相同的同种产品。等级产品与非合格品是两个不同的概念。等级产品质量上的差异一般是在允许的设计范围之内，而且这些差异一般不影响产品的使用寿命。

等级产品应视造成等级质量差别的原因确定成本计算方法。如果等级产品是由于工人操作不当、技术不熟练等主要原因造成的，可以采用实物量分配法，以使各等级产品的单位成本相同。在成本相同的情况下，低等级产品由于售价较低而使其毛利低于正品的差额，从而能够比较敏感地反映由于企业产品质量管理不善所导致的经济损失。

等级产品也可能是由于所用原材料的质量或受目前技术水平限制等原因而产生的，即客观原因造成的。这些情况一般不能对各等级产品确定相同的单位成本，而要采用系数分配法计算各等级产品成本。通常以单位售价比例定出系数，再按系数的比例计算出不同等级产品应负担的联合成本。这样，不同等级产品具有不同的单位成本，等级高、售价高的产品负担的成本多，等级低、售价低的产品负担的成本少。这种做法更符合收入与成本费用配比的要求。

第二节　定　额　法

一、定额法的特点

产品成本计算的定额法是以产品定额成本为基础，通过加减脱离定额的差异和定额变动差异来计算产品实际成本的一种成本计算方法。它把产品成本从事后计算转移到生产费用的事前控制上来，以便及时发现脱离定额差异的原因，把产品成本的计划、控制、核算和分析结合在一起，加强成本管理，促进增产节约，提高经济效益。

在前面所介绍的几种成本计算方法（如品种法、分批法、分步法和分类法）下，生产费用的日常核算都是按照其实际发生额进行的，不能及时反映和监督生产费用、产品成本脱离定额的差异，只有在月末成本计算终了以后才能把实际成本资料与定额资料进行对比反映，使问题处理不及时，从而不能更好地加强定额管理，实行成本控制。定额法正是为了克服这些成本计算方法的缺点而提出的，定额法弥补了前述几种方法的不足。

定额法具有以下特点。

1. 事前控制

制定产品的消耗定额、费用定额和定额成本作为降低成本的目标,对产品成本进行事前控制。

2. 事中控制

在生产费用发生的当时,将定额费用和发生的差异分别核算,加强对成本差异的日常核算、分析和控制。

3. 事后控制

月末,在定额成本的基础上加减各种成本差异,计算产品的实际成本,为成本的定期考核和分析提供资料。

上述特点说明,定额法不仅是一种产品成本计算的方法,更重要的是一种对产品成本进行直接控制和管理的方法。

二、定额法下产品实际成本的计算

定额法计算公式为

产品实际成本=定额成本±脱离定额差异±定额变动差异±材料成本差异

以下对定额法产品成本计算的步骤进行详细说明。

(一) 定额成本的制定

定额成本的制定依据主要是产品的现行工艺规程、产品的材料消耗定额、燃料和动力消耗定额、工时定额、小时工资率、小时费用(制造费用)率等。只有具备了科学、先进的定额,才能制定产品的定额成本。定额成本可按零件、部件和产品分别制定。

定额成本各成本项目的计算公式为

单位产品耗用直接材料定额成本 $=\sum$(产品的材料消耗定额 × 材料的计划单价)

单位产品耗用直接人工定额成本 = 产品的工时消耗定额 × 计划工资率

单位产品耗用制造费用定额成本 = 产品的工时消耗定额 × 制造费用计划分配率

各成本项目的定额成本相加,即为产品的单位定额成本。单位定额成本乘以实际产量即为总定额成本。定额成本计算如表 9-13 所示。

表 9-13 定额成本计算表

产品名称:B 产品　　　　单位:元

项　目	材料消耗定额/千克	工时消耗定额/千克	计划单价	金额
直接材料				840
其中:甲材料	15		40	600
乙材料	4		60	240
直接人工		20	20	400
制造费用		20	10	200
单位定额成本				1 440

（二）脱离定额差异的计算

脱离定额差异是指在产品生产过程中实际支出的各种费用与定额之间的差异。实际数大于定额数为超支(以＋表示),实际数小于定额数为节约(以－表示)。

在定额法下,定额差异的计算是按成本项目分别进行的,即分别计算直接材料脱离定额差异、直接人工脱离定额差异和制造费用脱离定额差异。

1. 直接材料脱离定额差异的计算

(1) 限额领料单法。采用定额法时,原材料的使用一般应实行限额领料制度。限额范围内的用料,应根据限额领料单领用;增加产量发生的超额用料,在办理了追加限额手续后,也可使用限额领料单领用;其他原因超额用料或使用代用材料,一般应根据填制的领料单或代用材料领料单等差异凭证领料。对于材料代用和废料利用,还应在有关限额领料单中注明,并从原定的限额内扣除。生产任务完成后的余料,应填制退料单。退料单应视同差异凭证。限额领料单中的原材料余额和退料单中的原材料数额,都属于直接材料脱离定额的节约差异。

(2) 切割法。对于需要切割后才能加工的材料,还应利用材料切割单来计算材料脱离定额差异。切割单应按切割材料的批别开立,填列切割材料的各类、数量、消耗定额以及应切割的毛坯数量;切割完成后,再填写实际切割成的毛坯数量和材料的实际耗用量等。根据切割的毛坯数量和消耗定额,可以计算出材料的定额耗用量,与实际耗用量相比较,就可以计算出脱离定额差异。

(3) 盘存法。在连续或大量生产产品的企业中,产品不能按批别划分,可用定期盘存法计算材料脱离定额差异。其计算程序是先根据产量凭证和在产品盘存(或账面)资料所列完工产品数量和在产品数量,计算出产品投产数,再乘以直接材料消耗定额,计算出直接材料定额消耗量;根据限额领料单、领料单等退料凭证以及车间余料盘存数,计算出直接材料实际消耗量;通过比较,确定出材料脱离定额差异。

2. 直接人工脱离定额差异的计算

直接人工脱离定额差异,应依据工资制度进行计算。

(1) 在计件工资条件下,生产工人工资属于直接费用,其脱离定额差异的核算与直接材料相类似。凡符合定额的生产工人工资可反映在工票、工作班产量记录、工序里程单等产量记录中。脱离定额的差异部分,应设置“工资补付单”等差异凭证予以反映,“工资补付单”中应注明差异发生的原因,并要经过一定的审批手续。

(2) 在计时工资条件下,生产工人工资脱离定额的差异不能在平时按照产品直接计算,只有在月末实际生产工人工资总额确定以后,才能按照下面的公式进行计算。

$$\text{计划小时工资率}=\frac{\text{某车间计划产量的定额生产工人工资总额}}{\text{该车间计划产量的定额生产工时}}$$

$$实际小时工资率=\frac{某车间实际生产工人工资总额}{该车间实际生产工时总额}$$

某产品定额生产工资＝该产品实际产量的定额生产工时×计划小时工资率

某产品实际生产工资＝该产品实际产量实际生产工时×实际小时工资率

某产品生产工资脱离定额差异＝该产品实际生产工资－该产品定额生产工资

3. 制造费用脱离定额差异的计算

制造费用一般属于间接费用，按车间分别进行归集，月末分配计入产品成本。该项费用采用制定费用预算的办法下达给车间及有关部门，一般不能用日常核算办法来控制差异，只能定期（一般按月）将费用预算与实际发生数相比较计算出差异。计算方法与直接人工脱离定额差异的计算方法相同。

（三）定额变动差异的计算

定额变动差异是由于修订消耗定额或费用定额而产生的新旧定额的差异额。

定额的修订一般在月初、季初或年初定期进行。修订定额的月份投产的产品，都是按定额计算其定额成本和脱离定额的差异。在定额变动的月份，月初在产品的定额成本仍是按旧定额计算的。为了将按旧定额计算的月初在产品定额成本和按新定额计算的本月投入产品的定额成本在新定额的同一基础上相加，以便计算产品的实际成本，就必须将按旧定额计算的月初在产品定额成本调整为按新定额计算的月初在产品定额成本。按新定额计算的在产品定额成本与按旧定额计算的在产品定额成本之间的差额，称为月初在产品定额变动差异。

月初在产品定额变动差异可根据定额发生变动的月初在产品结存数量（或在产品账面结存数量）乘以单位定额变动差异来计算（这种计算应按零件、部件或工序进行，计算工作量较大），也可通过计算定额变动系数进行折算，即采用系数分配法。定额变动系数是指按新定额计算的单位产品费用与按旧定额计算的单位产品费用之比，其计算公式为

$$定额变动系数=\frac{按新定额计算的单位产品费用}{按旧定额计算的单位产品费用}$$

$$\begin{matrix}月初在产品\\定额变动差异\end{matrix}=\begin{matrix}按旧定额计算的\\月初在产品费用\end{matrix}\times(1-定额变动系数)$$

【例题 9-4】 某电机厂大批生产电动机，定额资料完整，具备应用定额法的条件。单台电动机的定额成本为直接材料 210 元；直接人工 100 元（200 工时，每小时 0.5 元）；制造费用 160 元（200 工时，每小时 0.8 元），本月决定将直接材料定额降低 10 元。月初在产品 60 台，材料已全部投入，完工程度为 50%。本月投产 20 台，材料已全部投入，本月完工 50 台。月末在产品 30 台，完工程度为 60%。产品成本计算单和生产成本明细账如表 9-14 和表 9-15 所示。

表 9-14　电动机产品成本计算单　　　　单位：元

成本项目	总成本(50 台)			单位成本		
	定额成本	定额差异	定额变动	定额成本	定额差异	定额变动
直接材料	10 000	−400		200	−8	
直接工资	5 000	50	375	100	1	7.5
制造费用	8 000	160		160	3.2	
合计	23 000	−190	375	460	−3.8	7.5

表 9-15　电动机生产成本明细账　　　　单位：元

成本项目	月初在产品		月初在产品定额成本调整		本月费用		费用合计		
	定额成本	定额差异	定额成本	定额变动	定额成本	定额差异	定额成本	定额差异	定额变动
直接材料	12 600	−620	12 000		4000	−20	16 000	−640	
直接人工	3000	200	3000	600	3800	−132	6 800	68	600
制造费用	4800	100	4800		6080	120	10 880	220	
合计	20 400	−320	19 800		13 880	−32			

成本项目	分配率		产成品成本			月末在产品成本		
	定额差异	定额变动	定额成本	定额差异	定额变动	定额成本	定额差异	定额变动
直接材料	−0.04		10 000	−400		6 000	−240	
直接人工	0.01	0.0375	5 000	50	375	1 800	18	225
制造费用	0.02		8 000	160		2 880	60	

三、定额法的优缺点和适用范围

（一）定额法的优缺点

1. 定额法的主要优点

(1) 通过生产耗费及其脱离定额和计划的日常核算，能够在生产耗费发生的当时反映和监督脱离定额(或计划)的差异，从而有利于加强成本控制，可以及时、有效地促进生产耗费的节约，降低产品成本。

(2) 由于产品实际成本是按照定额成本和各种差异分别核算的，因而便于对各项生产耗费和产品成本进行定期分析，有利于进一步挖掘降低成本。

(3) 通过脱离定额差异和定额变动差异的核算，还有利于提高成本的定额管理和计划管理工作的水平。

(4) 由于有现成的定额成本资料，因而能够较为合理、简便地解决完工产品和月末在产品之间分配费用的问题。

2. 定额法的主要缺点

(1) 因为定额法要分别核算定额成本、定额差异和定额变动差异,工作量较大,推行起来比较困难。

(2) 不便于对各个责任部门的工作情况进行考核和分析。

(3) 定额资料若不准确,则会影响成本计算的准确性。

因此,在采用定额法时,应注意减少其不足对成本计算的影响,采取有效的措施,减少不利因素的影响,充分发挥定额法的作用,为提高企业的成本管理水平服务。

(二) 定额法的适用范围

为了充分发挥定额法的作用,并简化核算工作,采用定额法计算产品成本,应具备以下条件。

(1) 定额管理制度比较健全,定额管理工作的基础比较好。

(2) 产品的生产已经定型,消耗定额比较准确、稳定。

大批、大量生产比较容易具备上述条件,但应当指出的是,定额法与企业的生产类型并无直接联系,不论哪种生产类型,只要具备上述条件,都可以采用定额法计算产品成本。

同步思考 9-2

资料:皖西集团某企业生产甲产品,本月期初在产品 60 台,本月完工产量 500 台,期末在产品数量 120 台,原材料系开工时一次投入,单位产品材料消耗定额为 10 千克,材料计划单价为 4 元/千克。本月材料限额领料凭证登记数量为 5 600 千克,材料超限额领料凭证登记数量为 400 千克,期初车间有余料 100 千克,期末车间盘存余料为 300 千克。

问题:计算本月产品的原材料定额费用及脱离定额差异。

第三节 实践课业

一、课业任务

学生通过学习类内产品的成本计算方法,根据以下资料,运用 Excel 建立模型,用分类法中的系数分配法,分别计算出各产品综合系数及各项费用分配率,并完成第一类产品成本的计算。

资料:某企业采用分类法计算产品成本,第一类产品共有甲、乙、丙三种产品,其中乙产品为主要产品,确定为标准产品。该类产品以定额成本为综合分配标准。甲、乙、丙三种产品的单位定额成本分别为 1.2 元、1.5 元、1.8 元,产量分别为 10 000 件、80 000 件、

30 000件，本月发生直接材料101 680元，直接人工59 520元，制造费用24 800元。

二、课业目标

(1) 掌握分类法的含义、分类及适用范围。

(2) 掌握分类法的成本计算程序和账务处理。

(3) 能够合理地选择产品成本计算方法，熟练利用Excel建立模型进行计算。

(4) 能根据业务资料进行产品成本分配的账务处理。

三、理论指导

（一）分类法的特点

1. 成本计算对象

分类法以产品的类别作为成本计算对象。按照产品的类别归集生产费用，计算该类产品成本。同一类产品内不同品种或规格产品的成本，采用一定的分配方法分配确定。

2. 成本计算期

分类法的成本计算期要根据生产特点和管理要求来确定。如果与品种法或分步法结合使用，则成本计算应按月进行；如果与分批法结合使用，则成本计算期不固定，与生产周期一致。

3. 生产费用在完工产品与在产品之间的分配

如果月末在产品数量较多，应将该类产品生产费用总额在完工产品与在产品之间进行分配。

（二）分类法的成本核算程序

采用分类法计算产品成本时，应按照以下程序进行。

(1) 划分产品类别，按产品的类别设立产品成本明细账。在分类法下，首先要将产品按照性质、结构、用途、生产工艺过程、耗用原材料等不同标志，划分为若干类别。如低温肉制品加工企业可以根据耗用原材料的不同分为鸡肉类、牛肉类、猪肉类等类别。

(2) 采用相应的成本计算基本方法，计算出各类产品的完工产品总成本和在产品成本。

(3) 采用一定的分配标准，计算出类内不同品种和规格的产品的总成本与单位成本。

（三）分类法——系数分配法

系数分配法是运用系数分配计算类内各规格产品成本的一种方法。这里的系数是指各种规格产品之间的比例关系。

系数分配法的步骤如下。

(1) 确定分配标准，即选择与耗用费用关系最密切的因素作为分配标准，如定额消耗量、定额成本、计划成本、售价或重量、体积、长度等。

(2) 将分配标准折算成固定系数。其方法是：在同类产品中选择一种有代表性的产品，如将产销量大、生产正常、售价稳定的产品作为标准产品，定出其标准系数为1，并定出其他产品与标准产品的比率即系数。

$$某产品系数=\frac{该产品分配标准额}{标准产品分配标准额}$$

(3) 将类内各产品的产量按照系数折算出相当于标准产品的产量。其计算公式为

$$该产品相当于标准产品的产量=该产品的实际产量\times该产品的系数$$

(4) 计算出全部产品相当于标准产品的总产量，以此为标准分配类内各种产品的成本。其计算公式为

$$\begin{matrix}某种产品应分配\\的某项目耗费\end{matrix}=\begin{matrix}该产品相当于\\标准产品的产量\end{matrix}\times\begin{matrix}该类产品某项目\\耗费分配率\end{matrix}$$

(四) 分类法的优缺点

采用分类法计算产品成本时，生产费用的原始凭证如领料单、工时记录和各种费用分配表都可以只按产品类别填列，产品成本明细账也可以只按产品类别设立，不仅能够简化成本计算工作，还能够在产品品种、规格繁多的情况下，分类掌握产品成本的水平。由于在同类产品各种产品成本的计算中，不论是间接计入费用还是直接计入费用，都是按一定的标准比例分配计算的，其计算结果有一定的假定性。在分类法下，产品的分类和分配标准(或系数)的选定是否恰当，是一个关键性的问题。

四、课业组织安排

(1) 学生利用计算机对指定案例材料进行上机操作。

(2) 学生完成计算分析后，利用网络资源展示自己的学习成果，其他学生给出评价。

(3) 教师对学生的成果进行全面点评。

五、课业范例

分类法产品成本计算电算化模型的创建

资料：江海电器有限公司采用分类法进行产品成本计算，甲类产品包括X、Y、Z三个品种，其中X产品为标准产品。类内产品成本分配的方法为直接材料按材料费用定额系数为标准，其他费用项目按定额工时系数为标准。201×年8月该公司的产品生产和费用发生情况如下。

(1) 甲类完工产品成本以及产量和定额等资料如图9-1所示。

(2) 完工产品产量及定额资料如图9-2所示。

根据以上资料，在Excel电子工作表中，创建分类法下系数分配法(以下简称系数法)的成本计算电算化模型的步骤如下。

第一步，启动Excel电子工作表，将案例资料按系数法计算产品成本的有关资料录入Excel电子工作表Sheet1的A1：E14单元格区域，参见图9-1和图9-2，并将该工作表的

	A	B	C	D	E
1	江海电器有限公司				
2	201×年8月				
3	1．甲类产品成本计算单（单位：元）				
4	项　目	直接材料	直接工资	制造费用	合　计
5	月初在产品成本（定额成本）	8900	3200	5200	17300
6	本月发生费用	90850	45300	49700	185850
7	完工产品成本	85200	35550	47400	168150
8	月末在产品成本（定额成本）	14550	12950	7500	35000

图　9-1

	A	B	C	D
10	2. 完工产品产量及定额资料			
11	名　称	产　量（件）	单位产品材料费用定额（元）	单位产品工时定额（小时）
12	X	200	150	12
13	Y	200	120	15
14	Z	150	172.5	11.4

图　9-2

标签Sheetl重命名为“资料”。

第二步，创建甲类产品系数计算的电算化模型，计算甲类产品的材料和工时系数。

其步骤如下：插入工作表，建立系数产量计算电算化模型，并将该表重命名为“系数计算”。将计算甲类产品系数的有关资料从“资料”工作表链接到“系数计算”工作表中，然后输入公式计算出甲类产品直接材料和直接人工的系数，如图9-3所示。

	A	B	C	D	E
1	江海电器有限公司				
2	201×年8月				
3	甲类产品系数计算单				
4	名　称	直接材料		工　时	
5		单位产品定额（元）	系　数	单位产品定额（小时）	系　数
6	X	=资料!C12	1	=资料!D12	1
7	Y	=资料!C13	=B7/$B$6	=资料!D13	=D7/$D$6
8	Z	=资料!C14	=B8/$B$6	=资料!D14	=D8/$D$6

图　9-3

同时按下Ctrl键和～键，模型中所有公式显示转换为计算结果，如图9-4所示。

	A	B	C	D	E
1	江海电器有限公司				
2	201×年8月				
3	甲类产品系数计算单				
4	名　称	直接材料		工　时	
5		单位产品定额（元）	系　数	单位产品定额（小时）	系　数
6	X	150	1	12	1
7	Y	120	0.8	15	1.25
8	Z	172.5	1.15	11.4	0.95

图　9-4

至此，“甲类产品系数计算的电算化模型”的创建和成本计算工作就完成了。

第三步，分类计算产品成本。

在本例中要求计算出江海电器有限公司的甲类产品的生产成本。插入工作表，建立产品成本计算电算化模型，并将该表重命名为“成本计算”。

计算甲产品中X、Y、Z产品成本的步骤如下：创建成本计算电算化模型并将计算X、Y、Z产品成本的有关资料从“资料”工作表、“系数计算”工作表链接到“成本计算”工作表“第一车间成本计算单”中，然后输入公式计算出应计入X、Y、Z产品的产品成本，如图9-5所示。

	A	B	C	D	E	F	G	H	I	J
1	江海电器有限公司									
2	201×年8月									
3	甲类产品成本计算单									
4–5	项目	产量	直接材料系数	直接材料总系数	工 时系 数	工 时总系数	直接材料	直接人工	制造费用	成本合计
6	分配率						=G10/D10	=H10/F10	=I10/F10	
7	X	=资料!B12	=系数计算!C6	=B7*C7	=系数计算!E6	=B7*E7	=D7*$G$6	=F7*$H$6	=F7*$I$6	=SUM(G7:I7)
8	Y	=资料!B13	=系数计算!C7	=B8*C8	=系数计算!E7	=B8*E8	=D8*$G$6	=F8*$H$6	=F8*$I$6	=SUM(G8:I8)
9	Z	=资料!B14	=系数计算!C8	=B9*C9	=系数计算!E8	=B9*E9	=D9*$G$6	=F9*$H$6	=F9*$I$6	=SUM(G9:I9)
10	合计	=SUM(B7:B9)		=SUM(D7:D9)		=SUM(F7:F9)	=资料!B7	=资料!C7	=资料!D7	=SUM(G10:I10)

图 9-5

同时按下Ctrl键和～键，丙产品成本计算单中所有公式显示转换为计算结果，如图9-6所示。

	A	B	C	D	E	F	G	H	I	J
1	江海电器有限公司									
2	201×年8月									
3	甲类产品成本计算单									
4–5	项目	产量	直接材料系数	直接材料总系数	工 时系 数	工 时总系数	直接材料	直接人工	制造费用	成本合计
6	分配						160	60	80	
7	X	200	1	200	1	200	32000	12000	16000	60000
8	Y	200	0.8	160	1.25	250	25600	15000	20000	60600
9	Z	150	1.15	172.5	0.95	142.5	27600	8550	11400	47550
10	合计	550		532.5		592.5	85200	35550	47400	168150

图 9-6

至此，“分类法产品成本计算电算化模型”的创建和成本计算工作就全部完成了。

课后练习

一、名词解释

分类法　定额法　联产品　副产品　脱离定额差异

二、单项选择题

1. 产品成本计算的分类法适用于(　　)。

A. 品种、规格繁多的产品

B. 可以按照一定标准分类的产品

C. 品种、规格繁多，而且可以按照产品结构、所用直接材料和生产工艺的不同划分为若干类别的产品

D. 只适用于大量、大批生产的产品

2. 采用分类法的目的，在于（　　）。

A. 分类计算产品成本　　B. 简化各种产品的成本计算工作

C. 考核和分析各类产品成本　　D. 准确计算各种产品成本

3. 按照系数比例分配同类产品中各种产品成本的方法（　　）。

A. 是一种完工产品和月末在产品之间分配费用的方法

B. 是一种单独的产品成本计算方法

C. 是一种简化的分类法

D. 是一种分配间接费用的方法

4. 使用同种原料、经过相同加工过程生产出来的品种相同，但质量不同的产品是（　　）。

A. 联产品　　B. 副产品

C. 等级产品　　D. 主产品

5. 产品成本计算定额法的特点是（　　）。

A. 对产品成本进行事前控制

B. 对成本差异进行事前控制

C. 在定额成本的基础上加减各种成本差异，计算产品的实际成本，并进行成本的分析和考核

D. 以上三点都具备

6. 定额法在适用范围上（　　）。

A. 与生产的类型没有直接关系　　B. 与生产的类型有直接关系

C. 只适用于大量、大批生产的机械制造业　　D. 只适用于小批、单件生产的企业

三、多项选择题

1. 分类法是成本计算的一种辅助方法，一般可以与（　　）结合应用。

A. 品种法　　B. 分批法

C. 定额法　　D. 逐步结转分步法

E. 平行结转分步法

2. 可以或者应该采用分类法计算成本的产品有（　　）。

A. 联产品

B. 由于工人操作所造成的质量等级不同的产品

C. 品种、规格繁多，但可按规定标准分类的产品

D. 品种、规格多，且数量少、费用比重小的一些零星产品

3. 联产品的成本是由(　　)之和组成的。

A. 联合成本　　B. 可归属成本

C. 制造成本　　D. 销售成本

4. 采用分类法计算成本的优点有(　　)。

A. 可以简化成本计算工作

B. 可以分类掌握产品成本情况

C. 可以使类内的各种产品成本的计算结果更为准确

D. 便于成本日常控制

5. 直接材料脱离定额差异的计算方法有(　　)。

A. 限额法　　B. 切割核算法

C. 盘存法　　D. 年限法

E. 工作量法

6. 在定额法下,产品的实际成本是(　　)的代数和。

A. 现行定额计算的产品定额成本

B. 脱离现行定额的差异

C. 材料成本差异

D. 月初在产品定额变动差异

7. 实际所耗材料应负担的材料成本差异是(　　)。

A. 材料实际消耗量乘以材料计划单价,再乘以材料成本差异率

B. 材料定额消耗量乘以材料计划单价,再乘以材料成本差异率

C. 材料定额费用乘以材料成本差异率

D. 材料计划单价乘以材料成本差异率

E. 材料定额费用与材料脱离定额差异之和乘以材料成本差异率

四、填空题

1. 产品成本计算的分类法,是以________作为成本计算对象,归集生产费用,计算产品成本的一种方法。

2. 在分类法中,按照系数分配类内各种产品成本的方法,也称为________。

3. 确定系数时,一般是在类内选择一种________、________或________的产品作为标准产品,将这种产品的系数定为1。

4. 直接材料费用总系数,是________与________的乘积。

5. 生产联产品的企业必须采用________法计算成本,若生产副产品可以采用与________法相类似的方法计算成本。

五、思考题

1. 分类法有什么特点？
2. 分类法的优缺点是什么？采用时应注意什么问题？
3. 什么是联产品、副产品？如何计算这些产品的成本？
4. 简述定额法的主要特点、优点及适应范围。
5. 何谓脱离定额差异？如何计算脱离定额差异？

同步思考参考答案

9-1 解析

该公司应采用系数分配法。将类内产品的分配标准折合为系数，按系数分配计算类内每种产品的成本。具体做法是在同类产品中选择一种产量较大、生产比较稳定或规格折中的产品作为标准产品，把这种产品的分配标准系数确定为1，以其他产品的单位产品的分配标准数据与标准产品的数据相比，求出的比例即为其他产品的系数。系数确定后，把各种产品的实际产量乘上系数，换算成标准产品产量，或称为总系数，再按各种产品总系数1分配计算类内各种产品成本。采用系数法分配计算类内各种产品成本时，既可按综合系数分配，也可分成本项目采用单项系数分配。另外，材料费用一般按系数进行分配，其他各项费用既可以按系数进行分配，也可以按定额工时比例进行分配。

9-2 解析

甲产品本月投产数量＝500＋120－60＝560(台)

原材料定额消耗量＝560×10＝5 600(千克)

原材料实际消耗量＝5 600＋400＋100－300＝5 800(千克)

原材料脱离定额差异＝(原材料实际消耗量－原材料定额消耗量)×材料计划单价

＝(5 800－5 600)×4＝800(元)

第十章　成本报表的编制和分析

学习目标

1. 掌握成本报表的含义。
2. 理解成本报表的种类和特点。
3. 掌握成本报表的编制方法。
4. 掌握成本报表的分析方法。

基本概念

成本报表　　比较分析法　　比率分析法　　因素分析法
差额分析法

第一节 成本报表概述

一、成本报表的含义与作用

（一）成本报表的含义

成本报表是根据日常成本核算资料及其他有关资料定期或不定期编制的，用以反映企业产品成本水平、构成及其升降变动情况，考核和分析企业一定时期内成本计划执行情况及其结果的报告文件。正确、及时地编制成本报表是成本会计的一项重要内容。成本报表与财务报表同属于会计报表体系。

（二）成本报表的作用

(1) 提供企业在一定时期内的产品成本水平及费用支出情况。

(2) 可据以分析成本计划或预算的执行情况，考核成本计划的完成情况，并查明产品成本升降的原因等。

(3) 本期成本报表的成本资料是编制下期成本计划的重要参考依据。

(4) 企业主管部门把下属独立核算单位的成本报表资料和其他报表资料等结合起来运用，可以有针对性地对其进行指导和监督。

二、成本报表的种类

成本报表属于内部报表。因此，成本报表的种类、格式、项目、指标的设计和编制方法、编报日期、具体报送对象，由企业自行决定。主管企业的上级机构为了对本系统所属企业的成本管理工作进行领导或指导，也可以要求企业将其成本报表作为会计报表的附表上报。在这种情况下，企业成本报表的种类、格式、项目和编制方法，也可以由主管企业的上级机构同企业共同商定。成本报表一般包括产品生产成本表、主要产品单位成本表、制造费用明细表、营业费用明细表、管理费用明细表和财务费用明细表等。

依据不同的分类标准，成本报表有着以下不同分类。

（一）按反映的经济内容分类

按反映的经济内容分类，成本报表可分为反映成本执行情况的报表、反映费用支出情况的报表和反映生产经营情况的报表。

(1) 反映成本执行情况的报表主要有产品生产成本表和主要产品单位成本表。

(2) 反映费用支出情况的报表主要有制造费用明细表、管理费用明细表和销售费用明细表等。

(3) 反映生产经营情况的报表主要有生产情况表、材料耗用表和材料价格差异分析表等。

（二）按编制的时间分类

按编制的时间分类，成本报表可分为定期报表和不定期报表。

1. 定期报表

定期报表是为了满足企业日常成本管理的需要，及时反馈成本信息而规定时期编制的。定期报表按编制时间分为年报、月报、周报、旬报、日报等。

2. 不定期报表

不定期报表是为了满足企业内部管理的特殊要求而随时按要求编报的成本报表，如异常成本差异报表。它体现出成本报表适应管理需要的灵活性。

（三）按编制的范围分类

按编制的范围分类，成本报表可分为全厂成本报表、车间成本报表和班组成本报表等。一般情况下，产品生产成本表、主要产品单位成本表等都属于全厂成本报表，制造费用明细表、生产情况表既可以是全厂成本报表，也可以是车间成本报表。

三、成本报表的特点

成本报表作为对内报表，与现行会计制度规定的对外报表（财务报表）相比较具有以下特点。

（一）满足企业内部需要，具备较强的实用性

成本报表往往被视为企业的"商业秘密"，它主要是为了满足企业管理当局对成本计划完成情况的分析、对费用预算执行情况的控制，确保成本费用目标的实现，同时为企业进行成本预测、决策和修订成本计划提供重要依据。

（二）成本报表具有较大的灵活性与多样性

成本报表作为企业的一种内部管理报表，它的种类、项目、格式和编制方法，都由企业根据自身生产经营的特点和内部管理的需要自行确定，或者会同企业的上级主管部门共同商定，并根据客观因素的变化，进行适时的修改和调整。这是成本报表区别于财务报表的重要特点。

（三）成本报表提供的成本信息全面综合地反映企业各方面的工作质量

成本资料所提供的信息最具综合性和全面性。成本指标是反映企业生产、技术、经营和管理工作水平的综合性指标。企业产品产量的多少，质量的高低，原材料、燃料的节约与浪费，工人劳动生产率的高低和平均工资水平的变动，固定资产的利用程度，废品率的变化以及管理水平的高低等都会或多或少、直接或间接地反映到成本、费用上来。因此，成本报表提供的信息特点以及它同企业其他各项生产技术指标的联系决定着管理工作的质量。

（四）成本报表具有及时性

成本报表作为对内报表，其编报时间相对灵活，既可定期编报，为成本费用控制提供及时急需的信息资料，又可不定期编报，以便在充分满足日常成本管理要求的前提下，适

应一些临时性、偶然性事务的处理需要。

第二节　成本报表的编制

一、成本报表的编制要求

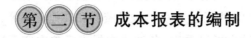

为了提高成本信息的质量，充分发挥成本报表的作用，成本报表的编制应符合下列基本要求。

（一）真实性

成本报表的真实性即成本报表的指标数字必须真实可靠，能如实地集中反映企业实际发生的成本费用。为此，成本报表必须根据审核无误的账簿资料编制，不得随意使用估计或推算的数据，更不能弄虚作假，篡改数字，也不能为了赶编成本报表而提前结账。

（二）重要性

成本报表的重要性即对于重要的项目，在成本报表中应单独列示，以显示其重要性；对于次要的项目，可以合并反映。

（三）正确性

成本报表的正确性即成本报表的指标数字要计算正确；各种成本报表之间、主表与附表之间、各项目之间，凡是有勾稽关系的数字，应相互一致；本期报表与上期报表之间有关的数字应相互衔接。

（四）完整性

成本报表的完整性即应编制的各种成本报表必须齐全；应填列的指标和文字说明必须全面；表内项目和表外补充资料不论根据账簿资料直接填列，还是分析计算填列，都应当完整无缺，不得随意取舍。

（五）及时性

成本报表的及时性即按规定日期报送成本报表，保证成本报表的及时性，以便各方面利用和分析成本报表，充分发挥成本报表的应有作用。

同步思考 10-1

资料：大发服装厂是一家刚刚成立的服装制造企业，该厂负责财务的厂长认为：既然成本报表是一种内部报表，就不必对外报送，而企业现在又刚刚成立，没有那么多种类的产品，那么根据管理需要，可以当未来需要的时候再进行报表编制和分析。

问题：你认为企业领导的这种观点是否正确？

二、成本报表编制的一般方法

成本报表的编制依据主要有报告期的成本账簿资料、本期成本计划及费用预算等资料、以前年度的会计报表资料、企业有关的统计资料和其他资料等。

从前述报表分类和特点可以看出，各种成本报表反映内容不同，其格式及具体编制方法也不同。成本报表中有的反映本期产品的实际成本，有的反映本期经营管理费用的实际发生额，有的还可能反映实际成本或实际费用的累计数。为了考核和分析成本计划的执行情况，这些报表一般还反映有关的计划数和上月实际数、历史最好水平以及定额数等。对于这些不同性质、内容和所属期的报表项目数据，其编制方法概括如下。

成本报表中的实际成本、费用，应根据有关的产品成本或费用明细账的实际发生额填列；表中的累计实际成本、费用，应根据本期报表的本期实际成本、费用，加上上期报表的累计实际成本、费用计算填列。如果有关的明细账簿中记有期末累计实际成本、费用，可以直接根据有关明细账相应数据填列。

成本报表中的计划数，应根据有关的计划填列；表中其他资料和补充资料，应按报表编制规定填列。

三、常见成本报表的编制

(一) 全部产品生产成本报表的编制

全部产品生产成本报表是反映工业企业在报告期内(月、季、年)生产产品所发生的生产费用总额和全部产品生产总成本的报表，是企业编制的主要成本报表之一。该表一般有两种编制方法，一种是按产品种类反映；另一种是按成本项目反映。

1. 全部产品生产成本表(按产品种类反映)的编制

按产品种类反映的产品生产成本表是按产品种类汇总反映工业企业在报告期内生产的全部产品的单位成本和总成本的报表。按实际产量、单位成本、本月总成本和本年累计总成本四部分分别反映。并且按照产品种类分别反映本月产量、本年累计产量，以及上年实际成本、本年计划成本、本月实际成本和本年累计实际成本。

在按产品种类反映的产品生产成本表中，对于主要产品，应按产品品种反映实际产量和单位成本，以及本月总成本和本年累计总成本；对于非主要产品，则可按照产品类别，汇总反映本月总成本和本年累计总成本；对于上一年没有正式生产或没有上年成本资料的产品，称为不可比产品，在表中不反映上年成本资料；对于上一年正式生产过、具有上年成本资料的产品，一般称为可比产品，在该表中还应反映上年成本资料。

该表的填列方法一般如下。

各种产品的本月实际产量应根据相应的产品成本明细账填列。本年累计实际产量应根据本月实际产量加上上月本表的本年累计实际产量计算填列。

年实际平均单位成本，应根据上年本表所列全年累计实际平均单位成本填列；本年计划单位成本，应根据本年成本计划填列；本月实际单位成本，应根据表中本月实际总成本除以本月实际产量计算填列。如果产品成本明细账或产成品成本汇总表中有着现成的本月产品实际的产量、总成本和单位成本，表中的这些项目都可以产品成本明细账或产品成本汇总表填列。表中本年累计实际平均单位成本，应根据表中本年累计实际总成本除以本年累计实际产量计算填列。

按上年实际平均单位成本计算的本月总成本和本年累计总成本，应根据本月实际产量和本年累计实际产量，乘以上年实际平均单位成本计算填列。按本年计划单位成本计算的本月总成本和本年累计总成本，应根据本月实际产量和本年累计实际产量，乘以本年计划单位成本计算填列。本月实际总成本，应根据产品成本明细账或产成品成本汇总表填列。本年累计实际总成本，应根据产品成本明细账或产成品成本汇总表本年各月产成品成本计算填列。

由于不可比产品过去没有正式生产过，无成本资料可比，因而涉及“上年实际平均单位成本”的栏目，不可比产品一律不填。

补充资料的部分主要包括可比产品的降低额、可比产品的降低率等，一般根据表中的有关项目实际数据和计划数据计算而得。

【例题 10-1】 某工厂全部产品生产成本按产品种类反映如表 10-1 所示。

表 10-1　全部产品生产成本表(按产品种类反映)

××工厂　　　　201×年 12 月　　　　单位：元

产品名称	实际产量/件		单位成本				本月总成本			本年累计总成本		
	本月	本年累计	上年实际平均	本年计划	本月实际	本年累计实际平均	按上年实际平均单位成本计算	按本年计划平均单位成本计算	本月实际	按上年实际平均单位成本计算	按本年计划平均单位成本计算	本年实际
可比产品合计							13 800	12 960	13 250	156 000	146 400	146 600
其中：甲	90	1 000	120	114	115	113	10 800	10 260	10 350	120 000	114 000	11 300
乙	50	600	60	54	58	56	3 000	2 700	2 900	36 000	32 400	33 600
不可比产品合计								6 300	6 160		40 500	40 050
其中：丙	70	450		90	88	89		6 300	6 160		40 500	40 050
全部产品成本								19 260	19 410		206 160	186 650
补充资料	1. 可比产品成本降低额											
	2. 可比产品成本降低率											

编制全部产品生产成本表(按产品种类反映)的作用表现在以下方面。

(1) 可以分析和考核各种产品本月与本年累计的成本计划的执行结果，对各种类产品成本的节约或超支情况进行评价。

(2) 可以分析和考核各种可比产品本月与本年累计的成本比上年的升降情况。

(3) 对于规定有可比产品成本降低计划的产品,可以分析和考核可比产品成本降低计划的执行情况,促使企业采取措施,不断降低产品成本。

(4) 可以了解哪些产品成本节约较多,哪些产品成本超支较多,为进一步进行产品单位成本分析指明方向。

2. 全部产品生产成本表(按成本项目反映)的编制

全部产品生产成本表(按成本项目反映)是按成本项目汇总反映工业企业发生的全部生产费用以及产品生产总成本的报表。

该表可以分为生产费用和产品生产成本两部分。表中生产费用部分按照成本项目(直接材料、直接人工、制造费用等)反映报告期内发生的各种生产费用及其合计数;产品生产成本部分是在生产费用合计数的基础上,加上在产品和自制产成品的期初余额,减去在产品和自制半成品的期末余额,算出产品生产成本的合计数。这些费用和成本,还可以按上年实际数、本年计划数、本月实际数和本年累计实际数,分栏反映。

该表的填列方法一般如下。

在按成本项目反映的产品生产成本表中,上年实际数应根据上年12月表中的本年累计实际数填列;本年计划数应根据成本计划有关资料填列;本年累计实际数应根据本月实际数,加上上月本表的本年累计实际数计算填列。

表中按成本项目反映的各种生产费用数,应根据各种产品成本明细账中所记本月生产费用合计数,按照成本项目分别汇总填列。表中期初、期末在产品、自制半成品的余额,应根据各种产品成本明细账的期初、期末在产品成本和各种自制半成品明细账的期初、期末余额,分别汇总填列。

全部产品生产成本表(按成本项目反映)中本月实际和本年累计实际的产品生产成本合计数,应该与后面的全部产品生产成本表(按产品种类反映)中相应的产品生产成本合计数核对相符。

【例题 10-2】 某工厂全部产品生产成本按成本项目反映如表 10-2 所示。

表 10-2 全部产品生产成本表(按成本项目反映)

××工厂　　　　201×年12月　　　　单位:元

项　目	上年实际	本年计划	本月实际	本年累计实际
直接材料费用	786 000	879 500	85 000	897 600
直接人工费用	368 000	397 000	40 500	426 000
制造费用	356 000	386 500	39 000	412 600
生产费用合计	1 510 000	1 663 000	164 500	1 736 200
加:在产品、自制半成品期初余额	36 500	38 960	58 960	54 760
减:在产品、自制半成品期末余额	45 600	36 950	51 620	55 670
产品生产成本合计	1 500 900	1 665 010	171 840	1 735 290

编制全部产品生产成本表(按成本项目反映)的作用表现在以下方面。

(1) 可以反映报告期内全部产品费用的支出情况和各种费用的构成情况,并据以进行生产费用支出的一般评价。

(2) 将12月该表本年累计实际生产费用与本年计划数和上年实际数相比较,考核和分析年度生产费用计划的执行结果,以及本年生产费用比上年的升降情况。

(3) 将表中各期产品生产成本合计数与该期的产值、销售收入或利润进行对比,计算成本产值率、成本销售收入率或成本利润率,考核和分析该期的经济效益。

(4) 将12月该表本年累计实际的产品生产成本与本年计划数和上年实际数相比较,考核和分析年度产品生产总成本计划的执行结果,以及本年产品总成本比上年的升降情况,并据以分析影响成本升降的各项因素。

(二) 主要产品单位成本表的编制

主要产品单位成本表是反映工业企业报告期内生产的各种主要产品的单位成本及其构成的报表。该表应按主要产品分别编制,即每种主要产品都要编制一张主要产品单位成本报表。该表是全部产品生产成本表(按产品种类反映)中某些主要产品成本的进一步反映。

该表按成本项目,分别反映各种主要产品的历史先进水平单位成本、上年实际平均单位成本、本年计划单位成本、本月实际单位成本和本年累计实际平均单位成本等指标,为了便于分析,该表还可以提供有关产品产量的资料。

填列该表的具体方法如下。

产品销售单价应根据产品定价表填列;本月实际产量应根据产品成本明细账或产成品成本汇总表填列;本年累计实际产量应根据上月本表的本年累计实际产量加上本月实际产量计算填列。表中历史先进水平单位成本应根据历史上该种产品成本最低年度的成本计算填列;上年实际平均单位成本、本年计划单位成本、本月实际单位成本等指标的填列方法,与“全部产品生产成本表(按产品种类反映)”中单位生产成本的填列方法基本相同,主要产品单位成本表仅增加了分成本项目的资料。

【例题10-3】 某工厂主要产品单位成本表如表10-3所示。

表10-3　主要产品单位成本表

产品名称:A

产品规格:××　　本月实际产量:5件

计量单位:件　　本年累计实际产量:50件

成本项目	历史先进水平	上年实际平均	本年计划	本月实际	本年累计实际平均
单位产品生产成本	765	802	780		797
其中:直接材料	605	615	600		613
直接人工	85	98	95		96
制造费用	75	89	85		88

续表

主要经济指标	耗用量	耗用量	耗用量	耗用量	耗用量
原材料					
A材料/千克	15	20	16		18
B材料/千克	10	14	12		13
工时/小时	10	12	13		12.5

编制主要产品单位成本表的作用在于以下方面。

(1) 可以按照成本项目考核主要产品单位成本计划的执行结果，分析各项单位成本节约或者超支的原因，为进一步分析产品成本升降的原因，寻找降低产品成本的途径指明方向。

(2) 可以按照成本项目将本月实际单位成本和本年累计实际平均单位成本与上年实际平均单位成本和历史先进水平单位成本进行对比，了解其发展趋势。

(3) 可以分析和考核主要产品的主要技术经济指标执行情况。

（三）各种费用明细表的编制

1. 制造费用明细表的结构和编制

制造费用明细表是反映工业企业在报告期内发生的制造费用总额及其构成情况的报表。制造费用的构成，除了按照费用明细项目反映外，还应按照生产单位反映，该表汇集的制造费用只反映基本生产车间制造费用，不包括辅助生产车间制造费用。

该表一般按照制造费用的明细项目分别反映各费用的本年计划数、上年同期实际数、本月实际数和本年累计实际数。利用制造费用明细表，可以分析制造费用的构成和增减变动情况，考核制造费用预算的执行情况。

填列该表的具体方法如下。

本年计划数应根据本年制造费用的预算资料填列；上年同期实际数应根据上年同期本月实际数填列；本月实际数应根据“制造费用”总账账户所属的明细账本月末的累计数汇总计算填列；本年累计实际数应根据制造费用明细账中各费用项目本年累计发生额填列，也可以将本月实际数加上上月本表中本年累计实际数后填列。如果需要，也可以根据制造费用的分月计划，在表中加列本月计划数。

【例题 10-4】 某工厂制造费用明细表如表 10-4 所示。

表 10-4　制造费用明细表

××工厂　　201×年×月　　单位：元

项　目	本年计划数	上年同期实际数	本月实际数	本年累计实际数
职工薪酬	略	略	略	略
折旧费				
办公费				

续表

项　　目	本年计划数	上年同期实际数	本月实际数	本年累计实际数
取暖费				
水电费				
机物料消耗				
低值易耗品摊销				
劳动保护费				
租赁费				
运输费				
保险费				
设计制图费				
试验检验费				
在产品盘亏和毁损(减盘盈)				
其他				
制造费用合计				

2. 期间费用明细表的结构和编制

销售费用明细表、管理费用明细表、财务费用明细表都称为期间费用明细表，是反映企业期间费用及其构成情况的报表。

编制期间费用明细表是为了反映、分析、考核期间费用的计划执行情况及其执行的结果，分析费用内部各项费用的构成情况和上年同期相比增减变化情况及其升降变动的主要原因。

(1) 销售费用明细表的结构和编制。销售费用明细表反映企业在报告期内发生的销售费及其构成情况的报表。该表一般按照费用项目反映各费用的本年计划数、上年同期实际数、本月实际数、本年累计实际数。

填列该表的具体方法如下。

本年计划数应根据本年销售费用的预算资料填列；上年同期实际数应根据上年同期本月实际数填列；本月实际数应根据“销售费用”总账账户所属的明细账本月末的累计数汇总计算填列；本年累计实际数应根据销售费用明细账中各费用项目本年累计发生额填列，也可以将本月实际数加上上月本表中本年累计实际数后填列。

【例题 10-5】 某工厂销售费用明细表如表 10-5 所示。

(2) 管理费用明细表的结构和编制。管理费用明细表反映企业在报告期内发生的管理费用及其构成情况的报表。该表一般按照费用项目反映各费用的本年计划数、上年同期实际数、本月实际数、本年累计实际数。

表 10-5　销售费用明细表

××工厂　　　　　　　　　　201×年×月　　　　　　　　　　单位：元

项　　目	本年计划数	上年同期实际数	本月实际数	本年累计实际数
职工薪酬	略	略	略	略
业务费				
运输费				
装卸费				
包装费				
保险费				
展览费				
广告费				
差旅费				
租赁费				
低值易耗品摊销				
销售部门办公费				
委托代销手续费				
销售服务费				
折旧费				
其他				
合　　计				

填列该表的具体方法如下。

本年计划数应根据本年管理费用的预算资料填列；上年同期实际数应根据上年同期本月实际数填列；本月实际数应根据“管理费用”总账账户所属的明细账本月末的累计数汇总计算填列；本年累计实际数应根据管理费用明细账中各费用项目本年累计发生额填列，也可以将本月实际数加上上月本表中本年累计实际数后填列。

【例题 10-6】 某工厂管理费用明细表如表 10-6 所示。

表 10-6　管理费用明细表

××工厂　　　　　　　　　　201×年×月　　　　　　　　　　单位：元

项　　目	本年计划数	上年同期实际数	本月实际数	本年累计实际数
职工薪酬	略	略	略	略
折旧费				
办公费				

续表

项　　目	本年计划数	上年同期实际数	本月实际数	本年累计实际数
差旅费				
运输费				
保险费				
租赁费				
修理费				
咨询费				
诉讼费				
排污费				
绿化费				
物料消耗				
低值易耗品摊销				
无形资产摊销				
递延费用摊销				
坏账损失				
研究开发费				
技术转让费				
业务招待费				
工会经费				
职工教育经费				
税金：房产税				
车船使用税				
土地使用税				
印花税				
其他				
合　　计				

(3) 财务费用明细表的结构和编制。财务费用明细表反映企业在报告期内发生的财务费用及其构成情况的报表。该表一般按照费用项目反映各费用的本年计划数、上年同期实际数、本月实际数、本年累计实际数。

填列该表的具体方法如下。

本年计划数应根据本年财务费用的预算资料填列；上年同期实际数应根据上年同期本月实际数填列；本月实际数应根据“财务费用”总账账户所属的明细账本月末的累计数

汇总计算填列；本年累计实际数应根据财务费用明细账中各费用项目本年累计发生额填列，也可以将本月实际数加上上月本表中本年累计实际数后填列。

【例题 10-7】 某工厂财务费用明细表如表 10-7 所示。

表 10-7 财务费用明细表

××工厂 201×年×月 单位：元

项目	本年计划数	上年同期实际数	本月实际数	本年累计实际数
利息支出	略	略	略	略
汇兑损失				
手续费				
其他				

【例题 10-8】 名创机械制造公司生产甲、乙两种零件，甲零件是可比产品，也是企业的主要产品，乙零件今年刚刚投入生产，201×年 9 月成本资料如表 10-8 表示。

表 10-8 产品成本资料表

201×年 9 月 单位：元

产品	每月计划产量/件	本月实际产量/件	本年累计产量/件	本年计划单位成本/(元/件)	本月实际单位成本/(元/件)	上年实际平均单位成本/(元/件)	本年累计实际平均单位成本/(元/件)
甲	55	60	530	144	140	150	145
乙	55	56	500	177	172		165

根据以上资料编制全部产品生产成本报表如表 10-9 所示。

表 10-9 全部产品生产成本表

201×年 9 月 单位：元

产品名称	实际产量/件		单位成本				本月总成本			本年累计总成本		
	本月	本年累计	上年实际平均	本年计划	本月实际	本年累计实际平均	按上年实际平均单位成本计算	按本年计划平均单位成本计算	本月实际	按上年实际平均单位成本计算	按本年计划平均单位成本计算	本年实际
可比产品合计												
其中：甲	60	530	150	144	140	145	9 000	8 640	8 400	79 500	76 320	76 850
不可比产品合计												
其中：乙	56	600		177	172	165		9 912	9 632		88 500	82 500
全部产品成本							9 000	18 552	18 032	79 500	164 820	159 350
补充资料	1. 可比产品成本降低额											
	2. 可比产品成本降低率											

第三节 成本报表的分析

一、成本报表分析的意义和任务

（一）成本报表分析的意义

成本报表分析是利用成本报表及其他相关资料，对成本水平与构成的变动情况进行分析评价，以揭示影响成本升降的各种因素及其变动的原因，寻找降低成本的潜力。广义上成本分析包括：事前、事中、事后分析；狭义的成本分析主要指成本事后分析。

成本事后分析是以成本核算提供的数据为主，结合有关的计划、定额、统计、技术和其他调查资料，按照一定的原则，应用一定的方法，对影响成本和成本效益升降的各种因素进行科学的分析，查明成本和成本效益变动的原因，制定降低成本的措施，以便充分挖掘企业内部降低成本和提高成本效益的潜力，用较少的劳动消耗取得较大的经济效益。

（二）影响产品成本的因素

1. *固有因素*

固有因素是指企业建厂时先天条件的好坏对企业产品成本影响的因素。主要包括：

（1）企业地理位置和资源条件；

（2）企业规模和技术装备水平；

（3）企业的专业化协作水平；

2. *宏观因素*

宏观因素是从整个国民经济活动这样一个宏观的方面来观察的因素。主要包括：

（1）宏观经济政策的调整；

（2）成本管理制度的改革；

（3）市场需求和价格水平；

（4）同类产品的更新。

3. *微观因素*

微观因素是从企业本身的经济活动这样一个微观的方面来观察的因素。主要包括：

（1）劳动生产率水平；

（2）生产设备利用效果；

（3）原材料和燃料动力的利用情况；

（4）产品生产的工作质量；

（5）企业的成本管理水平；

（6）企业精神文明建设状况。

或将影响产品成本的因素归纳为内部因素和外部因素。内部因素包括固有因素、微观因素。外部因素包括宏观因素。

（三）成本报表分析的任务

成本报表分析的任务包括：

(1) 揭示成本差异原因，掌握成本变动规律；

(2) 合理评价成本计划完成情况，正确考核成本责任单位的工作业绩；

(3) 检查企业是否贯彻执行国家有关的方针、政策和财经纪律；

(4) 挖掘降低成本的潜力，不断提高企业的经济效益。

二、成本报表分析的原则和评价标准

（一）成本报表分析的原则

成本报表分析的原则是组织成本分析的规范，也是发挥成本分析职能作用，完成成本分析任务和使用分析方法的准绳。主要包括以下几个方面。

1. 全面分析与重点分析相结合

成本是企业经济活动情况的综合反映，只有从经济活动的各个方面相互联系地进行全面研究，才能真正揭示成本升降的原因。全面分析就是要求成本分析的内容具有全局性、广泛性，要以产品成本形成的全过程为对象，结合生产经营各阶段的不同性质和特点，做到事前进行预测分析，事中进行控制分析，事后进行查核分析。但分析时，应该抓住重点，找出关键性问题，进行透彻分析。只有将主要问题分析清楚了，才能提出恰当的改进措施，促使成本进一步降低。

2. 定性分析与定量分析相结合

定量分析是通过对成本变动数量的分析来揭示成本指标的变动幅度及各因素的影响程度，而定性分析是通过对成本性质的分析揭示影响成本费用各因素的性质、内部联系及其变动的趋势。定量分析是定性分析的基础，定性分析是定量分析的进一步补充和说明。进行成本分析必须在定量分析的基础上进行科学的定性分析，才能使成本分析更深入、更透彻。

3. 纵向分析与横向分析相结合

进行成本分析时，不仅要从企业内部范围进行本期与上期的对比分析、本期与计划的对比分析、本期与历史先进水平的对比分析，而且还要与国内外同行业先进水平相对比，找出差距，取长补短，激发企业的赶超精神，达到或超过先进水平。

4. 成本分析与成本考核相结合

为了达到成本分析的目的，还应将成本分析结果同企业内部各部门业绩考核相结合，将降低成本的任务落实到各责任部门，使得各责任部门的责任目标更具体、更明确，并且可及时将执行任务的结果进行反馈，使成本分析更实际、更深入。

（二）成本报表分析的评价标准

(1) 历史标准是指企业在以前年度中某项成本指标的最低水平。

(2) 行业标准是指由企业主管部门根据所属行业的生产经营的实际情况所制定的同

行业的成本指标水平。

(3) 预算标准或称计划标准、目标标准。是指企业预先规定的在计划期内产品生产耗费和各种产品的成本水平。

三、成本报表分析的程序、内容及要求

(一) 成本报表分析的基本程序

1. 成本报表分析准备阶段

(1) 明确成本报表分析目的。

(2) 确立成本报表分析标准。

(3) 收集成本报表分析资料。

2. 成本报表分析实施阶段

(1) 报表整体分析。

(2) 成本指标分析。

(3) 基本因素分析。

3. 成本报表分析报告阶段

(1) 得出成本报表分析结论。

(2) 提出可行的措施和建议。

(3) 编写成本报表分析报告。

(二) 成本报表分析报告的内容

成本报表分析报告是指各部门和各层次在成本分析的基础上撰写而成的反映成本结果的文字报告。其主要内容如下。

(1) 情况介绍。利用与成本相关的主要经济技术指标的本期实际数同计划数相比较,说明成本计划的完成情况,并做出分析评价。

(2) 成绩说明。实事求是地把职工在降低成本、提高成本效益过程中所取得的成果反映出来,使职工了解取得的成效和有益的经验。

(3) 问题分析。冷静客观地把成本计划执行中存在的问题与疏漏准确地揭示出来,并分析其出现的原因,划清责任界限。

(4) 提出建议。主要包括针对企业成本管理中取得的经验与教训,提出改进成本工作、努力提高成本效益潜力的建议和措施,以及未来企业成本控制与管理中应达到的目标与要求。

(三) 成本报表分析报告的要求

撰写成本报表分析报告的基本要求如下。

(1) 观点要明确、具体。

(2) 分析有关原因要清楚、准确,尤其是责任应划分明确,以便于考核和改进工作。

(3) 提出的建议要切实可行,便于检查监督,还应经过可行性研究,以保证建议取得

实效,达到预期目的。

(4) 拟定的成本分析报告要语言简练、文字流畅,重点突出,抓住要害,思路清晰,表达恰当。

四、成本报表分析的方法

成本报表分析属于事后分析。它以成本报表所提供的、反映企业一定时期产品成本水平和构成情况的资料与有关的计划、核算资料为依据,运用科学的分析方法,通过分析各项指标的变动以及指标之间的相互关系,揭示企业各项成本指标计划的完成情况和形成原因,从而对企业一定时期的成本工作情况获得比较全面的、本质的认知。

成本报表分析的方法是完成成本报表分析的重要手段,运用得当将对成本报表分析的整个过程带来有利的影响。在成本报表分析中,可以采用的分析方法多种多样,具体选用哪种方法,取决于成本形成的特点、成本报表分析所依据的资料以及成本报表分析的目的。常用的方法有以下几种。

(一) 成本报表整体分析方法

1. 水平分析法

水平分析法是指将反映企业报告期成本的信息(特别指成本报表信息资料)与反映企业前期或历史某一种成本状况的信息进行对比,研究企业经营业绩或成本状况发展变动情况的成本分析方法。水平分析法所进行的对比,一般来说,不是指单指标对比,而是对反映某方面情况的报表的全面、综合对比分析。

2. 垂直分析法

垂直分析法通过计算成本报表中各项目占总体的比重或结构,反映报表中的项目与总体的关系及其变动情况。会计报表经过垂直分析法处理后,通常称为同度量报表,或称总体结构报表、共同比报表等。

3. 趋势分析法

趋势分析法是根据企业连续几年或几个时期的分析资料,运用指数或完成率的计算,确定分析期各有关项目的变动情况和趋势的一种成本分析方法。趋势分析法既可用于对会计报表的整体分析,即研究一定时期报表各项目的变动趋势,也可用于对某些主要指标的发展趋势进行分析。

(二) 指标分析法

1. 比较分析法

比较分析法是指通过指标对比,从数量上确定差异的一种分析方法。其主要作用在于揭示客观上存在的差异,并为进一步分析指出方向。实际工作中通常有以下几种形式。

(1) 对比成本的实际指标与成本计划或定额指标,分析成本计划或定额的完成情况。

(2) 对比本期实际成本指标与前期(上期、上年同期或历史最好水平)的实际成本指标，观察企业成本指标的变动情况和变动趋势，了解企业生产经营工作的改进情况。

(3) 对比本企业实际成本指标(或某项技术经济指标)与国内外同行业先进指标，可以在更大的范围内找差距，推动企业改进经营管理。

比较分析法只适用于同质指标的数量对比。因此，应用此法时要注意对比指标的可比性。

2. 比率分析法

比率分析法是通过计算和对比经济指标的比率，进行数量分析的一种方法。成本分析中，常用的比率分析法有相关比率分析法、构成比率分析法和动态比率分析法等。

(1) 相关比率分析法。相关比率分析法是将两个相互联系、相互依存但性质不同的指标进行对比，求出比率，然后再将实际数与计划数进行对比分析，以便从经济活动的客观联系中，更深入地认识企业的生产经营状况。例如，利润总额与成本费用总额的比率，反映了企业一定时期内所得(利润总额)与所费(成本费用总额)之间的比例关系，即企业每百元成本、费用的投入能获得多少利润，这一指标称为成本费用利润率。相关比率分析就是对两个性质不同却又相关的指标进行对比，分析对比结果在企业不同期间的发展变化，来考察与企业有关联的业务安排是否合理，这有利于企业经营管理者进行成本效益分析和经营决策。

(2) 构成比率分析法。所谓构成比率，是指某项经济指标的各个组成部分占总体的比重。例如，将构成产品成本的各个费用项目同产品成本总额相比，计算其占总成本的比重，确定成本的构成比率，然后将不同时期的成本构成比率相比较，通过观察产品成本构成的变动，掌握经济情况及其对产品成本的影响。

(3) 动态比率分析法。动态比率分析法，是指将不同时期同类指标的数值对比求出比率，进行动态比较，据以分析该项指标的增减速度和变动趋势，从中发现企业在生产经营方面的成绩或不足。

【例题 10-9】 红星工厂甲产品单位成本情况见表 10-10。

表 10-10　红星工厂甲产品单位成本表

201×年 12 月

产品名称：甲产品　　　　产品单位售价：1 200 元

产品规格：500 毫升　　　　本月实际产量：100 件

计量单位：件　　　　本年累计实际产量：800 件

成本项目	历史先进水平	上年实际平均	本年计划	本月实际	本年实际累计平均
直接材料	620	700	690	685	687
直接人工	70	90	72	89	90
制造费用	30	80	78	81	79
生产成本小计	720	870	840	855	856

问题：对红星工厂甲产品单位成本表进行分析。

解析：在分析甲产品的单位成本时，将产品成本855元与单位售价1 200元比较，得出的比率称为相关比率；将直接材料685元与单位产品成本855元相比，得出的比率称为构成比率；将本年实际累计平均生产成本856元与历史先进水平720元、上年实际平均单位成本870元相比，得出的比率称为动态比率。

（三）因素分析法

以上方法，只能揭示实际数与基准数之间的差异，但难以揭示差距产生的原因。因为一个经济指标的完成，往往是多种因素影响的结果。只有把这种综合性的指标分解为各个因素的构成，从中找出因素的影响程度，分清责任，才能了解指标完成好坏的真正原因。这种依据分析指标与其影响因素之间的关系，按照一定的程序和方法，确定各因素对分析指标差异影响程度的技术分析方法，就是因素分析法。根据其分析特点，因素分析法又分为连环替代分析法和差额计算分析法两种。

1. 连环替代分析法

连环替代分析法也称连锁替代分析法，是将综合经济指标分解为各个因素后，以组成各个因素的实际数，按顺序逐次逐个替换比较的标准，来计算各个因素的变动对该指标的影响程度的一种分析方法。采用连环替代分析法进行分析时，应当遵循以下计算程序。

(1) 利用比较分析法将某项综合指标的实际数和基数(计划数或前期实际数)对比，找出差额作为分析对象。

(2) 确定构成该项经济指标由哪几个因素组成，根据因素的依存关系，按一定顺序排列因素。在实际工作中，一般将反映数量的因素排在前面，反映质量的因素排在后面；反映实物量和劳动量的因素排在前面，反映价值量的因素排在后面。例如，在分析直接材料费用的变动原因时，影响材料消耗总额的因素有产品产量、单位材料消耗量和材料单价三个因素，一般按产品产量、单位材料消耗量、材料单价的顺序排列因素。

(3) 基数为计算基础，按照各个因素的排列顺序，依次以各因素的本期实际数替代该因素的基数，每次替换后实际数就被保留下来，有几个因素就替换几次，直到所有的因素都替换为实际数为止，将每次替换以后的计算结果与其前一次替换以后的计算结果进行对比，依次计算每项因素的影响程度。

(4) 综合各个因素的影响(有的正方向影响，有的反方向影响)程度，其代数和应等于该经济指标的实际数与基数的总差异数。

【例题10-10】 某产品的直接人工计件总成本由该种产品产量、单位产品生产工时和小时工资率三个因素组成，这三个因素之间的联系如下式所示。

直接人工计件总成本＝该种产品产量×单位产品生产工时×小时工资率

假定某期该种产品有关数据列表，如表10-11所示。

表 10-11　甲种产品直接材料费用表

项目	产品产量/件	单位产品生产工时/(小时/件)	小时工资率/元	直接人工计件总成本/元
计划	300	15	6	27 000
实际	330	14	7	32 340

采用连环替代分析法分析如下。

分析对象：32 340－27 000＝5 340(元)

计划指标：300×15×6＝27 000(元)

第 1 次替代：330×15×6＝29 700(元)

产品产量变动的影响：29 700－27 000＝2 700(元)

第 2 次替代：330×14×6＝27 720(元)

单位产品生产工时变动的影响：27 720－29 700＝－1 980(元)

第 3 次替代：330×14×7＝32 340(元)

小时工资率变动的影响：32 340－27 720＝4 620(元)

总差异＝2 700－1 980＋4 620＝5 340(元)

通过计算可以看出，由于产品产量的增加，人工成本上升 2 700 元，由于单位产品生产工时的降低，人工成本降低 1 980 元，由于小时工资率的上升，人工成本上升 4 620 元，三因素共同作用，使人工成本上升 5 340 元。应该进一步查明单位产品生产工时节约和小时工资率上升的原因，然后才能对企业人工的总成本变动情况做出评价。

以上举例可以看出，采用这种分析方法计算某项因素变动的影响程度时，具备以下特点：结果具有假定性，假定其他因素不变，只有这样才能算出该项因素变动的影响程度；计算程序连环性，在计算每一个因素变动对指标的影响数值时，除第一次是在基数基础上进行替换外，每个因素都在前一个因素替换的基础上采用连环比较的方法确定各个因素变化的影响结果；另外，还必须按照事物的发展规律和各因素的相互依存关系合理排列因素的顺序。

2. 差额计算分析法

差额计算分析法是连环替代分析法的一种简化的计算方法。它是根据各项因素的实际数与基数的差额来计算各项因素变动对综合经济指标的影响程度的一种分析方法。其应用的原理与连环替代分析法相同，只是在计算程序上不同。

【例题 10-11】 根据例题 10-10 提供的资料，采用差额计算分析法计算如下。

分析对象：32 340－27 000＝5 340(元)

产品产量变动的影响：(330－300)×15×6＝2 700(元)

单位产品生产工时变动的影响：330×(14－15)×6＝－1 980(元)

小时工资率变动的影响：330×14×(7－6)＝4 620(元)

总差异＝2 700－1 980＋4 620＝5 340(元)

以上计算结果与连环替代分析法的计算结果完全相同，但是计算过程比较简便，所以在实际工作中应用比较广泛。

同步思考 10-2

资料：因素分析法是依据分析指标与其影响因素之间的关系，按照一定的程序和方法，确定各因素对分析指标差异影响程度的一种技术分析方法。小明同学认为，都是影响同一指标的若干因素，在计算时每个因素的排列先后是不应该影响其最后的计算结果的。

问题：你认为他的观点正确吗？如果不正确，为什么？

五、常见成本报表分析

（一）全部产品生产成本表（按产品种类反映）的分析

以产品种类反映的产品生产成本的分析主要从以下两个方面进行。

1. 全部产品成本计划完成情况分析

全部产品按产品类别进行的成本计划完成情况分析，是依据分析期产品生产成本表（按产品种类反映）进行的。全部产品的本月实际总成本和本年累计实际总成本，分别与其本月计划总成本和本年累计计划总成本进行比较，确定实际成本比计划成本的降低额和降低率，从而确定全部产品实际成本与计划成本的差异，了解成本计划的执行结果。计算过程中计划总成本是按实际产量计算的，因此，进行对比的商品计划总成本是经过调整后的实际产量计划总成本，剔除了产量变动对总成本的影响。

全部产品成本计划降低额和计划降低率的计算公式为

$$
\begin{aligned}
\text{全部产品成本计划降低额} &= \text{计划总成本} - \text{实际总成本} \\
&= \sum(\text{实际产量} \times \text{计划单位成本}) \\
&\quad - \sum(\text{实际产量} \times \text{实际单位成本})
\end{aligned}
$$

$$
\text{全部产品成本计划降低率} = \frac{\text{全部产品成本计划降低额}}{\text{计划总成本}} \times 100\%
$$

通过上式计算得出的数值如果是正数，表示成本计划降低额（率）；如果为负数，表示成本计划超支额（率）。全部产品成本计划完成情况分析表如表 10-12 所示。

在上述全部产品成本计划完成情况分析表中，为了指标的可比性，总成本都是按实际产量计算的。在本例中，实际成本与计划成本比较，总成本节约了 250 元，成本降低率超支 0.13%。在主要产品中，甲产品成本计划节约额为 1 000 元，成本降低率为 0.88%；乙产品成本计划超支额为 1 200 元，成本超支率为 3.7%；不可比产品丙产品成本计划节约额 450 元，成本降低率为 1.11%。对超支及节约情况应进行进一步分析，查明原因。

表 10-12　全部产品成本计划完成情况分析表

××工厂　　　　　　　　　　　　201×年度

产品名称	实际产量/件	单位成本/元			实际产量的总成本/元			与计划成本比	
		上年实际	本年计划	本年实际	按上年实际平均单位成本计算	按本年计划平均单位成本计算	本年实际	成本降低额/元	成本降低率/%
可比产品					156 000	146 400	146 600	−200	−0.14
甲产品	1 000	120	114	113	120 000	114 000	113 000	1 000	0.88
乙产品	600	60	64	56	36 000	32 400	33 600	−1 200	−3.70
不可比产品						40 500	40 050	450	1.11
丙产品	450		90	89		40 500	40 050	450	1.11
合　计						186 900	186 650	250	0.13

2. 可比产品成本计划完成情况分析

可比产品成本降低计划包括计划成本降低额(率)和实际成本降低额(率)。

(1) 计划降低额是可比产品计划总成本比计划产量的上年总成本的降低额数，降低率是指降低额除以计划产量的上年总成本的比率。其计算公式为

$$可比产品成本计划降低额=\sum(计划产量\times上年实际平均单位成本)-\sum(计划产量\times计划单位成本)$$

$$可比产品成本计划降低率=\frac{可比产品成本计划降低额}{全部可比产品计划产量按上年实际平均单位成本计算的总成本}\times100\%$$

全部可比产品的成本降低任务即计划降低额和计划降低率的计算如表 10-13 所示。

表 10-13　201×年度可比产品成本计划表

产品名称		计划产量/件	单位成本/元		总成本/元		计划降低任务	
			上年实际	本年计划	上年成本	计划成本	降低额/元	降低率/%
可比产品	甲产品	300	120	114	36 000	34 200	1 800	5.00
	乙产品	600	60	54	36 000	32 400	3 600	10.00
合　计					72 000	66 600	5 400	7.50

(2) 实际降低额是可比产品实际总成本比实际产量的上年总成本的降低额数，降低率是指降低额除以实际产量的上年总成本的比率。其计算公式为

$$可比产品实际降低额=\sum(实际产量\times上年实际平均单位成本)-\sum(实际产量\times本年实际单位成本)$$

$$\text{可比产品实际降低率} = \frac{\text{可比产品实际降低额}}{\text{全部可比产品实际产量按上年实际平均单位成本计算的总成本}} \times 100\%$$

【例题 10-12】 某公司 201×年度可比产品成本实际完成情况如表 10-14 所示，请计算全部可比产品成本的实际降低额和实际降低率，并与计划降低额、计划降低率进行对比，分析其成本降低任务完成情况。

表 10-14 201×年度可比产品成本实际完成情况表

产品名称		实际产量/件	单位成本/(元/件)			总成本/元			实际降低情况	
			上年实际	本年计划	本年实际	上年成本	计划成本	实际成本	降低额/元	降低率/%
可比产品	甲产品	1 000	120	114	113	120 000	114 000	113 000	1 000	0.88
	乙产品	600	60	54	56	36 000	32 400	33 600	−1 200	−3.70
合 计						156 000	146 400	146 600	−200	−0.14

计划降低额=(300×120+600×60)−(300×114+600×54)−72 000−66 600

=5 400(元)

计划降低率=5 400÷72 000×100%=7.5%

实际降低额=(1 000×120+600×60) −(1 000×113+600×56)

=−156 000−146 600=9 400(元)

实际降低率=9 400÷156 000×100%=6.03%

可见，可比产品实际降低额超额完成了计划，比计划多降低 4 000 元；实际降低率没有完成计划，低于计划 1.47%。

(3) 因素分析。可比产品成本降低额是根据各种产品的产量、品种结构和单位成本确定的。影响可比产品成本降低任务完成的因素有以下三个。

① 产品产量。成本计划降低额是根据各种产品计划产量制定的，而成本实际降低额是根据各种产品的实际产量计算的。因此，在产品品种结构和单位成本不变时，产品产量增减，就会使成本降低额发生同比例的增减，但不会使成本的降低率发生变化。

$$\text{可比产品产量变动对成本降低额的影响} = \sum(\text{实际产量} \times \text{上年实际平均单位成本}) \times \text{计划降低率} - \text{计划降低额}$$

$$= (1\,000 \times 120 + 600 \times 60) \times 7.5\% - 5\,400$$

$$= 6\,300(\text{元})$$

成本计划降低率不发生任何改变，为 7.5%。

② 产品品种结构。由于各种可比产品成本降低率不同，如果成本降低率大的产品在全部可比产品中所占的比重比计划提高，则整体的降低额和降低率都会加大；反之亦然。

$$\text{产品品种结构变动对成本降低额的影响} = \left[\sum(\text{实际产量}\times\text{上年实际平均单位成本}) - \sum(\text{实际产量}\times\text{本年计划单位成本})\right] - \sum(\text{实际产量}\times\text{上年实际平均单位成本})\times\text{计划降低率}$$

$$= (156\ 000 - 146\ 400) - 156\ 000 \times 7.5\%$$

$$= 9\ 600 - 156\ 000 \times 7.5\%$$

$$= -2\ 100(\text{元})$$

$$\text{产品品种结构变动对成本降低率的影响} = \frac{\text{产品品种结构变动对成本降低额的影响}}{\text{全部可比产品实际产量按上年实际平均单位成本计算的总成本}} \times 100\%$$

$$= -2\ 100 \div 156\ 000 \times 100\% = -1.35\%$$

③ 产品单位成本。可比产品的计划降低额和计划降低率,是根据本年计划成本和上年实际成本对比确定的,实际降低额和实际降低率是根据本年实际成本和上年实际成本对比确定的。当本年计划实际单位成本比本年计划单位成本下降或者上升时,必然会引起可比产品成本降低额和成木降低率的变化,在其他因素不变的情况下,产品实际单位成本比计划降低的多,降低额和降低率就越大;反之亦然。

$$\text{产品单位成本变动对成本降低额的影响} = \left[\sum(\text{实际产量}\times\text{上年实际平均单位成本}) - \sum(\text{实际产量}\times\text{本年实际单位成本})\right] - \left[\sum(\text{实际产量}\times\text{上年实际平均单位成本}) - \sum(\text{实际产量}\times\text{本年计划单位成本})\right]$$

$$= (156\ 000 - 146\ 600) - (156\ 000 - 146\ 400)$$

$$= -200$$

$$\text{产品单位成本变动对成本降低率的影响} = \frac{\text{产品单位成本变动对成本降低额的影响}}{\text{全部可比产品实际产量按上年实际平均单位成本计算的总成本}} \times 100\%$$

$$= -200 \div 156\ 000 \times 100\% = -0.13\%$$

结果如表 10-15 所示。

表 10-15 201×年度可比产品成本降低任务完成情况分析表

各因素的影响程度	成本降低额/元	成本降低率/%
产品产量变动情况	6 300	0.00
产品品种结构变动的影响	−2 100	−1.35
产品单位成本变动的影响	−200	−0.13
合　　计	4 000	−1.48

由上可知,企业可比产品实际降低额超额完成了计划,比计划多降低 4 000 元;实际降低率没有完成计划,低于计划的 1.48%。

(二) 全部产品生产成本表(按成本项目反映)的分析

成本项目反映的产品生产成本表,一般采用对比分析法、结构比率分析法和相关指标比率分析法进行。

【例题 10-13】 依据例题 10-12 企业编制的按成本项目反映的产品生产成本表和产品成本计划,进行全部产品总成本按成本项目反映的分析如表 10-16 所示。

表 10-16 全部产品成本计划完成情况分析——按成本项目反映

××工厂　　　　201×年度

成本项目	实际产量的总成本/元		与计划成本比较	
	按本年计划单位成本计算	本年实际	成本降低额/元	成本降低率/%
直接材料	879 500	897 600	−18 100	−2.06
直接人工	397 000	426 000	−29 000	−7.30
制造费用	386 500	412 600	−26 100	−6.75
合计	1 663 000	1 736 200	−73 200	−4.40

从表 10-16 中可以看到,按成本项目反映的全部产品成本计划完成情况,与计划成本比较的成本降低额−73 200 元,成本降低率为−4.40%,从表中可以看出,构成产品总成本的三个成本项目,直接材料项目、直接人工项目和制造费用项目均超支,与计划成本比较的降低率分别为−2.06%、−7.30%和−6.75%,超支的原因应进一步分析。

六、主要产品单位成本表的分析

主要产品是指分析其正常生产、大量生产的产品,其产量、消耗量、成本、收入及利润在全部产品中所占比重很大,是成本分析的重点。

主要产品单位成本分析的意义,在于揭示各种产品单位成本及其各个成本项目的变动情况,尤其是各项消耗定额的执行情况;确定产品结构、工艺和操作方法的改变,以及有关技术经济指标执行结果对产品单位成本的影响,查明产品单位成本升降的具体原因,从而为今后进一步降低成本找到具体的途径和方法。

主要产品单位成本分析主要依据产品单位成本表、成本计划和各项消耗定额资料,以及反映各项技术经济指标的业务技术资料等进行。分析的程序一般是先检查各种产品单位成本实际比计划、比上年实际、比历史最好水平的升降情况;其次,按成本项目分析其增减变动,找到单位成本升降的具体原因。为了在更大的范围内找差距、挖潜力,在可能的条件下,组织工厂间同种类产品单位成本的对比分析。

(一) 主要产品单位成本计划完成情况分析

单位成本计划完成情况的分析,是根据“主要产品单位成本表”上的有关数据资料以及其他有关资料，首先分析单位成本实际数与基准数的差异，确定单位成本是升高还是降低了，升降幅度是多少；其次再按成本项目分别进行比较分析，考察每个项目的升降情况；最后，可针对某些主要项目的升降情况，做进一步深入的分析，查明引起成本项目升降的原因。

【例题 10-14】 依据例题 10-3 甲产品单位成本表中的资料编制分析表，如表 10-17 所示。

表 10-17 甲产品单位成本分析表

成本项目	历史先进水平		上年实际平均		本年计划	
	降低额/元	降低率/%	降低额/元	降低率/%	降低额/元	降低率/%
直接材料	−8	−1.32	2	0.33	−13	−2.17
直接人工	−11	−12.94	2	2.04	−1	−1.05
制造费用	−13	−17.33	1	1.12	−3	−3.53
生产成本小计	−32	−5.29	5	0.62	−17	−2.13

从表 10-17 的分析结果可知，甲产品本年实际单位成本与上年相比降低了 5 元，但却没有完成计划，比计划单位成本超支了 17 元，和历史先进水平也存在一定的差距。为了查明成本升降的原因，并找到降低成本的途径，就需要深入地分析各个成本项目。

（二）主要成本项目分析

1. 直接材料项目分析

直接材料成本在产品成本中往往占有较大的比重，该项成本的升降对产品单位成本以至于总成本的高低有着重要的影响，因此对直接材料项目的分析，是产品单位成本各成本项目分析的重点。

一般来说，影响产品单位成本中直接材料的基本因素是产品单位材料耗用量和材料单价。这两个因素变动对产品单位直接材料成本超支或节约的影响程度，可分别按下式计算。

$$\text{材料耗用量变动的影响} = \sum(\text{实际单位耗用量} - \text{计划单位耗用量}) \times \text{计划价格}$$

$$\text{材料单价变动的影响} = \sum(\text{实际单价} - \text{计划单价}) \times \text{实际耗用量}$$

【例题 10-15】 假定乙产品所耗用的 a、b 两种材料的有关资料，如表 10-18 所示。请分析其直接材料项目。

表 10-18 乙产品直接材料成本分析表

材料名称	耗用量/千克		材料单价/(元/千克)		材料成本/元		差异/元	
	计划	实际	计划	实际	计划	实际	计划	实际
a 材料	16	18	15	16	240	288	30	18
b 材料	12	13	30	25	360	325	30	−65
合计	—	—	—	—	600	613	60	−47

分析对象：613－600＝13(元)

材料耗用量变动的影响＝(18－16)×15＋(13－12)×30＝60(元)

材料单价变动的影响＝(16－15)×18＋(25－30)×13＝－47(元)

由此可知，乙产品直接材料成本实际比计划超支 13 元，是由材料耗用量变动超支 60 元和材料价格变动节约 47 元两因素的共同影响。对于 a、b 两种材料的耗用量实际比计划减少或增加的现象，应进一步进行分析，以便总结经验挖掘降低成本的潜力。

2. 直接人工项目分析

单位产品直接人工的多少，取决于生产单位产品的生产工时和小时工资率两个因素。单位产品的生产工时反映劳动生产率水平的高低，小时工资率则反映平均工资水平的高低。一般情况下，单位产品的直接人工与本企业平均工资水平成正比，与劳动生产率成反比，即劳动生产率提高意味着单位产品消耗的工时减少，将使直接人工成本减少；而劳动生产率的增长往往伴随着平均工资水平的提高，使直接人工成本增加。因此，只有劳动生产率的增长速度超过平均工资增长率时，才会使产品成本降低。

单位产品工时消耗量和小时工资率的变动对单位产品直接人工的影响，可按下式计算。

$$\text{工时消耗量变动的影响} = \sum[(\text{实际单位工时消耗量} - \text{计划单位工时消耗量}) \times \text{计划小时工资率}]$$

$$\text{小时工资率变动的影响} = \sum[(\text{实际小时工资率} - \text{计划单位工资率}) \times \text{实际单位工时消耗量}]$$

【例题 10-16】 假定产品的有关单位产品直接人工成本资料如表 10-19 所示。

表 10-19 单位产品直接人工成本分析表

项　目	计划数	实际数	差异
单位产品生产工时/小时	13	12.5	－0.5
小时工资率/(元/小时)	8	10	2
单位产品直接人工成本/(元/件)	104	125	21

分析对象：125－104＝21(元)

单位产品工时消耗量变动的影响＝(12.5－13)×8＝－4(元)

小时工资率变动的影响＝(10－8)×12.5＝25(元)

两个因素共同影响＝－4＋25＝21(元)

分析结果表明，A 产品直接人工成本超支 21 元，是单位产品生产工时减少和平均小时工资增加共同作用的结果。其中，由于单位产品生产工时减少 0.5 小时，使单位产品直接人工成本减少 4 元；平均小时工资增加 2 元，使直接人工成本超支 25 元。说明直接人工成本升高主要是由于工资水平的增长高于劳动生产率的提高所致。

3. 制造费用项目分析

制造费用是生产单位为组织和管理生产所产生的各项费用，通常应按照一定标准分配到各种产品成本之中。单位产品制造费用通常受单位产品生产工时（或其他分配标准）和小时费用分配率（或其他分配率）两个因素的影响。单位产品生产工时取决于劳动生产率的高低，而小时费用分配率则受费用总额变动的影响。在制造费用总额不变的情况下，单位产品中的制造费用就取决于劳动生产率的高低，劳动生产率越高，单位产品消耗的工时就越少，分配到单位产品中的制造费用也就越少；相反，劳动生产率越低，单位产品消耗的工时就越多，分配到单位产品中的制造费用也就越多。

单位产品生产工时和小时费用分配率的变动对单位产品制造费用的影响，可按下式计算。

$$\text{工时消耗量变动的影响} = \sum[(\text{实际单位工时消耗量} - \text{计划单位工时消耗量}) \times \text{计划小时费用分配率}]$$

$$\text{小时费用分配率变动的影响} = \sum[(\text{实际小时费用分配率} - \text{计划小时费用分配率}) \times \text{实际单位工时消耗量}]$$

【例题 10-17】 仍以 A 产品为例，其单位产品制造费用资料如表 10-20 所示。

表 10-20　单位产品制造费用成本分析表

项　目	计划数	实际数	差异
单位产品生产工时/小时	13	12.5	−0.5
小时费用分配率/(元/小时)	6.077	8	1.923
单位产品制造费用/(元/件)	79	100	21

分析对象：100－79＝21(元)

单位产品工时消耗量变动的影响：(12.5－13)×6.077＝－3.038(元)

小时费用分配率变动的影响：(8－6.077)×12.5＝24.038(元)

两个因素共同影响：－3.038＋24.038＝21(元)

由以上计算表明，甲产品单位成本中制造费用超支 21 元，是由于工时变动减少 3.038 元、小时费用分配率增加 24.038 元两项因素综合影响而形成的。单位产品生产工时减少，表明企业生产工人劳动生产率提高了，这是企业工作业绩的表现。对小时费用分配率超支的原因，应进一步分析制造费用总额及其构成项目。

七、各种费用明细表的分析

（一）制造费用明细表的分析

对制造费用明细表进行分析所应采用的方法，主要是比较分析法和比率分析法。

1. 比较分析法分析

在采用比较分析法进行分析时，通常先将本月实际数与上年同期实际数进行对比，揭示本月实际与上年同期实际之间的增减变化。在表中列有本月计划数的情况下，则先应进行这两者的对比，以便分析和考核制造费用月份计划的执行情况。在将本年累计实际数与本年计划数进行对比时，如果该表不是12月的报表，这两者的差异只反映年度内计划完成情况，它能发出信号，提醒人们注意已经发生的问题。例如，该表是5月的报表，而其本年累计实际数已经接近、达到甚至超过本年计划的半数量，就应注意节约以后各月的费用，以免全年的实际数超过计划数。如果该表是12月的报表，则本年累计实际数与本年计划数的差异就是全年费用计划执行的结果。为了具体分析制造费用增减变动和计划执行好坏的情况与原因，上述对比分析应该按照费用项目进行。由于制造费用的项目很多，分析时应该选择超支或节约数额较大或者费用比重较大的项目有重点地进行。

评价各项目费用超支或节约时应该联系费用的性质和用途具体分析，不能简单地将一切超支都看成是不合理的、不利的；也不能简单地将一切节约都看成是合理的、有利的。例如，修理费和劳动保护费的节约，可能使机器带病运转，影响机器寿命，可能缺少必要的劳动保护措施，影响安全生产。只有在保证机器设备的维修质量和正常运转，保证安全生产的条件下节约修理费和劳动保护费才是合理的、有利的。又如，机物料消耗的超支也可能是由于追加了生产计划，增加了开工班次，相应增加了机物消耗的结果。这样的超支也是合理的，不是成本管理的责任。

此外，在分项目进行制造费用分析时，还应特别注意“在产品盘亏和毁损”以及“停工损失”等非生产性的损失项目的分析。这些项目的发生额都是生产管理不良的结果。在分析“在产品盘亏和毁损”项目时，还应注意其中有无盘盈的抵消数。因为在产品盘盈的价值会冲减、掩盖一部分盘亏和毁损的损失。在产品盘盈也是由于生产管理不良或者核算上差错造成的，不是生产车间工作的成绩。

2. 比率分析法分析

采用比率分析法进行制造费用分析时，可以计算某项费用合计数的构成比率，也可将制造费用分为与机器设备使用有关的费用(例如，机器设备的折旧费、修理费、机物料消耗等，如果动力费不专设成本项目，还应包括动力费)，与机器设备使用无关的费用(例如车间管理人员工资及福利费、办公费等)，以及非生产性损失等几类，分别计算其占制造费用合计数的构成比率。可以将这些构成比率与企业或车间的生产、技术特点联系起来，分析其构成是否合理；也可以将本月实际和本年累计实际的构成比率与本年计划的构成比率和上年同期实际的构成比率进行对比，揭示其差异和与上年同期的增减变化，分析差异的增加是否合理。

（二）期间费用明细表的分析

期间费用明细表的分析方法与制造费用明细表的分析方法基本相同，在分析各项费用是超支还是节约时，不能简单地把一切超支现象看成不合理、不利的，也不能简单地把一切节约都看成合理的、有利的。在分析时应当注意以下几点。

(1) 对于某些支出和损失项目，应当结合抵消数进行分析，如财务费用明细表中的利息支出和汇兑损益。

(2) 对于固定费用项目，直接可以用实际数和基数比较绝对差异来确定其节约还是超支。固定费用一般是指不随生产、销售业务量变动而变动，相对固定的费用。如管理费用中的折旧费、职工薪酬、工会经费等。

(3) 对于变动费用，应当联系业务量，计算相对的节约和超支额。计划费用是按照计划产量编制的，上年的实际费用是按照上年的实际生产的产量发生的，一旦本期的实际产量发生变化，费用中与产量成正比关系的变动费用就会改变。

(4) 对于期间费用的分析，还可以将费用项目归类进行具体研究。管理性费用如职工薪酬、工会经费分析数额变动指标的变动原因的同时，还应该从缩减开支、提高效率方面提出具体措施；业务性费用如业务招待费分析时应当结合业务量、企业规模查出不合理的地方；发展性费用如职工教育经费，与企业的发展联系密切，分析时既不能一味追求降低，也不能盲目扩大；防护性费用如劳动保护费，跟企业的安全生产有关，要结合国家有关安全生产规定进行分析；非生产性费用如材料盘亏，分析时应当分析发生的原因，着重检查企业工作质量，并与企业推行的经济责任制度结合分析。

【例题 10-18】 铭创机械制造公司生产甲、乙两种零件，甲零件是可比产品，也是企业的主要产品，乙零件今年刚刚投入生产，201×年 9 月成本资料表如表 10-21 所示。

表 10-21　全部产品生产成本表

产品名称	实际产量/件		单位成本/(元/件)				本月总成本/元			本年累计总成本/元		
	本月	本年累计	上年实际平均	本年计划	本月实际	本年累计实际平均	按上年实际平均单位成本计算	按本年计划平均单位成本计算	本月实际	按上年实际平均单位成本计算	按本年计划平均单位成本计算	本年实际
可比产品 甲产品	60	530	150	144	140	145	9 000	8 640	8 400	79 500	76 320	76 850
不可比产品 乙产品	56	600		177	172	165		9 912	9 632		88 500	82 500
全部产品成本							9 000	18 552	18 032	79 500	164 820	159 350
补充资料	1. 可比产品成本降低额											
	2. 可比产品成本降低率											

问题：根据以上资料对全部产品生产成本计划完成情况进行分析。

解析：

第一步，编制全部产品生产成本计划完成情况表，如表 10-22 所示。

第二步，根据计划完成数据进行分析。

从表中可以看出，全部产品本年累计实际比计划降低 5 470 元，降低率 3.22%，但是从甲产品来看并没有完成计划，超支 530 元，超支 0.69%，乙产品完成了成本降低计划。

表 10-22　全部产品生产成本表

产品名称	计划总成本/元	实际总成本/元	降低额/元	降低率/%
可比产品 甲产品	76 320	76 850	－530	－0.69
不可比产品 乙产品	88 500	82 500	6 000	6.78
合计	164 820	159 350	5 470	6.09

第四节　实践课业

一、课业任务

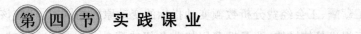

学生通过学习成本报表的编制与分析，根据以下资料，编制产品成本表，并分析全部产品成本计划完成情况。

资料：宏达公司生产甲、乙、丙三种产品，本年实际产量分别为 1 250 件、500 件和 500 件，实际平均单位成本分别为 2 896 元、2 455 元和 2 650 元；本年计划单位成本分别为 2 910 元、2 450 元和 2 775 元。丙产品为本年新生产产品，甲、乙两种产品上年实际平均单位成本分别为 3 000 元和 2 500 元。

二、课业目标

(1) 了解成本报表的概念、种类和特点。

(2) 能根据相关成本资料，编制主要成本报表。

(3) 能够灵活运用各种方法对成本报表进行分析。

三、理论指导

（一）成本报表的种类

成本报表属于内部报表。因此，成本报表的种类、格式、项目、指标的设计和编制方法、编报日期、具体报送对象，由企业自行决定。主管企业的上级机构为了对本系统所属企业的成本管理工作进行领导或指导，也可以要求企业将其成本报表作为会计报表的附表上报。在这种情况下，企业成本报表的种类、格式、项目和编制方法，也可以由主管企业的上级机构同企业共同商定。成本报表一般包括产品生产成本表、主要产品单位成本表、制造费用明细表、营业费用明细表、管理费用明细表和财务费用明细表等。

（二）成本报表的特点

成本报表作为对内报表，与现行会计制度规定的对外报表（财务报表）相比较具有以下特点：

(1) 满足企业内部需要,具备较强的实用性;

(2) 成本报表具有较大的灵活性与多样性;

(3) 成本报表提供的成本信息全面综合地反映企业各方面的工作质量;

(4) 成本报表具有及时性。

(三) 成本报表编制的一般方法

成本报表的编制方法概括如下。

成本报表中的实际成本、费用,应根据有关的产品成本或费用明细账的实际发生额填列;表中的累计实际成本、费用,应根据本期报表的本期实际成本、费用,加上上期报表的累计实际成本、费用计算填列。如果有关的明细账簿中记有期末累计实际成本、费用,可以直接根据有关明细账相应数据填列。

成本报表中的计划数,应根据有关的计划填列;表中其他资料和补充资料,应按报表编制规定填列。

(四) 成本报表分析的方法

常用的方法有以下几种。

(1) 成本报表整体分析方法:水平分析法;垂直分析法;趋势分析法。

(2) 指标分析法:比较分析法;比率分析法。

(3) 因素分析法:连环替代分析法;差额计算分析法。

四、课业组织安排

(1) 学生利用计算机对指定案例材料进行上机操作。

(2) 学生完成计算分析后,利用网络资源展示自己的学习成果,其他学生给出评价。

(3) 教师对学生的成果进行全面点评。

五、课业范例

关于东方公司甲产品单位成本计划完成情况的分析

东方公司201×年甲产品的计划产量是60件,实际产量是50件,201×年该公司的产品生产和费用发生情况如下。

(1) 单位成本资料如表10-23所示。

表10-23 甲产品单位成本表 单位:元

成本项目	上年实际平均单位成本	本年计划单位成本	本年实际平均单位成本
直接材料	560	490	516
直接人工	100	90	95
制造费用	106	93	104
废品损失	34	27	25
合　计	800	700	740

(2) 成本项目资料如表 10-24 所示。

表 10-24 甲产品成本项目资料表 单位：元

明细项目		计量单位	上年度		计划数		实际数	
			单位用量	单价	单位用量	单价	单位用量	单价
原材料	A	千克	26	10	20	10	22	10
	B	千克	11	9	10	9	12	8
工资		小时	165	0.7	150	0.6	160	0.593 75
制造费用		小时	165	0.64	150	0.62	160	0.65

首先，根据所给资料，运用指标比较分析法计算确定单位产品各成本项目变动情况(此处只将实际成本与计划成本进行对比，若将实际单位成本与上年进行对比，方法相同，不具体说明)，将计算结果编制成如表 10-25 所示。

表 10-25 甲产品单位成本计划完成情况分析表 单位：元

成本项目	计划成本	实际成本	降低或超支		各项目变动对单位成本影响
			金额	百分比	
直接材料	490	516	26	5.31	3.71
直接人工	90	95	5	5.55	0.71
制造费用	93	104	11	11.83	1.57
废品损失	27	25	−2	−7.41	−0.28
合计	700	740	40	5.71	5.71

根据甲产品单位成本计划完成情况分析表，甲产品实际单位成本比计划超支 40 元，超支率为 5.71%，其主要原因是由于原材料成本提高以及制造费用和工资支出提高的影响。从各成本项目超降幅度看，除了废品损失下降 7.41%外，其余各项目超支幅度均在 5%～12%。因此，有必要进一步分析各成本项目提高的原因。

其次，运用因素分析法，分析各成本项目变动情况和具体原因。

(1) 直接材料项目成本差异计算及分析

直接材料项目成本差异计算如表 10-26 所示。

表 10-26 甲产品直接材料成本差异计算表 单位：元

材料名称	计量单位	耗用量		材料单价		材料成本		差异
		计划	实际	计划	实际	计划	实际	
A 材料	千克	20	22	10	10	200	220	+20
B 材料	千克	10	12	9	8	90	96	+6
合计	—	—	—	—	—	290	316	+26

单位产品材料成本上升 26 元，各因素影响结果如下。

材料消耗量因素的影响：(22－20)×10＋(12－10)×9＝38(元)

单价变动的影响：(8－9)×12＝－12(元)

由此可见，材料成本上升的主要原因是材料消耗量增加所致，而材料单价下降使材料下降了 12 元。为此应进一步查找材料消耗上升的原因，是属于产品设计变更、制造方法改变、机器设备性能变化、材料质量下降、材料代用、材料规格不符合要求，还是工人操作和技术水平等原因。

(2) 直接人工项目成本差异计算

直接人工项目成本差异计算如表 10-27 所示。

表 10-27　甲产品直接人工成本差异计算表　　单位：元

项　　目	计　划	实　际	差　异
单位产品生产工时/小时	150	160	10
小时工资率	0.6	0.593 75	－0.006 25
单位产品直接人工	90	95	5

单位产品直接人工成本上升 5 元，各因素影响结果如下。

工时消耗增加的影响：(160－150)×0.6＝6(元)

小时工资率降低的影响：(0.59375－0.6)×160＝－1(元)

单位产品工资成本上升，主要是由于工时消耗增加所造成，为此需进一步分析工时消耗增加的具体原因，是由于机器设备、材料质量和制造方法改变，以及设计不当等客观原因，还是工人熟练程度、劳动纪律、劳动态度等主观原因造成的。

(3) 制造费用项目成本差异计算

制造费用项目成本差异计算如表 10-28 所示。

表 10-28　甲产品制造费用成本差异计算表　　单位：元

项　　目	计　划	实　际	差　异
单位产品生产工时	150	160	10
小时制造费用率	0.62	0.65	0.03
单位产品制造费用	93	104	11

单位产品制造费用成本上升 11 元，各因素影响结果如下。

工时消耗增加的影响：(160－150)×0.62＝6.2(元)

小时制造费用率降低的影响：(0.65－0.62)×160＝4.8(元)

对制造费用的变动，应分具体项目进行对比，分析升降幅度及原因。

(4) 废品损失项目成本差异分析

本例中废品损失实际比计划下降了 2 元，下降幅度为 0.28%，应分析废品损失产生的具体原因的责任者，考虑能否采用更好的方法降低废品损失，以进一步降低产品成本。

课后练习

一、名词解释

成本报表　比较分析法　比率分析法　因素分析法　差额分析法

二、单项选择题

1. 按照《企业会计准则》规定，成本报表是(　　)。

A. 对外报表

B. 对内报表(或称为内部报表)

C. 既是对外报表，又是对内报表

D. 对内还是对外，由企业自行决定

2. 通过成本指标在不同时期(或不同情况)数据的对比，来揭示成本变动及其原因的一种方法是(　　)。

A. 比较分析法　　B. 趋势分析法

C. 比率分析法　　D. 因素分析法

3. 产量变动之所以影响产品单位成本，是因为(　　)。

A. 在产品全部成本中包括了一部分变动费用

B. 在产品全部成本中包括了一部分相对固定的费用

C. 产品总成本不变

D. 产品产量增长小于产品总成本增长

4. 影响可比产品降低率的因素是(　　)。

A. 产品产量　　B. 产品单位成本

C. 产品的种类和规格　　D. 产品数量

5. 提取工会经费一般应记入的科目是(　　)。

A. "待摊费用"　　B. "预提费用"

C. "管理费用"　　D. "其他应付款"

6. 在产品盘盈按规定程序批准转销时，应贷记的会计科目是(　　)。

A. "制造费用"　　B. "营业外收入"

C. "管理费用"　　D. "基本生产成本"

三、多项选择题

1. 工业企业成本报表一般包括(　　)。

A. 产品生产成本表　　B. 主要产品单位成本表

C. 制造费用明细表　　D. 各种期间费用明细表

2. 主要产品单位成本表反映的单位成本包括(　　)。

A. 本月实际　　B. 历史先进水平

C. 本年计划　　D. 同行业同类产品实际

3. 生产多品种情况下,影响可比产品成本降低额变动的因素有(　　)。

A. 产品产量　　B. 产品单位成本

C. 产品价格　　D. 产品品种结构

4. 计算和分析脱离定额差异主要包括(　　)。

A. 原材料脱离定额差异　　B. 直接人工费用脱离定额差异

C. 制造费用脱离定额差异　　D. 管理费用脱离定额差异

5. 原材料脱离定额差异的计算方法有(　　)。

A. 限额法　　B. 切割核算法

C. 盘存法　　D. 年限法

6. 以下报表中属于成本报表的有(　　)

A. 成本消耗指标表和技术经济指标表

B. 主营业务收支表

C. 成本计划预计完成情况表

D. 主要产品单位成本表

四、填空题

1. 比较分析法只适用于________指标的数量对比。应用此法时要注意对比指标的________。

2. 按产品种类反映的产品生产成本表中的补充资料部分,主要反映可比产品成本的________和________等资料。

3. 按产品种类反映的产品生产成本表分为________、________、________和________4 部分。

4. 主要产品单位成本表是反映企业在________期内生产的各种主要产品单位成本________情况的报表。

5. 期间费用包括________、________和________。

五、思考题

1. 成本报表在整个会计报表体系中起什么作用?有什么特点?

2. 编制成本报表应注意哪些问题?

3. 主要产品单位成本表主要说明什么问题?

4. 在成本分析中,经常用到的方法有几种?这些方法的特点是什么?

5. 可比产品成本分析的目的是什么？如何进行可比产品成本分析？

同步思考参考答案

10-1 解析

这种观点并不完全正确。

成本报表是用以反映企业生产费用与产品成本的构成及其升降变动情况，以考核各项费用与生产成本计划执行结果的会计报表，是会计报表体系的重要组成部分。

对内报表是指为了企业内部经营管理需要而编制的各种报表。这种报表，其内容、种类、格式、编制方法和程序、编制时间和报送对象，均由企业根据自己的生产经营和管理需要来确定。成本报表就是其中的一种，它的编制目的，主要在于让企业领导者和职工了解日常成本预算执行的情况，以便调动大家的积极性来控制费用的发生，为提高经济效益服务。同时为企业领导者和投资者提供经营所需的成本费用信息，以便进行决策和采取措施，降低成本费用。作为内部成本报表可以根据企业自身的需要，适时地、不定期地进行编制，使成本报表能够及时地反映和反馈成本信息，揭示存在的问题，促使有关部门和人员及时采取措施，改进工作，提高服务效率，控制费用的发生，达到节约的目的。但是作为制造型企业不能不编制成本报表，尤其是新成立的企业，不仅必须编制成本报表，还应该积累数据，多方分析，为生产成本管理打下良好的基础。

10-2 解析

他的观点不正确。在因素分析法中，各个因素的排列必须遵循由外部到内部、由量到质的顺序。因为因素分析的特点：①计算程序的连环性；②计算条件的假定性；③因素替代的顺序性。计算分析过程中一个突出的问题是因素的顺序性。特别是进行两个企业之间的比较分析时，分析的顺序一定要相同，否则不具有可比性。当然，即便是同一企业内部，对同一问题进行分析，分析的顺序也应相同，因为计算同一种因素变动对综合指标的影响，如果它在计算公式中的位置变动了，相应地会出现不同的计算结果。通常确定各因素替代顺序的方法是所有分析的因素中，如果既有数量指标又有质量指标，应先查明数量指标变动的影响，然后再查明质量指标变动的影响；如果既有实物量指标又有价值量指标，应先查明实物量指标变动的影响，然后再查明价值量指标变动的影响。这是因为价值量即使不变，实物量的变化最终也将影响价值量的变动；如果有几个数量指标和质量指标，要分清它们的相互依存关系，何者是主要因素，何者是次要因素，据此确定替代的顺序。

参考文献

[1] 财政部令第 33 号. 企业会计准则.

[2] 财政部. 财会[2013]17 号. 企业产品成本核算制度(试行).

[3] 财政部会计资格评价中心. 初级会计实务[M]. 北京：经济科学出版社,2017.

[4] 舒文存. 成本计算与管理[M]. 北京：高等教育出版社,2014.

[5] 郑卫茂. 成本会计实务[M]. 北京：电子工业出版社,2013.

[6] 张维宾. 成本会计[M]. 上海：立信会计出版社,2013.

[7] 周云凌. 成本会计——原理、实务、案例、实训[M]. 大连：东北财经大学出版社,2013.

[8] 乐艳芬. 成本会计[M]. 上海：上海财经大学出版社,2012.

[9] 王书果,李凤英. 成本会计实务[M]. 北京：北京大学出版社,2011.

[10] 马元驹. Excel 在成本会计中的应用[M]. 大连：东北财经大学出版社,2000.